AF391690

Michel Fréchette

Le cordon d'argent

Les initiés

Auteur : Michel Fréchette

Date de parution : Août 2021

Tout droits réservés

ISBN : 978-2-9820164-0-8

DÉPOT LÉGAL
Troisième trimestre 2021
Bibliothèque nationale du Québec.

Un grand merci à Joëlle Gostiau,
une partenaire importante lors de
la révision de ce manuscrit.
Grâce à sa patience et à sa disponibilité,
ce roman n'en est que plus agréable à lire.

La collection complète
du Cordon d'argent

Tome 1 : Les initiés

Tome 2 : La dague de cristal

Tome 3 : À la recherche du grand monarque

Tome 4 : Les gardiens de Jupiter

Tome 5 : La Barrière des ombres

Tome 6 : Le penseur cosmique

Tome 7 : Le testament du grand monarque

Tome 8 : Les âmes perdues

Les initiés

Avant-propos

Pourquoi sommes-nous sur cette terre ?

Chaque jour, des événements nous amènent à connaître soit, des moments exaltants comme l'annonce d'une naissance dans la famille, une rencontre heureuse inattendue et peut-être même une augmentation de salaire ! Naturellement, nous pouvons rencontrer aussi des périodes où nous sommes confrontés à des préoccupations qui minent notre plaisir de vivre : un enfant qui tombe malade, une contravention pour excès de vitesse, à la limite une perte d'emploi. C'est notre lot quotidien auquel nous ne pouvons échapper. Mais est-ce vraiment tout ce qui affecte notre environnement immédiat ? Se pourrait-il qu'il existe un monde occulté qui influence les événements qui nous entourent ?

Commençons par les nouvelles peu réjouissantes... Que penser de ces gouvernements corrompus dont les dirigeants œuvrent essentiellement dans leur propre intérêt ou bien de ces multinationales qui nous manipulent sans merci en contrôlant outrageusement la distribution des biens à la consommation, leur prix, ainsi que leur qualité de fabrication ? Et que dire sur les origines de ces guerres meurtrières parsemant la planète qui offrent sans contredit un marché lucratif aux fabricants d'armes, sans oublier l'univers interlope des trafiquants de produit illicites ?

Cette liste est loin d'être exhaustive. Afin de ne pas en oublier, offrons leur un visage unique et plaçons-les dans un monde qui leur appartient. Un monde à l'image de leur influence, de la grandeur d'un continent et tant qu'à faire, pourquoi pas un continent creux ? Un domaine inaccessible au commun des mortels où l'on se joue de notre ignorance tout en exploitant chacun de nos caprices matérialistes pour ne pas dire de nos plus bas instincts.

Notre univers est en constante ébullition où se côtoient le bien et le mal. Nous venons de dévoiler l'aspect sordide de notre société. Alors, qu'en est-il du côté positif dans cette histoire ? Existe-t-il vraiment une lumière au bout du tunnel ? Poussons la fantaisie encore plus loin et devenons des observateurs anonymes ayant une vision globale de la situation.

Que pourrions-nous découvrir de plus ?

Certains proclament que notre existence ressemble à un périple sur un long clavier musical où chaque note représente une vie sur cette terre. D'autres nous apportent leur témoignage d'une expérience de mort imminente et du retour précipité dans leur corps. Les médecins ancrés dans le matérialiste réfutent ces faits, mais pourquoi devrions-nous les croire sur parole ?

On me demande à l'occasion si je crois à tout ce que j'écris dans mes romans de la saga que j'ai intitulée Le Cordon d'argent. Je dois préciser au départ qu'il y a une différence entre croire et savoir. Afin d'être plus explicite, divisons mon opinion en trois parties. En ce qui concerne le premier tiers du contenu de mes romans, je sais, car j'ai vécu personnellement certaines expériences assez troublantes. Le deuxième tiers, j'y crois car c'est en parfaite continuité avec ce que je sais. Pour le troisième tiers, je me vois dans l'obligation de donner le bénéfice du doute puisque ça ne contredit pas ce que je sais ni ce en quoi je crois.

Je ne peux pas vous expliquer mes croyances, mais il m'est toutefois possible de vous raconter ce que je sais… Voici un exemple qui illustre bien mon cheminement. Une longue démarche qui m'a fait découvrir un tout autre monde. Cela concerne un épisode de ma vie que peu de mes proches connaissent, mais que je suis prêt à partager avec vous, aujourd'hui.

Il y a une trentaine d'année, j'ai perdu ma compagne, une femme généreuse, appréciée de tous. Elle travaillait à titre de coordonnatrice des soins de santé. Elle était donc responsable de tout le centre hospitalier durant la nuit. En plus de ses compétences reconnues dans son domaine, elle possédait certains « dons » particuliers. Dans son milieu de travail, ses collègues l'appelaient affectueusement la sorcière de l'hôpital. Je ne vous parlerai pas de tout ce qu'elle m'a confié. Je peux par contre vous raconter ce que j'ai vécu auprès d'elle lorsqu'elle a été victime d'un AVC un samedi après-midi alors que je la retrouvais aux soins intensifs. Cela n'a duré qu'une semaine, mais ces sept jours m'ont marqué pour la vie.

À cette époque, elle suivait religieusement une série télévisée tous les jours de la semaine à 19h00. Étant dans le coma et ne pouvant la regarder, je la lui ai donc enregistrée afin qu'elle puisse la voir lors de son retour à la maison. Ma compagne avait son endroit préféré sur le canapé du salon et tout près d'elle, une place était réservée pour notre petit chien.

Le vendredi soir, j'ai enregistré son émission comme à l'accoutumer avant de partir pour l'hôpital. Notre chien a reconnu le thème musical et il a sauté instinctivement sur le canapé, mais pas tout à fait à sa place... sur le coussin de ma compagne. Sa réaction fut instantanée. On aurait cru qu'il avait mis les pattes sur une grille de 10 000 volts. En une fraction de seconde, il s'est retrouvé sur le parquet en ne quittant pas le divan des yeux d'un air suspicieux. Je lui ai dit : Alors, Michelyne est avec nous ? Et j'ai ajouté en regardant le canapé : Tu vois, j'enregistre toutes tes émissions, tu ne manqueras aucun épisode. Et je suis parti pour l'hôpital.

À mon arrivée dans la chambre, une larme coulait sur sa joue gauche. Un infirmier bien intentionné m'a expliqué qu'on avait installé un ventilateur près d'elle, que cela avait dû assécher ses yeux et que c'était la raison de sa larme. Comment pouvait-elle avoir les yeux asséchés puisque ses paupières étaient closes ? Je n'ai pas insisté, mais j'avais une toute autre explication en tête.

Le dimanche après-midi fut une journée mémorable. En tant qu'infirmière de profession, ma compagne connaissait très bien les séquelles potentielles d'un anévrisme. Durant toutes ses années de pratique, elle s'était objectée contre l'acharnement thérapeutique. Ironie du sort, elle en était rendue là présentement.

Michelyne avait deux grandes amies. Carole*, une coordonnatrice de nuit tout comme elle et Sylvie*, une femme très portée sur l'approche ésotérique ainsi que son conjoint Damien*. Dans la chambre des soins intensifs, Carole, plantée debout au pied du lit, surveillait les signes vitaux de son amie sur le moniteur.

Sylvie et moi étions à la tête, de chaque côté du lit. Je n'avais rien à lui cacher puisque nous faisions le même cheminement spirituel. Je me suis approché de l'oreille de Michelyne et je lui ai murmuré :

« Tu as eu toute la semaine pour visiter ton corps et tu sais ce qui t'attends. Tu n'as plus aucune raison de rester parmi nous. Damien m'a expliqué que c'était peut-être ma présence qui te retenait. Je vais donc quitter les lieux pour dix minutes. Tu pourras ainsi plus facilement te détacher de moi. Si tu le désires, profite de ce temps pour partir en paix. Tu n'as pas à t'inquiéter, tout est en ordre dans ma vie et un jour, je te retrouverai. Je t'aime. »

J'avais à peine traversé le long corridor menant aux ascenseurs quand tout a commencé. Carole a voulu se précipiter à mes trousses, mais Sylvie est intervenue. Elle l'a rassurée et lui a dit que c'était inutile d'aller me prévenir, que tout était déjà convenu entre nous.

Dans le stationnement, j'attendais seul, en silence dans ma voiture lorsque je vis Carole apparaître à l'entrée principale de l'hôpital. Elle me cherchait nerveusement du regard. Dix minutes s'étaient écoulées. Michelyne avait pris sa décision.

Tout en traversant le couloir du quatrième étage, Carole m'exprimait sa stupéfaction. En trente ans de carrière, jamais elle n'avait assisté à un tel phénomène. Durant le court processus menant à sa mort clinique, les signes vitaux de Michelyne s'étaient amenuisés dans la plus grande sérénité. Sur le moniteur, aucune arythmie, aucun pic démontrant une quelconque retenue. Son énergie vitale s'était retirée paisiblement.

Cela aurait dû être pour moi, un moment de grande tristesse. Au contraire, je parvenais à peine à cacher mon euphorie. Quelques minutes plus tôt, m'avait-elle vraiment entendu par ses oreilles ou m'écoutait-elle, flottant quelque part dans la pièce ? Peu importe. Malgré son coma profond, nous avions réussi à partager dans une complicité secrète les derniers instants de sa vie. Que pouvait-il exister de plus merveilleux que cette union spirituelle entre deux êtres ?

Ce que j'appris dans les jours qui suivirent ne me surprit guère. Deux étages au-dessus de sa chambre se trouvaient la maternité où un couple de ses amis venait de recevoir un magnifique cadeau de la vie. Pour célébrer l'occasion, une bougie avait été allumée. Soudain, la flamme vacilla et s'éteignit. Ils devinèrent que Michelyne venait de les visiter. À l'autre bout de la ville, Damien écoutait la radio dans son salon. Lorsque la musique s'interrompit durant quinze secondes, il sut que ma compagne le saluait une dernière fois.

Voilà pourquoi je sais. J'ai eu le privilège de vivre un moment unique. Si j'ai pris le temps de partager cette expérience intime de ma vie, ce n'est pas simplement pour ajouter quelques lignes de texte à ce livre, mais bien pour vous illustrer que je suis intimement convaincu qu'il existe un petit quelque chose qui demeure invisible à chacun d'entre nous.

Remarquez qu'il n'est pas nécessaire de SAVOIR pour atteindre un niveau de conscience plus élevé. Le fait de CROIRE peut également changer nos vies. Ne dit-on pas que la foi déplace des montagnes ou crée des miracles ?

Les initiés

Je ne prétends pas avoir vécu toutes les actions racontées dans ce roman, mais toutefois quelques unes à un degré moindre. Par contre, durant ces quarante dernières années, j'ai eu le loisir de connaître des gens honnêtes et sincères qui ont accepté de me confier leurs expériences personnelles. C'est pourquoi, je me sens bien à l'aise avec tout ce que j'écris dans l'ensemble de ces récits réunis sous la collection du Cordon d'argent. Une saga initiatique où se dessine en filigrane un éveil de la conscience.

Ce que vous allez découvrir dans les prochaines pages n'est ni du fantastique ni de la science-fiction. Il ne s'agit que d'une allégorie de ma vision du monde. De ce qui nous entoure avec ses horreurs inimaginables, mais surtout avec son univers intangible si formidable à découvrir quand nous prenons le temps d'y prêter attention. Accompagnez-moi dans cette aventure et allons ensemble à la recherche des raisons de notre présence sur cette planète.

Le cordon d'argent

CHAPITRE I

Une histoire de pommes

Cachée derrière une couverture nuageuse, la lune n'offrait qu'un éclairage blafard sur les vastes étendues du parc. À une heure aussi tardive, peu de gens fréquentaient les sentiers longeant les abords du lac enclavé dans les limites de l'enceinte municipale. Dans un silence où se devinaient au loin les murmures de la vie urbaine, un craquement sec se fit entendre. Planant à plus de cinquante centimètres du sol, une ombre traversa un buisson à vive allure. Celle-ci atterrit durement sur le tapis de gazon et s'immobilisa. À la lueur d'un lampadaire, on pouvait deviner la silhouette de ce visiteur impromptu.

Il devait avoir une douzaine d'années, guère plus. Avec ses pommettes saillantes et son teint cuivré, le jeune garçon ne pouvait renier ses origines amérindiennes. Assis sur la pelouse et tenant un sac de plastique sous son bras gauche, il grimaça et se frotta la fesse de sa main libre. Dans un gémissement étouffé, il réussit à se relever péniblement. Maintenant accroupi, les sens aux aguets, il restait attentif au moindre bruit, au moindre souffle. À tâtons, le garçon réajusta le foulard crasseux lui ceignant le front. Du regard, il scruta attentivement les touffes d'herbes folles bordant un banc et découvrit l'éclat métallique tant recherché. En quatre enjambées, il fut sur place. Du bout du pied, il fit pirouetter sa planche à roulettes et l'attrapa au vol. Quittant le tapis de verdure, il marcha rapidement vers l'allée asphaltée du parc.

Tenant précieusement son sac aux contours difformes, il filait à toute vitesse sur sa planche, lorsqu'il s'arrêta soudain, haletant. Deux cercles de lumière venaient d'apparaître au détour du sentier. D'un geste calculé, il s'élança de sa planche et atterrit dans une roulade au pied d'un érable centenaire. Au loin, les cercles de lumière n'avaient changé ni de direction ni de vitesse, signe qu'on ne l'avait pas aperçu. Se déplaçant toujours aussi lentement, les deux points lumineux se rapprochaient sans toutefois deviner sa présence. Le garçon plongea son visage dans les herbes en espérant qu'on ne remarquerait pas sa planche ni son précieux butin laissé près du sentier. Dans un ronronnement de moteur au ralenti, la voiture des policiers dépassa le jeune intrus embusqué. Dès que le véhicule eut pris un peu de distance, il se releva avec précaution et alla récupérer ses biens.

— Qu'est-ce qu'y faut pas faire pour un sac de pommes ? maugréa-t-il dans un soupir.

***

Au premier étage d'une maison cossue, sise dans un riche quartier à la périphérie de la ville se vivait une expérience bien différente.

— Et maintenant, Caroline, prenons cette pomme à titre d'exemple...

De sa main noueuse, madame Latoure saisit le fruit et le présenta à son unique élève. Devant l'enseignante, une adolescente tentait désespérément de saisir quelques bribes d'intelligence de tout ce fatras scientifique. Elle avait seize ans et comme toutes les jeunes filles, elle rêvait d'espaces plus agréables que cette chambre d'amis transformée en classe privée. Elle soupira silencieusement. Encore deux ans et elle n'aurait plus à subir le babillage quotidien et incessant de cette mégère.

Elle en venait quelquefois à envier les filles de son âge qui fréquentaient l'école publique. Bien sûr, il y avait des inconvénients. Cela l'aurait obligée à côtoyer des gens aux ambitions très primaires, pour ne pas dire, dans certains cas, des inadaptés sociaux sans aucune classe. Et qui plus est, on ne lui aurait jamais permis de se rendre à l'école en escarpins et de porter les vêtements griffés qu'elle affectionnait tant.

Cela n'aurait occasionné que de la jalousie et de l'envie chez les autres élèves. Mais il y avait tout de même un bon côté à ce genre d'institution. À chaque cours, il était possible d'avoir une tête différente devant le tableau et de temps en temps, on changeait même de décor.

— C'est une pomme Melba, poursuivit l'enseignante. Si nous étudions la séquence génétique de la Melba, nous remarquerons des similitudes…

Dès sa toute première année scolaire, ses parents avaient tenté de l'inscrire à l'école publique, mais l'expérience s'était soldée par un échec. Son inscription dans une institution privée n'obtint pas plus de succès. Effrayée par les étranges visions de la fillette ainsi que par les descriptions insolites qu'elle en faisait, la direction du dernier établissement fréquenté avait tout simplement exigé son départ. En désespoir de cause, ses parents avaient transformé une des huit chambres de la maison en lieu d'apprentissage. Au fil des ans, seuls les tableaux et les illustrations garnissant les murs subissaient des changements, démontrant ainsi l'évolution du cheminement académique de la jeune fille.

Tout en écoutant distraitement son enseignante, elle transcrivait machinalement quelques notes dans son cahier. Mais à quoi pourraient bien lui servir ces notions de biologie, de physique et de chimie ? Ses parents lui avaient légué une fortune colossale. Jamais elle n'aurait à travailler de sa vie. Elle balaya du revers de la main ses longs cheveux blonds puis, soudain son univers bascula. Elle leva les yeux et observa la caissière.

La jeune fille jeta un regard autour d'elle et reconnut l'endroit immédiatement. Avec son long comptoir et sa série de guichets, elle ne pouvait s'y tromper. Toute petite, elle était venue ici avec son père. C'était le lieu où il effectuait ses transactions bancaires. Son père… sa mère… Des images fugaces traversèrent son esprit. Son cœur se serra. Ses parents lui manquaient terriblement.

— Personne ne bouge et tout se passera bien, annonça une voix rauque derrière son épaule.

Sa vision s'éleva soudainement. Telle une bulle de savon poussée au gré du vent, elle se retrouva rapidement au-dessus de l'assistance. Trois hommes masqués venaient de faire irruption dans la banque.

Deux cagoulards tenaient des sacs de voyage, le troisième brandissait une arme menaçante. Malgré la tension grandissante, clients et employés obéirent docilement aux directives des malfaiteurs lorsque soudain, l'inévitable se produisit.

Un garçonnet d'à peine trois ans apparut derrière le manteau de sa mère et se mit à courir sur le linoléum lustré. Instinctivement, celle-ci tenta de le retenir, mais son geste brusque fut mal interprété par l'un des voleurs. Le coup de feu partit. À la stupeur générale, la jeune femme atteinte à la poitrine, s'étala sur le carrelage.

L'alarme retentit parmi les cris d'effroi. Pris de panique, les assaillants n'insistèrent pas et se précipitèrent vers la sortie. Faisant abstraction des murs, le regard de la jeune fille se transporta instantanément à l'extérieur. Dans un large mouvement circulaire, elle fit le tour de la voiture qui attendait les malfaiteurs devant la banque. Une dernière portière claqua, le véhicule démarra. Impuissante, la vision de la jeune fille demeura un simple témoin de leur fuite.

— K 604-208, murmura-t-elle en levant les yeux vers le tableau périodique des éléments chimiques.

— Caroline, qu'est-ce que tu racontes ? s'enquit l'enseignante.

L'interpellée se mordit la lèvre inférieure tout en cachant promptement ses mains tremblantes sous sa table de travail. Elle connaissait le numéro d'immatriculation de la voiture des fugitifs. De plus, c'était une certitude, elle reconnaîtrait le visage du conducteur en tout temps. Caroline soupira de désespoir. Elle aurait tant voulu se rendre utile, mais elle savait d'avance que tante Emma ne l'autoriserait jamais à communiquer ces informations aux autorités policières. Les mains sur les hanches, madame Latoure insista d'un air pincé :

— Alors, qu'avez-vous vu cette fois-ci, mademoiselle ?

— Des fleurs, il y avait des fleurs à perte de vue, mentit candidement la jeune fille.

***

— C'est inadmissible et criminel ! Comment avez-vous pu faire une énormité pareille ?

Le verdict était tombé en même temps que le poing massif du directeur sur le grand bureau immaculé. De petite taille, légèrement grassouillet, l'homme arpentait le carré de plexiglas protégeant l'épais tapis sous sa chaise. Malgré une climatisation efficace, des gouttes de sueur perlaient du sommet de son front partiellement dégarni. Au bout de sa course, il jeta un regard marqué de colère à son interlocutrice.

Celle-ci effleurait à peine la trentaine. Avec ses yeux pétillants et ses cheveux châtains tombant légèrement sur les épaules, on aurait pu lui donner quelques années en moins. Mais là s'arrêtaient tous signes d'une insouciante jeunesse. Une forte personnalité et une maturité d'esprit se devinaient dans chacune de ses paroles ainsi que dans chacun de ses gestes.

— C'est mon inaction qui aurait été criminelle, déclara la jeune femme. Je n'avais pas le choix.

La réplique était directe et sans compromis. Nadia Duval, ingénieure chimiste chez Chemptek depuis plus de trois ans, croisa le regard de son supérieur et le soutint. Il n'y avait pas de bravade dans ses agissements, seulement une confiance absolue dans son raisonnement et dans la droiture de sa décision.

— Pas le choix ? reprit l'homme au bord de l'apoplexie. Grâce à vous, nous avons deux cent cinquante-six employés qui se tournent les pouces dans le secteur des colorants. Dans le reste de l'usine, ça fait jaser. Le syndicat s'interroge, les journalistes commencent à poser des questions embarrassantes et nous perdons des milliers de dollars tous les jours. Vous avez entendu ? Des milliers de dollars ! La production du dioxole-2000 doit reprendre immédiatement.

— Et les rejets, qu'en faites-vous ?

— Les rejets ? Quels rejets ? demanda-t-il en gonflant la poitrine. Ce qui eut pour effet de faire sauter un bouton de son veston.

Impassible, Nadia observa le petit objet nacré tournoyer sur le bureau. Lorsqu'il s'immobilisa enfin, la jeune femme leva les yeux vers son patron.

— Les résidus de production du dioxole-2000, monsieur. Sa fabrication engendre des sous-produits très toxiques que l'on doit gérer avec précaution.

— Des histoires... Jetez-les à la rivière, conclut l'homme laconiquement en haussant les épaules.

— C'est impossible, objecta la chimiste. Je ne peux donner cet ordre avant d'avoir reçu le rapport d'impact sur l'environnement.

— L'impact sur l'environnement ! répéta-il sur un ton ironique. Madame se donne une conscience écologique ? Madame se porte à la défense de la nature ? Eh bien, à partir d'aujourd'hui, madame aura tout le loisir d'admirer cette nature, car vous ne faites plus partie du personnel de Chemptek.

Sans un mot, Nadia encaissa le coup stoïquement. Fixant toujours le directeur dans les yeux, lentement, elle dégrafa le laissez-passer attaché à son corsage et le déposa sur le bureau, à quelques centimètres du bouton de son patron.

Sur un ton méprisant, ce dernier ajouta :

— Considérez-vous au chômage, et pour longtemps. Chemptek possède énormément de ressources et de contacts dans le milieu.

Ayant retrouvé son aplomb, le directeur chercha à tâtons le dossier de sa chaise. Il essaya sans grand succès de replacer son veston en deuil d'une attache et se laissa choir lourdement sur l'épais coussin de son fauteuil.

— Je veillerai personnellement à ce que votre dossier soit sur le bureau de tous les dirigeants d'entreprises de la région... peut-être même de tout le pays !

***

Quelques bibelots, une dizaine de livres de référence, une photo de ses parents prise lors de la remise des diplômes, c'était à peu près tout ce qui l'identifiait à son lieu de travail. Tout en remisant ces quelques effets dans un carton, Nadia restait pensive en se remémorant son dernier échange avec le directeur.

Si l'homme s'était attendu à des pleurs et des gémissements de sa part, il en avait été pour ses frais et il avait dû être amèrement déçu. La jeune femme avait accepté son licenciement sans sourciller. En fait, elle l'avait prévu et, inconsciemment, presque espéré. Depuis plus d'un an, elle avait eu connaissance de certaines irrégularités commises par la compagnie. Sa fonction lui permettait de tout voir. En revanche, elle se sentait impuissante, les mains liées. Une situation devenue intolérable au fil des mois et qui venait de prendre fin.

Nadia prit le temps de s'asseoir une dernière fois à son bureau et vérifia de nouveau le contenu de ses tiroirs. Elle n'avait rien oublié, tout était dans le carton.

La tête entre les mains, les coudes appuyés sur son bureau, elle se demandait sincèrement ce qui l'avait amenée à vivre aujourd'hui une telle situation. Tout d'abord, pourquoi était-elle devenue ingénieure chimiste ? Son premier choix, par plaisir, aurait été les sciences humaines. En optant pour la chimie, elle espérait s'ancrer dans le concret. Elle avait senti le besoin de contrebalancer cette existence parallèle qui l'amenait dans des mondes irréels qu'elle côtoyait depuis son tout jeune âge.

Le timbre du téléphone la sortit de sa rêverie. Nadia jeta un coup d'œil à l'écran de cristaux liquide de l'appareil. Un seul mot s'y annonçait : POLICE. Elle prit le combiné d'un air fataliste et répondit sans attendre :

— Bonjour, lieutenant Satoba.

Dans un bureau du commissariat du centre-ville, l'officier de police afficha un sourire amusé. Un grand trait ivoire barrait son visage d'ébène.

— Bonjour, Nadia. Je constate avec plaisir que vos talents de clairvoyance sont toujours aussi efficaces.

— Il n'est pas nécessaire d'être médium pour vous identifier, lieutenant. Aucun autre policier ne se permettrait de m'appeler à mon lieu de travail.

— C'est vrai, concéda-t-il. Mais cette fois-ci, c'est particulier. Nous...

Nadia coupa court.

— Lieutenant, je ne suis pas dans mon assiette en ce moment. Si vous pouviez me rappeler un soir de cette semaine...

— Il sera malheureusement trop tard. Depuis deux jours, nous effectuons des battues dans le parc municipal et les boisés environnants. Nous sommes à la recherche d'un homme âgé de soixante-treize ans qui demande...

— Vous m'en voyez désolée, mais je suis dans un passage à vide et je doute fort que mes talents...

— Nadia, cette personne a un besoin urgent de médicaments, insista le policier. Elle a présentement un sursis de douze heures. Après cela, nous poursuivrons la fouille du parc à la recherche d'un cadavre.

La jeune femme ferma les yeux et prit le temps d'inspirer profondément. Décidément, le lieutenant savait choisir les mots pour toucher sa sensibilité. Dans un soupir, elle laissa tomber :

— Vous gagnez, lieutenant.

Le cordon d'argent

Jetant un coup d'œil à sa montre, elle ajouta :
— Je serai à votre bureau dans vingt minutes.

***

Sur un plan vibratoire inconnu des humains, se déroulait un étrange ballet de lumières.

Depuis un certain temps déjà, des centaines de sphères lumineuses aux contours fluides arrivaient de toutes les directions et convergeaient vers les grandes plaines de cristal. Progressivement, elles se regroupaient en essaims aux formes changeantes avant de quitter les lieux dans une traînée éblouissante.

Sur la crête d'une colline surplombant la vallée, deux formes humanoïdes observaient calmement la scène. Tout comme des milliers d'autres créatures séjournant temporairement sur ce satellite d'une jeune étoile perdue dans la périphérie de la galaxie, ils n'étaient que des observateurs. L'origine du plus vieux se trahissait par la forme légèrement ovoïde de son crâne. Bien que sa physionomie témoignât d'un âge très avancé, ses yeux pénétrants reflétaient une grande sagesse et une spiritualité toute particulière. Simplement vêtu d'une ample tunique bleue, son habillement tout comme ses gestes exprimaient une grande sobriété. Il avait quitté sa lointaine nébuleuse cachée dans le noyau galactique afin de venir étudier l'évolution d'une civilisation récente, recensée sur la troisième planète d'un petit système solaire de la Voie lactée : la Terre.

Près de lui, son compagnon aurait pu, au contraire, se confondre facilement dans une assemblée de Terriens, bien qu'il ne fût pas natif de cet endroit. De stature athlétique, l'homme n'avait aucune peine à adapter son rythme à celui de son compagnon de promenade. Avec sa chevelure couvrant partiellement sa nuque et son visage anguleux où se dessinaient quelques rides de sagesse, on lui aurait facilement donné une quarantaine d'années, et qui plus est, une quarantaine au meilleur de sa forme. Somme toute, cet être dégageait une image agréable qu'il avait cru bon conserver depuis plus de douze mille ans.

— C'était le dix-septième départ, maître Shaïba, annonça-t-il. Ils sont à présent, tous en route vers la Terre.

Le vieil homme hocha silencieusement la tête.

— Je sais, Guidor. Que le cosmique guide leurs actions.

Marchant tranquillement à ses côtés, Guidor écoutait respectueusement les dernières recommandations du grand Maître de lumière. Contrairement à son compagnon, maître Shaïba avait depuis longtemps délaissé la marche traditionnelle. Sous la frange mouvante de sa tunique, on pouvait deviner ses pieds chaussés de sandales flottant à quelques centimètres du sol. Posément, il énonça :

— Sur ce plan astral, nous sommes à l'abri des attaques des puissants envahisseurs de Trogol. Nous évoluons dans une dimension vibratoire où ces créatures maléfiques ne peuvent ni nous détecter ni nous atteindre. Malheureusement, il en sera tout autrement pour toi dans la matière dense de la Terre.

L'entité à la tête ovoïde s'arrêta. Guidor en fit autant.

— Mais tu as toute ma confiance, poursuivit le Maître de lumière. Tu connais bien les consignes de sécurité. De plus, les habitudes ainsi que les faiblesses de ces mortels n'ont plus de secrets pour toi.

Guidor hocha la tête et dit :

— Les Trogoliens aussi, je les connais bien. Une race galactique gouvernant dans l'ombre et contrôlant l'économie de la Terre. Ils sont présents partout, mais demeurent invisibles aux yeux de ces habitants. De leur monde souterrain, ils régissent depuis des siècles le destin de la planète.

Le maître acquiesça à son tour.

— Durant ces derniers millénaires, nous avons contrecarré leurs projets à plusieurs reprises, mais avec l'ouverture de la prochaine fenêtre cosmique dans les siècles à venir…

— Oui, je sais, maître. Huit mille ans, c'est si vite passé ! Je suis bien conscient que cette fenêtre est importante à leurs yeux. Il faut s'attendre à ce que l'empereur dirigeant ces êtres maléfiques tente de se l'approprier.

— Et s'il n'y avait que ce despote, soupira maître Shaïba. Il y a peut-être plus dangereux que lui.

— Vous pensez à son serviteur du mal ? À ce monstre sous verre caché au cœur de l'empire ?

L'être de lumière se contenta d'un simple signe de la tête.

— Il possède de terribles pouvoirs et sa puissance s'est accrue au fil des siècles. Si cette créature malfaisante atteint la fenêtre cosmique et profite du passage ainsi ouvert, c'est l'ensemble de la galaxie qui sera de nouveau en péril, non seulement les Terriens, mais des centaines de monde parsemant l'univers.

— Je suis également sensible à cette menace.

— Une menace que nous devons absolument éliminer rapidement en protégeant le dernier cristal de la planète.

— Soyez rassuré, maître Shaïba. Je ne laisserai pas ces horribles créatures souiller ce monolithe sacré.

— Mais dans un premier temps, les Terriens doivent reprendre possession de la dague de cristal.

— Si nous pouvions le faire à leur place... laissa échapper Guidor.

— La dague est une clé, mais elle est avant tout un symbole de leur destinée. L'homme possède le libre arbitre. Le sort de la planète est entre ses mains.

Guidor acquiesça silencieusement :

— Aujourd'hui, nous sommes au seuil d'un nouvel âge qui amènera les hommes et les femmes de la Terre à retrouver leur véritable identité.

Le Maître de lumière se tut. Il se tourna lentement vers Guidor puis, déclara :

— Heureusement qu'une partie de la population se prépare déjà spirituellement au changement, mais certaines personnes, des gens de pouvoir, craindront de perdre leurs précieux privilèges. Ils résisteront farouchement.

— C'est à prévoir, en effet. Les envahisseurs ont construit leur empire sur la vanité et la cupidité des hommes, compléta Guidor dans un soupir.

— Mon ami, le destin de ce monde et peut-être celui d'une partie de la galaxie est entre tes mains...

— Avec l'aide de trois Terriens, précisa Guidor. Des âmes pures et innocentes.

— C'est vrai, admit Shaïba.

Progressant de quelques mètres, il ajouta :

— Ces trois jeunes Terriens, tu es toujours certain d'avoir le temps de les préparer à leur mission ?

Guidor se contenta de hocher la tête.

— Bien... murmura maître Shaïba.

S'arrêtant à nouveau, celui-ci prit affectueusement Guidor par les épaules.

— Il est temps... De votre succès dépend la traversée sans encombre de cette civilisation dans le troisième millénaire.

Guidor répondit par un sourire optimiste. En quelques secondes, il se transforma à son tour en une sphère de lumière et s'élança vers le firmament dans un tourbillon azuré. Le maître le regarda s'éloigner.

— Bon voyage, mon ami. Que la paix et l'harmonie soient avec vous.

Dans les secondes qui suivirent, telle une étoile filante, la sphère d'énergie plongea rapidement vers l'atmosphère de la planète bleue à la recherche de trois âmes pures et innocentes.

***

Sur le bord d'une petite route isolée se cachait dans l'éclaircie de la forêt, un poste d'essence d'une époque révolue. Avec ses pompes des années cinquante et ses placards affichant de vieux slogans rétro, un automobiliste de passage aurait pu s'attendre à faire le plein d'une essence raffinée au milieu du siècle dernier. Une telle éventualité ne semblait guère préoccuper les propriétaires du commerce. On aurait même pu croire que tout était mis en œuvre afin ne pas être dérangés par d'éventuels clients.

Sur le toit arrière du garage, masqué par la cime des arbres, un objet insolite trahissait le retard technologique apparent. Une immense coupole braquée vers le ciel scrutait en silence les échos provenant de l'espace. Sous ce disque d'aluminium, dans une pièce de l'arrière-boutique de la station-service, un escalier donnait accès à des installations électroniques souterraines des plus sophistiquées.

Un technicien tendit à son assistant un rapport dans un cylindre de plastique.

— Nous avons détecté dans notre secteur, neuf phénomènes non répertoriés. Ce document donne tous les détails. Tu devras le remettre en main propre à l'intendante du palais impérial.

— La grande conseillère Haziella, précisa l'assistant, impressionné par l'importance du destinataire.

L'homme confirma d'un hochement de tête. Le messager avança la main vers le tube tout en fermant les yeux. Il esquissa un sourire de satisfaction. Rapidement, son visage se transforma en laissant apparaître de minuscules écailles translucides.

— Que fais-tu ? aboya l'opérateur sur un ton indigné.

— Mais je…

— Reconfigure ton image holographique immédiatement !

— Mais je retourne dans la cité…, objecta le coursier.

— Tu connais le règlement. Aussi longtemps que nous sommes à la surface de la planète, nous conservons notre image de Terrien.

— Mais cela demande une telle concentration et ça consomme presque toute mon énergie !

— Le règlement est le règlement et ceux qui ne s'y conforment pas terminent leur prestigieuse carrière à surveiller les bas-fonds des cités impériales.

— Vous voulez dire avec les sang-mêlé !

Devant une perspective aussi horrible, celui-ci ne put réprimer un frisson de dégoût. À contrecœur, il activa mentalement le neuro-transmetteur logé dans son ceinturon. En moins d'une seconde, l'hologramme se matérialisa et il retrouva sa physionomie terrienne.

Satisfait, l'opérateur déposa d'un coup sec la missive dans la main du coursier. Ce dernier l'accepta et se dirigea prestement vers un coin de la pièce. Cachée derrière un générateur encadré de poutres d'acier, la navette de transit attendait son passager. À son approche, la visière du cockpit coulissa silencieusement. Le messager grimpa les trois marches menant à la passerelle qui déjà s'arrimait à la coque du véhicule. Devant l'appareil, une large porte en métal brossé pivota silencieusement tandis qu'un gyrophare rougeoyant soulignait le début de la manœuvre de transfert. Dans un sifflement de plus en plus aigu, la navette glissa vers le puits parcimonieusement éclairé. L'habitacle vibra et la descente s'amorça.

L'estafette profita de cette courte pause pour enfin se mettre à son aise. Il ferma les yeux et pencha la tête. Rapidement, l'hologramme s'effaça, découvrant ainsi son visage écailleux. Il poussa un long soupir de soulagement en faisant claquer les mandibules lui servant de mâchoires. Dans sa main droite, quatre griffes tenaient consciencieusement le précieux message destiné à la première conseillère de l'empire.

***

La jeune femme était seule dans la pièce. Trois chaises droites et une table de bois au placage écaillé garnissaient tristement l'endroit. Une carte de la région, une enveloppe brune et un crayon reposaient sur la surface du meuble. Avec ses murs verts tendres défraîchis et son éclairage diffus lavant tous les contrastes, le décor ne portait pas à la fête. Nadia ne s'en formalisa pas.

Il y avait bien au-dessus de sa tête, ce fluorescent bourdonnant qui ne demandait qu'à rendre l'âme, mais puisque les autres tenaient le coup… Bref, pour une salle d'interrogatoire d'un service de police, l'endroit faisait parfaitement l'affaire. L'aménagement des lieux n'avait d'ailleurs peu d'importance à ses yeux. Elle retira de l'enveloppe la photo d'un vieil homme. Simplement adossée à sa chaise, les yeux fermés, les mains reposant sur ses cuisses, Nadia se contentait de prendre de profondes inspirations. Elle se concentrait simplement sur la tâche qu'on lui avait assignée. Elle ne remarqua pas non plus la lueur azurée qui flottait depuis quelques secondes au-dessus d'elle.

L'état de transe l'avait gagnée assez rapidement. Mais à présent, elle rencontrait des difficultés à visualiser la scène. En tentant de se concentrer sur la personne recherchée, plusieurs décors disparates s'étaient glissés dans son esprit. Une interférence persistante semblait brouiller la sélection des images. Soudain, une nuée de pensées étrangères envahit totalement la communication. Une bouffée psychique se résuma par un simple mot : « Nadia. »

Le message était puissant et clair. Trop fort peut-être puisqu'elle fut prise de vertige et sa tête bascula vers l'arrière.

Derrière son épaule, une silhouette translucide s'approcha de l'oreille de la jeune femme encore ébranlée par cette intrusion. La voix murmura lentement :

— Tu dois aider Steven et Caroline.

Ne pouvant identifier l'origine du message, Nadia secoua la tête et tenta de le chasser de son esprit. Plaçant ensuite ses mains au-dessus de la carte, elle ferma les yeux et se concentra sur sa recherche. Les interférences ayant complètement disparu, en moins d'une minute, elle visualisa l'homme recherché et identifia sa position. Nadia ouvrit les yeux, ramassa le crayon et encercla un point sur la carte.

Son travail était terminé. Elle se leva et prit le temps de s'étirer. Elle venait à peine de commencer à se détendre lorsque soudainement, la voix s'infiltra de nouveau en elle, mais cette fois-ci avec douceur, comme si on avait pris le temps d'ajuster la puissance de transmission. Le message restait toutefois le même :

— Tu dois aider Steven et Caroline.

Nadia, surprise par la clarté du message, faillit perdre pied.

— Qu'est-ce que tout cela veut dire ? Je ne suis même plus en transe !

Et pourtant, elle était pleinement consciente du message. Celui-ci était précis et de toute évidence, lui était destiné. Perplexe, elle fronça les sourcils et répéta :

— Steven et Caroline.

Elle eut beau chercher dans sa mémoire, aucun visage ne collait à ces prénoms.

— Mais je ne connais aucun Steven… ni de Caroline.

Haussant les épaules, elle ramassa négligemment la carte, l'enveloppe, la photo et le crayon. Se composant un visage souriant et détendu, elle passa machinalement une main dans ses cheveux avant de quitter le bureau.

***

La pièce offrait un accès direct sur la grande salle des enquêteurs où se côtoyaient bureaux, téléscripteurs, écrans et ordinateurs. En cette fin d'avant-midi, la plupart des inspecteurs étaient encore sur la route. Il régnait donc dans ces lieux un calme relatif, une atmosphère de détente fort appréciée par la jeune femme après l'exercice délicat qu'elle venait d'effectuer. Mais cette quiétude fut de courte durée. Provenant d'un corridor voisin s'éleva une tempête de cris, de grognements et de bruits alarmants accompagnée de quelques jurons émis probablement par le personnel en place. Puis soudain, du fond de la salle commune, un véritable ouragan agressa rageusement la porte avant de dévaster cet endroit si paisible.

Il devait avoir onze ou douze ans. Son teint cuivré, ses cheveux épais et noirs trahissaient aisément ses origines autochtones. Le jeune garçon portait un pantalon rapiécé trop grand pour lui, un t-shirt défraîchi, et un bandeau délavé ceignait son front. Sa tête trônait sur un corps agile, mais d'une propreté douteuse. On aurait pu le confondre avec un diablotin sorti d'une boîte à surprise. Mais la surprise n'avait rien d'agréable pour le policier en uniforme qui tentait par tous les moyens de rattraper le garçon. Le jeune fauve sautait d'un bureau à l'autre, faisant lever un nuage de papiers et de rapports au grand désespoir de son poursuivant.

Le sergent McGraw, un inspecteur en civil assis à son bureau, leva les yeux en direction du cyclone. Il eut juste le temps de se pencher avant de sentir le garçon sauter par-dessus lui en prenant appui sur ses épaules.

— Hé ! C'est mon *skate* et mes pommes ! s'écria le garçon en découvrant ses avoirs sur une petite table voisine de McGraw.

— Ne touche pas à ces pommes, jeune homme. Ce sont des pièces à conviction, annonça le sergent.

Amusée par le côté rocambolesque de la situation, Nadia se croisa les bras et prit le temps d'observer la scène quelques instants. Un deuxième policier contourna le bureau et tenta de soustraire au garçon les fruits tant convoités. Son geste eut une seconde de retard. Dans son élan, il prit appui sur la planche à roulettes instable, perdit l'équilibre et s'affala de tout son long sur le plancher.

Nadia se rendit compte soudain du sourire qu'elle affichait. Un sourire qui contrastait avec l'humeur massacrante des officiers présents. Afin de ne pas froisser la susceptibilité des policiers, Nadia pinça les lèvres et tenta de se forger, sans vraiment y parvenir, un visage plus sévère. Puis, se désintéressant de la scène, elle marcha résolument vers la porte donnant accès à un couloir secondaire. Derrière elle, le policier en civil, essoufflé par cette poursuite ridicule, s'arrêta net et pointa le garçon du doigt.

— Steven, c'est ta quatrième visite ce mois-ci. Avec les dégâts d'aujourd'hui, tu passeras devant le Tribunal de la jeunesse demain matin, annonça-t-il avec colère.

— Et le conseil de bande ne pourra pas invoquer les lois de la réserve, cette fois-ci. Tu auras droit au centre d'accueil pour délinquants, renchérit son collègue en uniforme.

Nadia figea sur place. Dans d'autres circonstances, elle aurait pu croire à une coïncidence, mais le message qu'elle avait reçu était encore trop présent à sa mémoire : « Tu dois aider Steven et Caroline. » Nadia hésita. Et si elle se trompait ? Elle avait beau imaginer une foule de raisons pour ignorer la présence de ce petit monstre, son intuition qui la trompait rarement, lui disait qu'elle était en présence du fameux Steven.

— Et si c'est le Steven en question ?... Alors, qui est Caroline ?

***

Quatre coups tintèrent à la délicate horloge française sous verre trônant sur le manteau de la cheminée. Celle-ci était flanquée de deux bibliothèques encastrées, richement garnies de moulures finement ciselées, occupant la presque totalité du mur du vaste salon.

Du fond de ce dernier émanait une douce musique provenant d'un imposant piano à queue. Une adolescente de seize ans y était assise. Ses traits étaient fins et son port bien droit dénotait une éducation certaine. Ses longs cheveux blonds coulaient sur une blouse à volants à la coupe impeccable. Avec sa jupe plissée et ses délicats souliers à talons hauts, on aurait pu lui donner quelques années de plus.

En biais avec l'instrument partiellement caché par une fougère luxuriante, un homme d'âge mûr écoutait religieusement. Calé dans un fauteuil de cuir souple, vêtu d'un complet gris acier de confection recherchée, Augustin Lamarre conservait les yeux mi-clos, se contentant de battre la mesure du bout de son menton.

À l'extérieur du salon, une dame portant un cabaret d'argent traversa la salle à dîner. Elle s'arrêta quelques secondes devant l'embrasure de la porte et observa les deux mélomanes à travers le hall principal. Elle se dirigea ensuite vers un riche vaisselier et déposa son cabaret sur la tablette d'appoint. Silencieusement, elle fit glisser le tiroir central du meuble et en retira un minuscule flacon surmonté d'une poire de caoutchouc. Elle dévissa le bouchon et en extirpa le fin compte-gouttes empli d'un liquide brunâtre. Elle déposa le flacon sur la tablette, sans prendre le temps de lire les instructions à demi effacées où l'on devinait encore un avertissement : Maximum 2 gouttes par jour.

La dame n'avait que faire de cette recommandation. Consciencieusement, elle laissa tomber dix gouttes dans un verre de jus de fruits posé près d'une assiette de biscuits dans le cabaret d'argent.

Dans la salle de musique, les dernières notes du piano moururent. Curieusement, l'adolescente n'avait pas touché au clavier et les languettes d'ivoire remontèrent docilement.

— C'est toujours aussi magnifique, déclara enfin l'homme du fauteuil.

— C'était la pièce préférée de maman, dit la jeune fille sur un ton nostalgique. Heureusement que j'ai conservé cet enregistrement, ajouta-t-elle en retirant la clé USB d'un lecteur blotti sous le clavier de l'instrument.

— Caroline, après un si beau concert, il est temps de prendre ta collation, lança la vieille dame en affichant un sourire qui se voulait cordial.

L'interpellée saisit le verre ainsi que deux biscuits secs. La dame déposa le cabaret sur une petite table basse et s'affaira à verser le thé dans deux tasses de porcelaine.

— Hum, fit la jeune fille en grimaçant.

L'homme était sur le point de prendre sa tasse, mais arrêta son geste.

— Ce jus est très acide, jugea Caroline. La prochaine fois, tante Emma, serait-il possible d'y ajouter plus de sucre, s'il vous plaît ?

— Bien sûr, ma chérie. Et je te promets qu'à l'avenir, tu ne goûteras plus jamais à un tel jus.

— Merci ma tante, vous êtes bien bonne pour moi.

— C'est normal, ma chère enfant. Depuis le décès de tes parents, nous sommes les seuls membres de ta famille. Et tu sais à quel point nous avons tes intérêts à cœur.

Sur ces paroles des plus touchantes, Caroline prit une nouvelle gorgée. Après tout, le goût demeurait acceptable. Elle entreprit de terminer son verre au grand plaisir des témoins de la scène.

***

Sortant de sa rêverie, Nadia se rendit compte que les policiers maîtrisaient enfin le jeune voyou. Le tenant à bout de bras et marchant d'un pas rapide vers la section des cellules, les deux hommes passèrent juste devant elle, ce qui lui permit d'examiner la bête sauvage à l'origine de tout ce remue-ménage.

Malgré l'air rébarbatif qu'il affichait, Nadia ne put s'empêcher de ressentir de la sympathie envers le jeune garçon. Soudain, une odeur piquante lui chatouilla les narines. La jeune femme renifla discrètement, le nez pointé vers le garçon.

— Ouf, fit-elle en se ventilant le visage de la main.

— Allez, Steven. Tu connais le chemin, ironisa un policier en poussant le délinquant juvénile vers une lourde porte d'acier maintenant entrouverte.

— « Tu dois aider Steven et Caroline », répéta Nadia intérieurement.

Après quelques secondes de réflexion, elle en fut convaincue et haussa les épaules.

— Oui. Steven, ça ne peut être que lui.

De longues secondes s'écoulèrent. La jeune femme resta là, immobile au centre du corridor. Et même si c'était le Steven en question, qu'avait-elle en commun avec ce jeune autochtone ? Elle avait eu plus que son lot de surprises pour la journée. Avait-elle vraiment besoin de ce nouvel imprévu ?

« Aider Steven ». Ces deux mots s'immiscèrent à nouveau dans son esprit.

— Je vais sûrement passer pour une folle, soupira-t-elle en glissant ses deux mains dans ses cheveux, mais je dois en avoir le cœur net.

Faisant demi-tour, elle emprunta le couloir menant aux services administratifs.

***

Depuis longtemps, l'empereur Krash-Ka, cinquante-septième monarque du continent creux, avait cessé de compter. De nouveaux points scintillaient sur la carte holographique représentant les cinq continents de la surface. À ce stade de la détection, leur nombre n'avait plus vraiment d'importance. Il lui suffisait de savoir que chaque tache brillante annonçait la présence d'une nouvelle sphère de lumière.

Pour le moment, la population de l'empire ainsi que sa propre autorité n'avaient rien à craindre de ces visiteurs inconnus. Construites sous l'épaisse croûte rocheuse planétaire, à plus de vingt kilomètres de profondeur, les cités trogoliennes étaient à l'abri de toute attaque surprise. Mais la seule présence de cet élément insolite suffisait à augmenter le niveau d'agitation dans l'imposante salle de contrôle. Les opérateurs de la section « dépistage » se relayaient les informations les plus récentes. Les analystes scrutaient les tonnes de symboles que vomissaient les ordinateurs. Un peu plus loin, sur sa gauche, un groupe de stratèges tentaient sans succès, de déchiffrer les intentions de ces nouveaux intrus.

De la passerelle d'observation, il avait une vue imprenable sur toutes les activités du poste de commandement. Sa main écailleuse, terminée par de longues griffes vernies, lâcha la rampe. L'empereur fit quelques pas tout en observant distraitement la horde de fonctionnaires s'agitant en tous sens sous ses pieds.

C'était le signal qu'attendait dame Haziella, la grande conseillère impériale. Grande par son poste et ses responsabilités, dame Haziella en imposait par son titre autant que par son physique. Bien au-dessus de la taille moyenne trogolienne, elle devait tenir compte fréquemment de cette physionomie particulière. Mesurant à peine un centimètre de moins que l'empereur, elle devait constamment fléchir légèrement les genoux afin de rester sous le regard de son maître. De plus, lorsqu'elle l'accompagnait dans un lieu public, elle prenait grand soin de toujours demeurer à près de deux mètres derrière son souverain. Ainsi, les sujets de l'empire pouvaient difficilement comparer sa taille à celle de leur monarque. Une telle procédure avait provoqué quelques situations insolites qui auraient pu, à l'occasion, faire sourire certains hauts fonctionnaires, mais on souriait rarement en sa présence. Malgré ses épaules légèrement voûtées et toujours prête à s'incliner devant son souverain, dame Haziella conservait un regard perçant sous les écailles cachant partiellement ses yeux. Constamment dans l'ombre de son maître, elle était plus qu'une fidèle servante de l'empire du continent creux. Dans le cœur du royaume, tous la connaissaient comme la conseillère la plus influente. Elle était les yeux et les oreilles du monarque. Chez les hauts dignitaires du palais, à mots couverts, on la surnommait l'espionne de l'empereur.

La considération qu'on lui témoignait et le respect qu'elle inspirait n'étaient pas le fruit du hasard. Profitant de sa condition d'épouse du grand conseiller, elle avait su, au fil des ans, tisser un important réseau privé d'informateurs. Celui-ci lui avait permis d'acquérir une influence non négligeable auprès de l'empereur par l'entremise de son conjoint. Après le décès de ce dernier, survenu lors d'un accident dont les causes restaient encore nébuleuses, dame Haziella consolida ses assises en démembrant les faibles ressources de son époux.

Par voie de conséquence, elle fut intronisée grande conseillère de l'empire. Une décision qui semblait tomber sous le sens, mais qui s'avérait tout de même un fait inusité. En effet, en huit mille ans d'histoire, jamais une femelle trogolienne n'avait occupé un poste aussi prestigieux et par surcroît, aucune souveraine n'avait jamais dirigé les destinées de l'empire.

La conseillère Haziella était bien consciente de sa position privilégiée et comptait bien en profiter le plus longtemps possible, même si cela l'obligeait à obéir à un empereur sans grande envergure. Un monarque dont le principal souci était d'acquérir les fonds nécessaires à la réalisation de son plus grand rêve, la construction d'une nouvelle cité impériale dédiée à sa gloire.

Haziella émit un toussotement discret. La réaction du Krash-Ka fut à peine perceptible. Il tourna légèrement la tête dans sa direction. Elle comprit aussitôt que son maître consentait à l'écouter.

— Le Globulus sonde toutes les communications terrestres, votre grandeur. De plus, nos agents déployés à la surface ont déjà été alertés. Dois-je leur communiquer des consignes particulières ?

— Non. Qu'ils ouvrent l'œil et soient à l'affût de tous phénomènes nouveaux ou insolites. Mais attention, je ne veux aucun geste inconsidéré. Aux yeux de ces visiteurs, la planète doit sembler être gouvernée par les Terriens.

Avec un sourire venimeux, il ajouta :

— Pour le moment, laissons-les agir et abattre leurs cartes. Le plus important est de découvrir les raisons de leur venue.

— Et s'ils sont des envahisseurs ?

— Il y a plus de huit mille ans, nous avons été les premiers à envahir cette planète. Aujourd'hui, sans le savoir, des milliards de Terriens sont à notre service et travaillent à la prospérité de notre empire. Il n'y a pas de raison que ça change. Si ces visiteurs se révèlent une menace, en temps et lieu, nous leur ferons connaître les vrais maîtres de ce monde.

Visiblement satisfaite de la réponse du souverain, la conseillère poursuivit son rapport.

— Et en ce qui concerne le Globulus, vous n'avez aucune instruction à lui transmettre ?

Avec sévérité, l'empereur répondit :

— Si, j'ai quelques questions à lui poser, mais il est inutile de prendre des notes. Je lui parlerai en personne.

La conseillère s'inclina au passage de son souverain.

— Le Globulus sera certainement honoré de votre visite, votre grandeur.

Ceci dit, elle effleura du bout des doigts son scrytobloc, un communicateur multifonctions qui ne la quittait jamais et ordonna :

— Que l'on prépare la navette impériale !

Sans attendre une confirmation du message, elle partit à petits pas sur les traces de son maître.

***

— Bien sûr, Steven pourrait vivre dans sa réserve, déclara l'homme à la peau d'ébène. Beaucoup d'autochtones choisissent d'y demeurer et y sont très heureux. En tant que membre en règle des Premières Nations, ils profitent de tous les services à la communauté et même de certains privilèges que nous n'avons pas. Là-bas, Steven est aimé et apprécié. Et j'en ai eu la confirmation par le conseil des anciens, précisa l'homme. Mais ce garçon possède l'instinct de ses ancêtres. La planète tout entière est son territoire de chasse.

— Mais ce n'est tout de même qu'un enfant, objecta Nadia.

— Justement... Si je ne me trompe, Nadia, vous êtes célibataire. Vous n'avez donc que très peu d'expérience avec les enfants, pour ne pas dire aucune.

Nadia ne sentit pas la nécessité de répondre à ce commentaire. Pourquoi l'aurait-elle fait ? L'homme appuyé au cadre de la fenêtre était nul autre que le chef de la police. Il avait accès à une foule d'informations et connaissait très bien son dossier personnel. D'ailleurs, le policier n'attendit pas de réponse. Il jeta un regard en biais à la jeune femme toujours debout et immobile, une main posée sur le dossier de sa chaise. Lentement, il marcha vers le gros fauteuil de son bureau qu'il fit gémir sous son poids. Il ajusta méthodiquement ses lunettes sur son nez large, ouvrit un dossier épais et poursuivit.

— En accord avec les services sociaux, nous sommes toujours heureux de permettre le parrainage d'un enfant de la rue. Mais ce garçon, Nadia, est une vraie bombe à retardement, un cataclysme ambulant. Si vous tenez absolument à épauler un jeune défavorisé, j'ai ici une liste de noms...

Nadia coupa court et répéta calmement :

— Lieutenant Satoba, je sais que ma demande peut vous paraître insolite, mais je désire Steven et aucun autre garçon.

Elle délaissa le dossier de sa chaise, avança de quelques pas et fixa le policier droit dans les yeux avant d'ajouter :

— En retour de tous les services rendus, accordez-moi la garde de Steven... disons pour un essai de quelques semaines.

L'officier ne savait plus comment composer devant une telle requête. Il prit le temps d'enlever ses lunettes et se frotta machinalement la racine du nez.

— Steven est un véritable fauve, Nadia. Il a fallu deux policiers pour le maîtriser. En vous confiant ce garçon, je ne suis pas certain de vous rendre un très grand service.

Nadia resta muette, mais afficha un regard toujours aussi déterminé. En désespoir de cause, l'inspecteur fit une ultime tentative dans le but de la décourager. Consciencieusement, il replaça ses lunettes et sortit d'une enveloppe une épaisse liasse de documents.

— Il y a eu plusieurs plaintes contre ce garçon. Il a fait pas mal de dégâts, ces temps-ci. Avant de libérer Steven définitivement, il faudra négocier, hors cour, un dédommagement avec les plaignants.

La jeune femme acquiesça d'un léger signe de tête. Sans un mot, l'homme fit glisser sur son bureau le lot de feuillets. Nadia s'en saisit lentement et prit le temps de lire tous les détails.

— Il a fait tout ça ?

— En moins de deux mois, précisa le policier.

La jeune femme passa sa main libre dans ses cheveux.

— J'ai l'impression d'étudier le bilan des dégâts matériels après le passage d'un cyclone, avoua-t-elle.

Le lieutenant esquissa un sourire complice.

****

Une cinquantaine de kilomètres seulement séparaient le palais de la caverne du Globulus. Le glisseur impérial ayant priorité, la course n'exigea pas plus de dix minutes. Assise en face de l'empereur, la grande conseillère se sentit tout de même obligée de meubler la conversation. Ayant reçu, d'un signe de la main, l'assentiment de son maître, dame Haziella aborda prudemment un épineux sujet.

— Depuis quelques mois déjà, le Globulus exerce des pressions auprès de l'administration centrale. Bien qu'il ne soit plus qu'un cerveau, il est toujours un Trogolien à part entière. Comme nous tous, il doit vivre son val-thorik à tous les sept ans terrestres. Pour vous et moi, ce n'est déjà pas très agréable de subir cette poussée de croissance physiologique répartie sur l'ensemble de notre corps. Imaginez alors cette croissance concentrée sur un seul organe, le cerveau.

— Venez-en au fait, grommela l'empereur.

— Le Globulus souhaite une modification des dimensions de son dôme protecteur. Il profitera sûrement de votre visite pour réitérer sa demande et il insistera très certainement.

— Je suis au courant de sa requête. Elle a déjà été refusée, soupira l'empereur. En six cents ans, nous avons remplacé sa coupole à quatre reprises. Selon nos ingénieurs, elle est valable pour plus d'un siècle d'expansion. Il n'y aura donc pas de changement avant plusieurs décennies. L'empereur ajouta sur un ton impatient :

— Le Globulus est peut-être le plus vieux et le plus gros cerveau de la terre, ce n'est pas une raison pour céder à tous ses caprices. Il y a des problèmes plus urgents à régler.

— Vous pensez à ces nouveaux envahisseurs... suggéra la conseillère.

— Non, corrigea Krash-Ka. Je me préoccupe d'une situation beaucoup plus criante. Depuis trois ans, nous constatons des fuites de capitaux dans la majorité des banques contrôlées par notre empire. Les plans de la nouvelle cité impériale sont pratiquement terminés... Avez-vous vu la maquette du nouveau palais ?

— J'ai eu ce plaisir, votre grandeur.

— C'est vraiment magnifique, n'est-ce pas ? Ce palais sera une splendeur !

— Et témoignera judicieusement de votre règne, votre grandeur.

L'empereur laissa échapper un soupir de contentement.

— Mais la concrétisation de ce rêve exige des sommes colossales et ces fuites de capitaux nuisent considérablement à mes ambitions. Nous perdons des fortunes et nous n'avons toujours pas identifié la source de ce problème.

Mal à l'aise, la conseillère avoua :

— En effet, votre grandeur, c'est à n'y rien comprendre. Malgré tous les efforts déployés, nos agents de surface n'ont encore rien découvert. Nous avons bien quelques pistes...

— Et le Globulus ? Que fait donc le Globulus ? Avec toute sa puissance et son génie, pourquoi n'a-t-il rien trouvé ?

***

La pièce circulaire aurait pu facilement accueillir un terrain de basket-ball si elle n'avait pas été envahie par une impressionnante capsule de verre d'une dizaine de mètres de diamètre, le tout monté sur un socle de métal rutilant.

Une multitude de câbles et de boyaux colorés émergeaient d'un appareillage complexe. Certains plongeaient directement dans le sol, tandis que d'autres serpentaient vers d'étranges tours lumineuses ceinturant la coupole translucide. Sous le globe, baigné dans un sirop bleuté bouillonnant, vivait le puissant cerveau du Globulus, une masse de chair grise et mouvante représentant plus de deux tonnes de neurones.

Les doubles portes étanches s'ouvrirent. L'empereur entra dans l'imposante caverne protégeant les précieuses installations. À quelques pas derrière son souverain suivait la grande conseillère. Sans un mot, l'empereur s'arrêta devant le dôme. Haziella connaissait bien son rôle et appliqua le protocole réservé aux entrevues officieuses.

— Globulus, sa grandeur vous fait l'insigne honneur de sa présence.

Cette rencontre était loin d'être une surprise pour le cerveau sous verre. Grâce à ses multiples connexions reliées aux principaux ordinateurs de l'empire, il avait détecté l'activation de la navette impériale ainsi que le trajet établi bien avant que son souverain y ait mis le pied.

Naturellement, le Globulus passa sous silence ce détail. Il n'était pas bon d'afficher toutes formes de supériorité vis-à-vis de son empereur. De sa voix synthétique, il répondit donc d'un ton affable à l'annonce de la conseillère :

— C'est en effet un grand privilège et c'est avec plaisir que je mets l'ensemble de mes ressources au service de l'empire.

— Trêve de politesse, coupa Krash-Ka, impatient.

Celui-ci fit quelques pas en faisant claquer le talon de ses bottes sur le sol dur de la caverne. S'arrêtant devant le cerveau machine, les poings sur les hanches, il somma ce dernier :

— Globulus, aujourd'hui, j'exige des réponses précises et complètes. Qui sont ces nouveaux visiteurs ? Des envahisseurs, des conquérants ?

Le Globulus, imperturbable, laissa passer la tempête.

— Il est un peu tôt pour se prononcer, votre grandeur. Tous mes capteurs branchés sur les réseaux telluriques de la planète...

— De quoi parlez-vous ? intervint l'empereur.

— Des réseaux telluriques, votre grandeur. Ce sont des champs de forces qui sillonnent la croûte terrestre. Ces énormes courants magnétiques...

— Suffit, coupa de nouveau l'empereur, de plus en plus agité. Je sais ce que sont les réseaux telluriques et je ne suis pas ici pour suivre une leçon de géodésie. Alors ? Quelle relation y a-t-il entre eux et ces visiteurs de l'espace ?

— Les capteurs, installés sur les réseaux, ont tous détecté l'arrivée de ces curieuses sphères de lumière sur l'ensemble des continents de surface, expliqua le Globulus. Depuis plusieurs jours, je travaille à les dénombrer et à identifier leurs positions.

— Et leur puissance, qu'en est-il ? Ces manifestations lumineuses sont-elles armées ?

— Impossible de le dire, votre grandeur. Ces entités sont des sources d'énergie pure sans forme physique. Elles sont, pour ainsi dire, immatérielles.

— Immatérielles, répéta l'empereur, incrédule. Tu prétends donc qu'elles n'existent pas.

— Elles existent, votre grandeur, mais sous forme de vibrations.

— Comme la lumière, suggéra discrètement la conseillère.

— Votre comparaison est judicieuse, dame Haziella. Une des constituantes de la lumière est en effet une vibration. Nous pouvons la voir, la traverser ou la faire dévier de sa trajectoire, mais il nous est impossible de la peser ni la contenir dans une boîte.

S'adressant cette fois à l'empereur, il ajouta :

— Si je puis me le permettre, je suggère à votre grandeur d'envoyer des agents à la surface et d'observer discrètement la réaction de la population.

Ce fut au tour de la conseillère d'intervenir.

— Votre grandeur, je vous rappelle respectucusement que nos meilleurs agents sont déjà sur place afin d'enquêter sur les mystérieuses fuites de capitaux.

— C'est vrai, confirma celui-ci.

La conseillère, profitant de cette brèche, précisa :

— Et il y a ces rachats de plusieurs grandes multinationales par une organisation financière inconnue. Nous perdons une fortune tous les jours.

Fustigeant le Globulus du regard, l'empereur reprit :

— Tu as entendu, Globulus ? Nous perdons des fortunes.

— Je sais, votre grandeur. Cela me préoccupe beaucoup. Jusqu'à présent, je dois avouer que les résultats sont plutôt décevants. Cette organisation encore non identifiée est très bien structurée. Elle utilise des techniques de camouflage financier aussi efficaces que les nôtres. Par contre, si vous autorisiez le changement de mon globe protecteur, une puissance accrue me permettrait peut-être...

L'empereur écourta abruptement la conversation et lança sur un ton tranchant :

— Un nouveau dôme ! N'y pensez même pas ! Il faudra avant tout le mériter. Et pour cela, il me faut des résultats.

Sans attendre de réponse, il tourna les talons et quitta la caverne.

***

Steven sortit le premier et s'arrêta net sur le perron de granit. Serrant sa planche à roulettes sous son aisselle, il garda le dos bien droit, les bras croisés sur la poitrine. Nadia laissa la porte se refermer derrière elle.

— Ouf, je croyais que ça ne finirait jamais, lança-t-elle en prenant une grande bouffée d'air. Un geste qu'elle coupa dans son élan quand son nez l'avisa de la présence du garçon. Du coin de l'œil, elle surveilla les réactions de son nouveau protégé, resté muet depuis leur première rencontre dans le bureau du lieutenant.

— Tu n'as rien à dire ?

— Ils ont bouffé mes pommes, laissa-t-il tomber.

— Tes quoi ?

— Mes pommes. Même le gros Satoba en avait une sur son bureau. C'est moi qui fais le travail, pis c'est les flics qui s'empiffrent.

Dans une moue dédaigneuse, il marmonna :

— C'est ça, la justice des Blancs.

Peu familière avec ses priorités, Nadia tenta une diversion.

— Bon, on ne va tout de même pas établir notre campement devant ce poste de police, lâcha-t-elle avec une pointe d'humour.

Devant l'air renfrogné du garçon, Nadia plia les genoux et le regarda droit dans les yeux. Sur un ton de camaraderie, elle précisa :

— Steven, je suis responsable de toi et je veux te faire confiance. Alors s'il te plaît, aide-moi à terminer cette journée en beauté.

N'espérant pas de réponse, elle se redressa, descendit les sept marches de pierre et l'attendit sur le trottoir. Dans un silence stoïque, Steven rejoignit la jeune femme.

— Ma voiture est au coin de la rue. Nous serons chez moi dans vingt minutes. Et pour elle-même, elle ajouta entre les dents :

— ... afin d'y prendre une bonne douche.

Indifférente au mutisme du garçon, Nadia amorça la marche. Steven déposa sa planche sur le trottoir et se mit à rouler aux côtés de la jeune femme. Satisfaite, Nadia ouvrit son sac et chercha les clés de sa voiture. Durant quelques instants, Steven parut la suivre docilement, mais après une dizaine de mètres, il ralentit progressivement son rythme et la distança légèrement. Ne quittant pas la femme des yeux, il épia ses moindres gestes.

Soudain, à la hauteur d'une petite ruelle, il donna un coup de hanche et modifia la trajectoire de sa planche. Il plongea alors dans l'étroit passage et prit rapidement de la vitesse. Dans sa course folle, il évita de justesse les trois énormes barils à déchets, mais n'eut pas le temps de remarquer la silhouette lumineuse masquée par une pile de boîtes à fruits. Juste après le passage du garçon, Guidor sortit de l'ombre en affichant un large sourire amusé. Dans la seconde qui suivit, un tourbillon de lumière l'enveloppa et il disparut.

Steven connaissait bien le quartier ainsi que tous ses petits secrets. Essoufflé, mais fier de son manège, il freina au fond de la ruelle fermée par une grande palissade de bois. Il saisit la quatrième latte mobile retenue par un seul clou. Tenant sa planche d'une main, il fit pivoter le panneau et se glissa dans l'ouverture, heureux d'avoir échappé si facilement à son cerbère.

— Ah ! Ah ! Qu'elle essaie de m'attraper maintenant !

Il était sur le point de replacer la pièce de bois lorsqu'une lumière éblouissante jaillit tout juste derrière lui, si forte qu'elle projeta son ombre sur la palissade. Bien que surpris par le phénomène, Steven n'avait pas le temps de s'y attarder. Il devait conserver son avance.

Il tourna la tête et prit son élan, mais s'arrêta net dans la seconde suivante. Son visage affichait maintenant la stupeur et la consternation. À moins de deux mètres devant lui, Nadia l'attendait les mains sur les hanches en le fixant avec amusement. Paniqué, Steven fit demi-tour. Oubliant l'ouverture improvisée de la palissade, il tenta de sauter par-dessus. Il grimpa sur une pile de caissettes à fruits et prit son essor. Les fines languettes de bois ne purent supporter son poids et cédèrent brusquement.

Un bruit sec se fit entendre et le pied du garçon se coinça dans une des caisses. Après de multiples contorsions, il réussit malgré tout à en atteindre le haut. Il s'élança, mais le bas de pantalon de sa jambe libre s'accrocha à une éclisse du muret. Steven perdit l'équilibre et lança sa planche par-dessus la barrière. Toujours maintenu par son pantalon, il se retrouva sens dessus dessous, la tête frôlant dangereusement le sol.

Quoique étourdi par ses manœuvres et bénéficiant d'un champ de vision limité, il n'eut aucune peine à reconnaître les jambes de sa poursuivante. Il releva la tête.

— Tu as perdu quelque chose ? demanda négligemment la jeune femme, les mains cachées dans la veste de son tailleur.

Le garçon n'en crut pas ses yeux.

— C'est pas vrai ! gémit-il.

Steven reprit ses sens rapidement. Se tortillant violemment, il réussit à se dégager de sa fâcheuse position, sacrifiant du coup un lambeau de toile de son vêtement. Il atterrit sur les mains et s'aplatit de tout son long sur le bitume crasseux. La caissette de bois emprisonnant son autre jambe se fracassa sous l'impact. Tel un félin, il se releva et s'élança dans la ruelle en boitillant. Après quelques enjambées, il réussit à se libérer des restes de la caissette et sauta sur sa planche.

Trop occupé à rétablir son équilibre, il ne put remarquer la nouvelle embûche. Lorsqu'il la vit, il était déjà trop tard. Un panneau de tôle ondulée appuyé sur un caisson de bois, tout près d'un immense baril de carton couché sur le côté, se révéla devant lui. Ne pouvant l'éviter, Steven grimpa sur le tremplin improvisé et tenta de sauter par-dessus l'obstacle, mais son élan fut insuffisant. Ses pieds quittèrent la planche et il retomba directement sur le tonneau. Sous le choc, ce dernier se mit à rouler en entraînant son passager dans un exercice périlleux. Tant bien que mal, Steven réussit à maintenir son équilibre par un mouvement rapide des jambes. À la sortie de la ruelle, le baril accrocha la bordure du pavé et dévia de sa course, entraînant son valeureux cavalier sur le trottoir.

Demeurée seule près de la palissade, sa poursuivante esquissa un sourire et un nouveau tourbillon de lumière l'enveloppa.

Steven n'était toutefois pas au bout de ses peines. Lorsque le baril s'écrasa sur un parcomètre, l'arrêt fut rapide et brutal. Projeté dans les airs, il plana sur plus d'un mètre vers un cabriolet avant d'y atterrir lourdement tête première. Le nez écrasé dans le siège du passager, les jambes pendues au dossier, le garçon se releva péniblement. Une nouvelle surprise de taille assomma le garçon : Nadia l'attendait bien tranquillement, les bras croisés, appuyée sur l'aile avant de la voiture.

— Et bien, jeune homme, vous en avez mis du temps pour me rejoindre.

Avec une pointe d'ironie, elle ajouta :

— Tu avais besoin d'un peu d'exercice ?

— Comment t'as fait ça ? demanda Steven encore tout hébété.

Il n'attendit pas la réponse. Exténué, il offrit ses poignets pour le passage des menottes.

— T'es une super flic, pas vrai ?

Insensible au geste, la jeune femme répondit simplement :

— Je ne suis pas « une » super flic. En fait, je ne suis pas flic du tout, précisa Nadia en contournant la voiture.

— Alors t'es qui ?

— Une amie qui ne souhaite que t'aider, déclara-t-elle en plaçant la main sur la poignée de la portière.

— Et pourquoi tu fais ça ?

— Parce qu'on me l'a demandé.

— Qui ça « on » ?

— Steven, tu poses trop de questions.

Coupant court à l'interrogatoire, elle ouvrit la portière, monta dans la voiture et ajouta pour elle-même :

— Si au moins je connaissais les réponses…

Tout près de là, dans la ruelle, une autre Nadia les observait tranquillement. Elle se noya dans un vortex lumineux et s'effaça rapidement sous les traits de Guidor. Aux pieds de l'homme, la planche à roulettes de Steven était maintenant immobile.

Ignorant tout du remue-ménage des dernières minutes, Nadia tourna la clé de contact et annonça joyeusement :

— En route pour la maison et ce soir, après une bonne douche, tu dormiras dans un vrai lit.

Du coin de la ruelle, Guidor les observait toujours. Il ferma légèrement les yeux et communiqua un nouveau message.

— « Maintenant, tu dois aider Caroline. »

Un vertige s'empara de la jeune femme. Sa tête bascula vers l'avant dans une suite de soubresauts avant de s'écraser de nouveau sur l'appuie-tête. Steven avait tout vu. Au bord de la panique, il demanda :

— Ça va pas, madame ?

Le choc avait été violent. Nadia retrouva péniblement ses esprits. Elle appuya sa tête sur ses mains accrochées au volant. Nerveux, Steven regarda autour de lui.

— Eh ! Madame, faites pas de blagues. Si tu perds connaissance, y vont penser que je t'ai attaqué.

— Calme-toi. Tout va déjà mieux.

Nadia respira profondément et s'expliqua :

— Il m'arrive d'avoir des visions, avoua-t-elle. Parfois, c'est très dur à encaisser.

— Wow ! T'as dû voir un super « tank ».

— Non, répondit-elle simplement.

Sa curiosité piquée au vif, Steven se tortilla sur son siège quelques secondes et revint à la charge.

— Pis ? C'était quoi ta... vision ? Une baleine, un orignal, un autobus...

— Non, une maison.

— Ouais ! Une maison, mais quelle sorte de maison ? insista-t-il, de plus en plus intrigué.

— Tout bonnement une grande maison blanche avec des colonnes, un long mur extérieur et un jardin, répondit la jeune femme.

Steven resta songeur un moment, puis, ce fut la révélation.

— Le quartier nord, c'est sûr que c'est dans le quartier nord. Je le connais bien. L'été, avec des copains, on fait le tour des jardins. On y pique des fruits et des légumes.

Nadia leva la main et mit immédiatement les choses au clair.

— Steven, aussi longtemps que tu seras avec moi, il n'y aura plus d'actes illégaux. C'est bien compris ?

Le garçon sembla peser le pour et le contre durant un court instant et prit sa décision.

— O.K. madame.

— Et cesse de m'appeler madame, mon nom est Nadia.

— Oui, madame... Euh oui, madame Nadia.

— Nadia, tout court.

Se calant dans son siège, Steven demanda :

— Alors, qu'est-ce qu'on fait maintenant ? On va manger ?

— Nous recherchons Caroline.

— Caroline ? C'est qui, Caroline ?

— Une personne qui a besoin de notre aide.

— Notre aide ? Et elle est où, cette fille ?

— Quelque part dans le quartier nord, répondit Nadia en déplaçant le levier de vitesse.

— Hé ! Attends, madame ! Mon *skate* ! lança Steven en ouvrant sa portière.

Sur le trottoir, la planche roula docilement en direction de la voiture. D'un geste rapide, le garçon la ramassa avec une fierté non dissimulée. Après l'avoir déposée sur la banquette arrière, il chuchota à la conductrice :

— Je suis chanceux de la retrouver. C'est plein de voleurs par ici.

Guidor observa la scène avec un sourire bienveillant. Dans une nuée lumineuse, il se fondit dans le décor de briques de la ruelle.

Le cordon d'argent

CHAPITRE II

La riche héritière

Depuis près d'une heure déjà, le duo sillonnait lentement les rues du quartier nord. C'était un secteur relativement vaste. Nadia s'étonnait de n'y avoir jamais mis les pieds. Paradoxalement, Steven s'y sentait à l'aise. Sa vie de vagabond et ses activités pas toujours recommandables l'avaient amené à explorer tous les coins de la ville.

Les rues propres, bordées de grands arbres, étaient le signe que le quartier avait connu, durant plusieurs décennies, des propriétaires riches sinon très à l'aise. Bien que la balade fût agréable, Nadia commença à présenter des signes d'impatience.

— Steven, c'est la deuxième fois que nous empruntons cette rue. Es-tu vraiment certain que nous avons visité toutes les avenues de ce quartier ?

— On n'a pas raté une seule rue du quartier des riches.

Nadia laissa échapper un soupir.

— C'est sûr, poursuivit le garçon, y'a aussi le coin des super riches, mais ta Caroline peut pas habiter là. Ce monde-là a tellement d'argent qu'ils ne peuvent pas avoir de problèmes.

Nadia explosa :

— C'est maintenant que tu me dis ça ! Il t'est peut-être difficile de me croire, mais tu sauras que l'argent n'est pas synonyme de bonheur.

Son passager fit une grimace qui annonçait sans équivoque son commentaire.

— C'est vrai… C'est pas facile à croire.

Avec un sourire amusé, Nadia conclut :

— Montre-moi tout de même la direction.

Steven avait baptisé le nouveau quartier de « super riche ». Bien que le garçon eût été reconnu comme un chapardeur, un voleur et un menteur, cette fois-ci, il n'avait pas exagéré. En comparaison, le quartier des «simples riches» ressemblait à une succession de chalets d'été. Tout ici était plus grand, plus vaste, plus beau. Même l'air que l'on y respirait semblait valoir plus cher.

Sans vraiment s'en rendre compte, Nadia avait encore réduit l'allure de la voiture. Cela devenait un jeu de cache-cache en compagnie de Steven. Tous les deux tentaient de découvrir, dans une éclaircie de boiser, un coin de ces magnifiques demeures. Malheureusement, elles se retrouvaient souvent dissimulées derrière un massif de verdure ou une imposante muraille de pierres.

Soudain, Nadia freina dans un crissement de pneus. Surpris par le geste, Steven s'écrasa le nez dans le pare-brise. La jeune femme venait de découvrir la maison blanche apparue dans sa vision. La résidence, déposée au centre d'un grand parc, était entourée d'un haut mur de pierres que scellait à son portail une impressionnante grille de fer forgé.

Se tenant le nez à deux mains, Steven fut le premier à se manifester.

— Hé ! Ça va pas, les nerfs ? Avec un coup pareil, je suis sûrement défiguré pour la vie.

— Tu n'es pas sur ton *skate*, Steven. Dans les voitures, on porte sa ceinture, répondit Nadia, exaspérée.

L'arrêt brusque du véhicule fit sursauter une vieille dame qui marchait tranquillement sur le trottoir. Dans l'énervement, elle faillit perdre son large chapeau rouge et lâcher la laisse retenant son petit caniche blanc. À la hauteur de la voiture, elle leva le nez et fronça les sourcils en fixant le garçon. Les cris de Steven augmentèrent l'indignation de la dame, habituée à la quiétude de son quartier huppé. Les lèvres pincées, le menton bien haut, elle s'éloigna rapidement à petits pas.

— Steven, tiens-toi tranquille, sinon nous allons nous faire remarquer. C'est ici. J'ai trouvé la maison.

— Quelle maison ? J'vois pas de maison, souffla le garçon d'une voix sourde.

La jeune femme prit une profonde inspiration, compta mentalement jusqu'à trois et dit :

— Si tu enlèves tes mains de ton visage et ouvres les yeux, tu verras la maison.

— Et le sang, je vais perdre tout mon sang qui va couler partout dans la voiture, gémit-il.

Afin de démontrer son impatience grandissante, Nadia hacha lentement chacun de ses mots.

— Steven, tu-ne-sai-gnes-pas et tu-n'es-pas-dé-fi-gu-ré.

Le garçon comprit le message et cessa sa comédie en se donnant un air innocent, faussement rassuré.

— C'est vrai ? Eh bien ! Ça fait plaisir de le savoir.

Nadia écouta à peine sa remarque. Hypnotisée par les taches blanches de la construction que laissaient filtrer des trous de verdure, elle était maintenant songeuse et indécise. Steven l'observa du coin de l'œil et accepta de lui accorder une minute de réflexion. Découvrant l'oreillette cachée partiellement sous les cheveux de la jeune femme, il abrégea la période à dix secondes et annonça :

— J'ai faim. Si on commandait une pizza ? demanda-t-il en se frottant les mains.

Ne recevant pas de réponse, Steven lui concéda les cinquante secondes de réflexion restantes. Levant la tête, il se mit à compter les nuages.

Nadia avait enfin trouvé l'endroit, mais à présent, elle ne savait plus vraiment ce qu'elle devait faire. Sonner à la porte et demander à parler à Caroline ? Elle aurait l'air ridicule de se présenter ainsi sans raison. Et qui était cette inconnue ? Que pouvait-elle lui demander ou lui offrir ? Mais avant tout, comment découvrir qui était Caroline sans attirer l'attention ? Nadia sortit de son mutisme et laissa échapper dans un soupir :

— Je ne sais même pas qui est Caroline...

Sans se retourner, elle dit :

— Steven, si tu désirais apprendre des choses sur quelqu'un sans que cette personne le sache, que ferais-tu ?

— Tu veux dire comme l'espionner ? s'enquit le garçon.

— Oh ! Laissa échapper Nadia, scandalisée par le terme.

— Y'a pas d'autre mot pour ça, Nadia, répondit-il en haussant les épaules.

Piqué par un sujet qui le rejoignait dans son quotidien, il prit un air de conspirateur et ajouta :

— Il faut en premier se rendre sur le terrain ennemi pour repérer les lieux sans se faire voir.

Steven se composa un air de professionnel et avoua :

— C'est toujours comme ça que je fais. Le plus important, c'est de connaître la place, pis surtout les trous pour en sortir.

— Oui, je vois, se contenta de dire la jeune femme.

Reprenant le ton du conspirateur aguerri, il poursuivit :

— Aussi, il faut connaître les habitudes du client.

— Ça ne semble pas très difficile... Il te faut combien de temps pour y arriver ?

— Arriver à quoi ?

— À connaître les habitudes du client, apprendre qui est cette Caroline. C'est pour cette raison que nous sommes ici.

L'aventurier en herbe devint soudain sur la défensive.

— Oh ! Tu ne veux pas dire que tu penses que je vais entrer là-dedans ?

— Steven...

— Et pourquoi je devrais faire ça ? Ta Caroline, je la connais même pas.

Ne se laissant pas influencer par l'air sévère de la jeune femme, il ajouta :

— De l'autre bord de la clôture, y a peut-être des chiens méchants ou des pièges à loup ; des lasers qui te coupent en morceaux ou des lance-flammes cachés dans les arbres, ou des...

Voyant Nadia peu impressionnée, Steven changea d'arguments.

— Pourquoi se mettre dans le trouble pour une fille qu'on ne connaît pas ?

— Il y a une heure à peine, souligna la jeune femme, je n'ai pas hésité à aider un garçon que je ne connaissais pas. Tu en es pourtant bien heureux.

Steven haussa de nouveau les épaules.

— Moi, j'ai rien demandé, marmonna-t-il.

— Maintenant, poursuivit Nadia sans se démonter, je te propose simplement de faire la même chose. Rendre service à une inconnue qui a besoin de notre aide.

En désespoir de cause, Steven ajouta :

— Comme ça ? En plein jour ?

— Tu as peut-être raison, concéda Nadia. Bon, allons-y pour la pizza...

Un large sourire s'afficha chez Steven tandis que Nadia composait le numéro.

— ... Et nous reviendrons dans quelques heures.

Les initiés

Le garçon perdit sa bonne humeur.

***

Au cœur du continent creux, dans une salle de travail du palais impérial, l'état-major avait été convoqué de toute urgence. Autour d'une immense table ovale, des îlots de conseillers techniques s'étaient formés. Dans les différents groupes, c'était l'agitation, mais on devinait à leurs réactions des signes évidents d'impuissance.

Au bout de la table trônait Krash-Ka. Se tenant le menton d'une main, il observait ses spécialistes totalement dépassés par les événements. Sur un mur de la salle, un écran tridimensionnel s'illumina. La grande conseillère apparut en stéréovision.

— Je demande audience à votre grandeur.

Krash-Ka n'eut pas à bouger la tête. Devant lui, un écran miniature se déplia sur la table. D'un ton impatient, il dit :

— Accordée, puis oubliez le décorum, conseillère. Donnez-moi des réponses.

Haziella s'empressa d'obéir tout en conservant un ton respectueux.

— Je suis dans la caverne du Globulus, votre grandeur. Nous avons contrôlé toutes ses données. Le Globulus tient à vous les confirmer lui-même.

L'image de la conseillère fit place à celle du Globulus. Un visage synthétique se présenta à l'écran. À la vue de cette projection virtuelle, les membres de l'état-major se désintéressèrent de leurs propres échanges et hypothèses. Un silence respectueux s'installa. Le Globulus allait parler. Il apportait peut-être des réponses à leurs nombreuses questions.

— Votre grandeur, depuis quelques heures, je détecte autour de la planète une quantité importante de vibrations psychiques de haut niveau. Elles sont d'une intensité inhabituelle.

— Les sphères de lumière en sont-elles responsables ? demanda l'empereur d'une voix venimeuse.

— C'est possible, annonça prudemment le Globulus.

Peu satisfait de cette demi-réponse, le souverain insista :

— Mais une vibration psychique de haut niveau, ça représente quoi concrètement ?

— Plus un être humain est généreux, plus il dégage des sentiments d'amour et plus ses vibrations psychiques sont élevées, expliqua patiemment le Globulus. Les vibrations qui émanent présentement sont dix fois plus élevées et cent fois plus puissantes que ce que peut émettre le meilleur des humains de cette planète.

Krash-Ka se leva d'un bond en s'exclamant :

— Mais c'est terrible et inacceptable ! Nous avons bâti notre empire sur l'égoïsme, la cupidité et la haine qu'ils se portent mutuellement. Si les Terriens cessent de se détester, nous allons vers la catastrophe !

— En effet, votre grandeur, notre économie est basée sur la mesquinerie des hommes et une intolérance envers leurs semblables.

Durant l'échange entre l'empereur et le Globulus, tous s'étaient tus, mais à présent, on sentait une agitation croissante chez l'état-major. Certains étaient méditatifs, d'autres ressentaient le besoin d'échanger avec leurs collègues. Tous firent de nouveau silence quand l'empereur reprit la parole.

— Nous ne pouvons prendre ce risque. Libérez des agents, il nous faut des informations complètes sur ces... vibrations psychiques.

L'image se brouilla sur l'écran et la conseillère réapparut.

— Votre grandeur, je vous souligne que tous les agents de surface enquêtent en priorité sur la fuite de nos capitaux.

— Il y a une nouvelle priorité, annonça l'empereur. Alors libérez-en... au moins un.

Et sur un ton qui ne permettait aucune réplique, il ajouta :

— Le meilleur.

***

De son bureau du trente-deuxième étage, les immenses baies vitrées offraient à Sygrill un panorama grandiose sur tout le centre-ville. Pour l'heure, l'homme assis à son bureau était beaucoup plus intéressé par une petite fenêtre posée sur sa table de travail qui lui donnait en permanence une toute autre vision de la planète. Branché sur les principales bourses et centres d'échange monétaire, le modeste écran offrait à son utilisateur une satisfaction bien particulière : la richesse.

Par un capricieux jeu de lumière, la surface de l'écran réfléchissait les traits d'un individu au visage peu sympathique. Avec son menton anguleux, son nez effilé et ses arcades sourcilières proéminentes protégeant deux yeux gris acier, le personnage ne portait pas à rire. Cela importait peu à l'intéressé puisque, comme tous ses congénères travaillant à la surface de la planète, cette image n'était qu'un masque servant uniquement à abuser les Terriens. Si on y ajoutait un corps athlétique dans un complet-veston et des mains capables de broyer les phalanges de n'importe quel banquier, on avait devant soi le stéréotype parfait du requin de la finance. Sygrill Trog manipula encore quelques touches du clavier et parut très satisfait de son travail. Avec désinvolture, il plaça ses deux pieds, chaussés de bottes en peau de crocodile, sur le coin du bureau.

— Et voilà. Ni vu, ni connu. Deux millions de dollars supplémentaires sur mon compte numéroté en Suisse. Ces humains, ils sont vraiment faciles à berner... et mes compatriotes de l'empire encore davantage !

Ses compatriotes ! Ils étaient près d'un milliard à s'entasser dans les cités sombres du continent creux, des agglomérations où Sygrill avait de plus en plus de difficulté à séjourner. Avec leur éclairage artificiel et leurs avenues surpeuplées, ces villes de l'empire n'avaient plus rien d'attirant à lui offrir. Et s'il n'y avait que cela ! Par leur constitution physique, les Trogoliens ne transpiraient pas, par contre, sous les dizaines d'étages des niveaux supérieurs, il y avait les bas-fonds, ces niveaux presque insalubres où grouillait la faune des sang-mêlé. Des êtres répugnants issus de croisements génétiques provenant d'une autre époque. Des créatures n'ayant pratiquement plus rien de commun avec les Trogoliens de souche. Ils se comptaient maintenant par millions, répartis dans les principales cités de l'empire. Des millions de corps qui, jour après jour, exhalaient des relents de transpiration. Malgré les cloisons étanches isolant les castes, les étages mitoyens supérieurs demeuraient imprégnés de cette puanteur.

Heureusement, depuis six ans, c'était chose du passé pour cet agent qui appréciait les grands espaces de la surface. Mais tout ne s'était pas fait sans effort.

Issu d'une modeste famille de technocrates, Sygrill avait bien connu ces effluves fétides montant des bas-fonds impériaux. Afin de quitter le plus tôt possible ces niveaux nauséabonds, le jeune Sygrill n'avait pas ménagé ses efforts. À coup d'intrigues, de menaces, de chantages et de manipulations diverses, le jeune aspirant officier avait rapidement réussi à gagner ses galons. Ses manœuvres déloyales particulièrement bien élaborées avaient attiré l'attention des hauts fonctionnaires gouvernementaux. À peine promu, on l'avait prestement dirigé vers les services spéciaux.

Peut-être à cause de son intelligence supérieure, et sûrement en raison de sa capacité de concentration lui permettant des transformations holographiques de longue durée, on l'avait catapulté agent de surface. Oui, il avait une intelligence supérieure… et les millions s'accumulaient dans ses comptes de banque situés dans des paradis fiscaux.

Les millions s'accumulaient, mais pas assez rapidement à son goût. Sygrill était bien conscient qu'un jour, on le rappellerait dans le continent creux. On lui offrirait un poste de stratège ou de formateur des nouvelles recrues. Une fonction bien rémunérée, mais peut-être pas suffisamment pour lui permettre de se loger loin des niveaux malodorants des sang-mêlé. Et ça, il n'en était pas question. Il n'accepterait rien de moins que les niveaux supérieurs et pourquoi pas, peut-être « le » niveau supérieur. Après tout, l'empereur n'était pas immortel et avec un peu d'aide, il était toujours possible d'abréger son règne. Sygrill premier, cela sonnait bien ! Mais pour y parvenir, il devrait s'assujettir des appuis importants. Il lui faudrait arroser des fonctionnaires influents, soudoyer la majorité des membres de l'état-major et corrompre quelques dignitaires de haut rang. Une opération d'une telle envergure exigerait une fortune. Pour le moment, il ne possédait que l'équivalent d'une goutte de cet océan monétaire.

Sur son bureau, un appareil de communication vibra. Sygrill perdit son sourire. Du bout des doigts, il pressa une touche. Un panneau mural glissa silencieusement. Sur un deuxième écran apparut l'image de la grande conseillère.

Sygrill se leva prestement de son siège et s'inclina poliment.

— Mes salutations, noble dame Haziella, déclara-t-il sur un ton respectueux.

La conseillère se contenta d'un simple hochement de la tête et alla directement au vif du sujet.

— Agent Sygrill, vous travaillez toujours sur l'enquête des détournements de fonds ?

Se composant un visage faussement désolé, l'individu répondit :

— En effet, grande conseillère. Soyez assurée que je consacre toute mon énergie à cette opération. Malheureusement, les résultats s'avèrent peu déterminant jusqu'à présent.

— Alors oubliez cette enquête pour le moment. J'ai pour vous une mission commandée directement par l'empereur. Un travail important et urgent. Vous recevrez, dans quelques secondes, les informations ainsi que les instructions concernant votre toute nouvelle affectation.

La conseillère coupa la communication aussi rapidement qu'elle l'avait entamée. L'agent referma le panneau mural et se permit une réflexion à haute voix :

— Une mission plus importante que les détournements des fonds impériaux ? Je me demande combien tout ça peut me rapporter.

***

Quelques étoiles pointaient déjà timidement au-dessus des conifères entourant le parc. Près de Nadia, sur le siège du passager, traînait une petite trousse à outils. À une dizaine de mètres derrière la voiture, Steven s'activait à la grille d'entrée du domaine. Au bout d'un moment, il abandonna, glissa dans la poche arrière de son pantalon le tournevis qu'il tenait à la main et revint, piteux, à la voiture. Le garçon annonça son verdict :

— C'est une serrure électrique commandée de l'intérieur. Y'a rien à faire.

La rue semblait déserte, mais Nadia prit tout de même le temps de s'en assurer. Satisfaite de ses observations, elle descendit de voiture et poussa Steven à l'ombre d'un érable centenaire.

— Il ne reste plus qu'une solution, soupira-t-elle.

Appuyant son dos au mur d'enceinte, Nadia joignit les mains et lui fit la courte échelle. Dans un geste fataliste, le garçon haussa les épaules et posa son pied dans les mains de la jeune femme. Cherchant une prise sur la construction de briques, Steven entreprit hardiment d'escalader le mur ceinturant le domaine.

Il posa un premier soulier sur l'épaule de Nadia. La jeune femme guida à tâtons son autre pied vers un deuxième point d'appui. Celui-ci atteignit l'épaule, mais glissa. Nadia le rattrapa juste à temps.

— Steven, fais un peu attention, ma veste n'est pas un paillasson.

Elle renifla prudemment et ajouta en grimaçant :

— Dépêche-toi, tes chaussures dégagent une odeur insoutenable.

Afin de s'aider dans sa progression, Steven poussa l'audace de mettre ses deux pieds sur la tête de la jeune femme, ce qui provoqua un cri d'indignation chez Nadia. Découragée, elle ferma les yeux et se mit à réfléchir à cette situation des plus saugrenues.

— Nadia, mais qu'est-ce qu'il t'arrive ? En prenant Steven sous ta protection, tu croyais l'aider en lui offrant la chance de revenir sur le droit chemin. Et voilà que c'est toi maintenant qui l'incite à entrer illégalement sur une propriété privée ! C'est le monde à l'envers !

***

L'imposante table en bois de rose aurait pu facilement accueillir une vingtaine de convives, mais en cette soirée, seulement trois couverts étaient déposés sur la longue nappe de lin blanc. À chacune de ses extrémités, trônaient un homme et une femme que l'on aurait pu deviner à leur retraite. De temps à autre, le couple jetait un coup d'œil attentif vers le centre de la table où était assise une adolescente mangeant en silence. Occasionnellement, la jeune fille présentait des signes de nervosité se traduisant par de brefs gestes brusques in-contrôlés.

Assise à sa gauche, la dame âgée avait remarqué chez celle-ci une agitation anormale bien que familière à ses yeux. Sans quitter son assiette du regard, elle déclara d'une voix claire et tranchante :

— Avant de nous quitter cet après-midi, madame Latoure m'a confié que tu avais eu quelques malaises lors de ton cours de bio-logie. Est-ce vrai ?

— J'ai eu un léger vertige…

— Deux serait plus exact, corrigea la tante.

— Mais ils furent de très courte durée… et sans conséquence, précisa la jeune fille qui ne réussissait toujours pas à maîtriser le cli-quetis de sa fourchette sur le bord de son assiette.

— Caroline, il semblerait que tu sois sur le point de subir une nouvelle crise. As-tu pris ton médicament ce midi ?

Baissant les yeux, elle avoua :

— Je crois que je l'ai oublié.

— Alors il est plus que temps que tu le prennes, conclut la vieille dame.

— Oh ! Non, tante Emma, pas tout de suite, gémit la jeune fille.

À l'autre bout de la table, l'homme s'essuya minutieusement les lèvres du coin de sa serviette avant de s'adresser à l'adolescente.

— Caroline, une jeune fille bien élevée n'oblige pas sa tutrice à répéter un conseil.

— Ton oncle a raison, renchérit la dame en saisissant sa coupe de vin. À la mort de tes parents, nous avons généreusement accepté de venir habiter chez toi et de prendre soin de ta personne... et de tes biens. Le moins que tu puisses faire pour nous remercier est de nous obéir.

— Mais ce médicament est tellement mauvais, marmonna l'adolescente. Après ça, je ne pourrai plus rien avaler.

Se donnant une meilleure contenance, elle ajouta :

— D'ailleurs, je crois que c'était une fausse alerte. Je me sens déjà mieux maintenant.

Elle jeta furtivement un regard vers son oncle avec l'espoir qu'il accepterait de retarder l'absorption de cette abominable mixture. L'homme venait à peine de baisser les yeux pour réfléchir à cet épineux problème lorsqu'un bruit d'ustensiles résonnant sur le bois franc attira son attention.

En pensée, Caroline n'était déjà plus à table. Elle avait quitté depuis peu la salle à dîner et se retrouvait maintenant dans le jardin, tout près du grand muret ceinturant la maison. Malgré l'obscurité, elle devina une présence à ses côtés. Soudain, près d'elle, un garçon perdit l'équilibre et tomba sur la pelouse dans une roulade.

Dans la salle à dîner, l'oncle et la tante observaient avec intérêt les gestes désordonnés de Caroline. L'adolescente leva les bras très haut en poussant un cri de panique. Brusquement, elle les ramena sur sa poitrine et se pencha vers l'avant. Ses coudes heurtèrent violemment la table massive. Elle cacha son visage dans ses mains, étalant ainsi ses longs cheveux dorés en éventail devant sa figure. Les secondes s'égrenèrent. Caroline retrouva lentement une respiration régulière. Sa vision avait disparu.

Les deux adultes échangèrent un regard entendu, ponctué d'un sourire complice. La femme se leva posément. Elle plaça sa main osseuse sur l'épaule frémissante de la jeune fille.

— Caroline, ton état s'aggrave de jour en jour. Ton oncle et moi devrons prendre des décisions importantes à ton sujet.

— Vous n'allez pas me renvoyer à la clinique ? C'est un endroit tellement horrible !

— Pour le moment, tu as besoin de te reposer. Nous reparlerons de tout cela plus tard.

Levant les yeux vers son mari, elle dit simplement :

— Augustin.

L'homme se leva à son tour, prit la jeune fille sous les aisselles et l'aida à monter l'escalier jusqu'à sa chambre.

***

Dans le parc, Steven termina sa chute au pied d'un arbre.

— Oh, la, la ! maugréa-il.

De l'autre côté du mur, Nadia courut vers la grille et demanda, inquiète :

— Steven, tu m'entends ? Réponds-moi s'il te plaît.

— Oui, oui, Nadia.

— Dieu soit loué ! souffla-t-elle. Tu n'as pas de mal ?

— Bien sûr que non. J'ai atterri comme un p'tit oiseau, déclara l'intéressé en se frictionnant la tête.

Se relevant péniblement, il poursuivit tout de même ses jérémiades en haussant le ton.

— Tout ça pour une fille que je ne connais pas… pis l'autre avec ses crises ! Pis des images plein la tête…

Il revint vers la grille d'entrée pour conclure :

— J'espère qu'elle en vaut le coup, ta Caroline, parce que moi...

Prise d'un nouveau vertige, Nadia n'écoutait plus.

— Eh ! Nadia, ça va ?

La jeune femme retrouva son équilibre en s'accrochant aux barreaux de la grille. Encore un peu confuse, elle décrivit sa vision.

— Cette fois, je sais qui est Caroline. C'est une jeune fille. Elle est couchée sur un lit dans une chambre à l'étage.

— Parfait, maintenant que tu sais qui elle est, on ne va pas la réveiller, proposa Steven en faisant mine de retourner vers le mur.

— Au contraire, intervint Nadia. Je sens qu'elle court un grave danger. Tu dois monter la voir et lui parler.

— Quoi ? C'est une blague ? Maintenant ?

— Immédiatement ! Steven, c'est peut-être une question de vie ou de mort et tu es le seul à pouvoir réussir… cette importante mission de sauvetage.

Une mission de sauvetage ! Rien de plus beau pour émoustiller les sens du garçon. Retrouvant une bouffée de la fierté de ses ancêtres, Steven retira le foulard crasseux qui lui ceignait le front. Lentement, il le déroula et s'en servit pour se voiler le visage. Puis, il se lécha une main et la plaqua sur ses cheveux qu'il fit redescendre sur son front, ne laissant ainsi paraître que la ligne de ses yeux. Découragée par une telle mise en scène, Nadia lui demanda tout de même :

— Qu'est-ce que tu fais ?

— Je pars en mission, répondit-il laconiquement avant de se fondre dans l'ombre d'un bosquet.

***

Dans la salle de contrôle du continent creux, l'empereur assis devant le grand écran panoramique ne perdait pas un mot des explications du Globulus.

— Comme vous pouvez le constater, votre grandeur, cette représentation graphique démontre bien qu'il se forme présentement un regroupement très concentré d'énergie.

— Ces énergies, elles convergent dans la même direction ?

— Vers la même destination serait plus juste, précisa le Globulus.

— Mais ici, nos écrans ne nous indiquent aucun signal. Il n'y a pas la moindre tache sur nos radars.

— Je n'en suis pas étonné, répliqua le puissant cerveau. Il s'agit de hautes vibrations psychiques semblables à celles de la pensée, non détectables par nos meilleurs appareils électroniques.

— Alors, comment faites-vous pour les retracer ?

— Je suis le seul à pouvoir les détecter grâce au réseau des courants telluriques...

— Les courants telluriques, coupa l'empereur. Qu'ont-ils encore à voir dans cette affaire ?

— Ce sont des courants d'énergie traversant les champs magnétiques de la croûte terrestre. Ils ont la propriété entre autres...

L'empereur démontra de nouveau des signes d'impatience. Visiblement, il en avait assez de ce babillage technique. Il se leva et demanda :

— Bon, bon, ça va. Leur destination ? Ces vibrations psychiques, ces pensées, où vont-elles ?

— Je n'ai pas encore réussi à identifier la destination exacte de ces énergies psychiques, votre grandeur, mais ce n'est qu'une question de temps.

— Du temps… répéta l'empereur. Je vous préviens, Globulus : ne me faites pas perdre le mien !

***

Longeant les haies, se faufilant furtivement entre les arbres, le garçon avait atteint rapidement le petit taillis bordant la maison. Jusqu'à présent, tout s'était passé sans encombre. À travers le feuillage, ses petits yeux scrutaient le décor : personne dans le sentier, aucun mouvement dans les fenêtres. Steven examina minutieusement la façade. Une corniche large d'à peine quinze centimètres ceinturait le premier étage.

Malgré ses fanfaronnades, il devait se l'avouer, il n'était jamais allé aussi loin dans ses expéditions nocturnes. Comment s'était-il laissé embarquer dans une pareille aventure ? Et ça lui rapporterait quoi en bout de ligne ? De la gratitude ? Jamais il n'avait fait un coup aussi tordu pour de la gratitude. D'accord, par le passé, il avait bien pris certains risques pour épater des amis, mais au moins, ceux-ci savaient apprécier ses talents. Ils pensaient comme lui. Pas comme cette Nadia bien habillée qui avait des visions bizarres, ou comme l'autre, cette fille de riches qu'on lui demandait de retrouver et qui devait sûrement parler sur le bout de la langue ! Si Nadia ne l'avait pas sorti du trou, il aurait peut-être couché en prison, mais il serait avec ses amis. Ses vrais amis… Au poste de police, les couchettes étaient dures, mais on ne lui aurait pas demandé de risquer sa peau sur un mur de pierres.

Steven jeta un coup d'œil vers la grille. Il devina la silhouette de Nadia qui le surveillait assurément. Impossible de reculer… et tout ça pour une inconnue pleine aux as. Le garçon se surprit à imaginer cette fille couchée sur un beau grand lit, dans une belle grande chambre, avec de beaux grands meubles couverts de grandes boîtes à bijoux…

Des boîtes à bijoux ! Un vent d'optimisme souffla soudainement dans sa tête. Silencieusement, il sortit de sa cachette et dépassa sans la remarquer, la silhouette blafarde dissimulée dans le trait de lumière d'un lampadaire.

Se servant du lierre grimpant le long du mur de briques ainsi que des pierres en saillie du coin de l'édifice, Steven entreprit d'escalader la paroi sud de la maison. La progression s'avéra plus lente que prévu car le lierre longeant le mur était fin et sec. À plusieurs occasions, les fines branches cédèrent lorsqu'il voulut s'y agripper.

Derrière la grille, Nadia surveillait en permanence la progression de la petite tache mouvante évoluant dans la pénombre. Lorsqu'une nouvelle branche de lierre céda et qu'elle vit Steven se balancer d'une seule main à plus de trois mètres du sol, son cœur cessa de battre. Malgré elle, elle s'avoua :

— À quoi ai-je pensé ? Il va se casser le cou. C'est de la folie de l'avoir embarqué dans une pareille aventure.

Machinalement, elle passa à deux reprises ses mains dans ses cheveux.

À présent, à peine cinquante centimètres séparaient Steven de son objectif : la corniche de pierre ceinturant l'étage. Dans un dernier effort, le garçon lança sa jambe gauche par-dessus le rempart et la corniche fut enfin accessible. Steven l'empoigna à deux mains et par une traction des bras, passa ses coudes au-dessus de la bordure de pierre.

Nadia, toujours attentive aux acrobaties du garçon, poussa un soupir de soulagement. Steven avait enfin atteint son objectif, mais sa situation s'avérait toujours aussi peu enviable.

Adossé au mur, le garçon longea l'étroit trottoir de pierres jusqu'à une fenêtre entrouverte. Prudemment, il y jeta un coup d'œil. La fenêtre donnait sur un long corridor traversant tout l'étage. Steven avait déjà une jambe à l'intérieur quand un cliquetis de poignée de porte se fit entendre. Rapidement, il fit marche arrière.

L'oncle sortit de la deuxième chambre sur la gauche, puis referma la porte en donnant deux tours de clé dans la serrure. Steven, de nouveau sur sa corniche, n'en menait pas large.

L'homme mit la clé dans la poche de sa veste. Des petits pas rapides dans le corridor lui annoncèrent l'arrivée d'une présence féminine. Celle-ci demanda à mi-voix :

— Tu lui as donné son médicament ?

D'un signe de tête affirmatif, son conjoint précisa avec un sourire complice :

— Comme d'habitude après une crise, j'ai triplé la dose. D'ici une heure, elle se sentira encore plus perdue et dans peu de temps, c'est elle qui nous implorera de l'interner.

La vieille dame émit un ricanement aigrelet et murmura :

— Nous n'aurons pas à attendre longtemps. Je crois que le moment est venu de se débarrasser de la fillette une bonne fois pour toutes.

L'homme acquiesça de la tête à cette suggestion. Sa femme poursuivit :

— J'ai téléphoné au médecin de la famille. Ce bon vieux docteur Simard ne devinera jamais notre mise en scène. Il devrait arriver d'ici quelques minutes. J'ai également rejoint le directeur de la clinique psychiatrique. Des infirmiers viendront chercher Caroline en fin de soirée.

Hochant la tête, son époux ajouta :

— Les périodes de transe de l'enfant passeront facilement pour des crises de folie.

— À n'en pas douter ! Et avec l'aide du directeur de la clinique, j'ai déjà préparé un dossier qui permettra de garder Caroline... pardon, corrigea-t-elle en ricanant, de soigner cette pauvre enfant pendant au moins vingt ans.

L'oncle se mit à rire de cette blague sordide. Il marcha vers la fenêtre et prit une grande inspiration. Steven, sur sa saillie, recula d'un pas et se fit le plus petit possible. Se croyant seul et protégé des oreilles indiscrètes, l'homme avoua sur un ton plus sérieux :

— Il me tarde que toute cette histoire soit terminée. Avec ses dons de clairvoyance, je craignais constamment que cette petite peste découvre un jour les manipulations financières que j'ai effectuées dans les comptes bancaires de son héritage.

— Et c'est sans compter sur la venue prochaine de cet homme d'affaires au nom bizarre, ce monsieur Sygrill Trog, précisa la vieille dame. Il doit nous faire une offre alléchante pour le rachat de TechniBit, « notre » usine de pièces électroniques. Avec ses filiales à l'étranger, des dizaines de millions sont en jeu.

— Et ces millions seront à nous très bientôt.

S'éloignant de la fenêtre en se retournant vers sa femme, l'homme conclut :

— Tu as raison, très chère amie. Il est temps que la fillette disparaisse de la circulation.

Le bruit d'un véhicule interrompit la discussion. Le couple quitta le corridor.

Lentement, Steven longea la corniche jusqu'au coin de la maison donnant sur la façade. Il risqua un œil et vit un vieil homme descendre lentement de sa voiture. Steven tourna le coin et poursuivit son exploration jusqu'à la première fenêtre de la façade. Il y jeta un coup d'œil rapide : une chambre inoccupée. Le garçon entreprit de se rendre jusqu'à la fenêtre suivante.

Afin d'assurer sa prise et d'accélérer sa progression, Steven s'accrocha au premier volet ajouré encadrant l'embrasure. Il glissa sa main entre les lattes du panneau inférieur, mais au lieu de l'aider à avancer sur la bordure, le volet pivota sur ses gonds. Surpris, Steven perdit l'équilibre et bascula vers l'arrière, ses doigts toujours coincés entre les lattes du volet. Il se retrouva ainsi dans une position précaire, suspendu au-dessus du vide à trente centimètres de la moulure de pierres.

Nadia ne vivait plus. Jamais elle n'avait connu de moment aussi angoissant. Steven jouait sa vie sur une corniche et elle était l'instigatrice d'une telle situation. Si jamais... Elle ne pourrait pas se le pardonner.

Le garçon amorça un léger balancement. À la quatrième tentative, son pied droit effleura la corniche. Steven accentua le mouvement, mais ses efforts répétés eurent lentement raison des supports retenant le volet. Une, puis deux vis cédèrent sur la penture supérieure et la troisième présentait déjà des signes de fatigue. Steven cessa tout mouvement intempestif. Délicatement, s'aidant de ses deux mains, il progressa sur la tranche du battant. Il avait pratiquement atteint du bout du pied la corniche, lorsque la troisième vis quitta le support. Un peu plus bas, les vis de la penture médiane commencèrent à sortir de leurs ancrages.

Avec précaution, Steven inséra sa main droite dans la poche arrière de son pantalon et agrippa le tournevis qu'il avait conservé. À travers son foulard, il saisit fermement l'outil entre ses dents. De ses deux mains, il avança de quelques centimètres sur le volet, mais ce nouveau déplacement provoqua une contrainte supplémentaire à la penture qui s'écarta légèrement du mur dans un bruit sec.

Surpris, Steven ouvrit la bouche et en lâcha son tournevis. Une sensation étrange lui chatouilla le pied. Dans sa chute, l'outil s'était miraculeusement planté entre sa chaussette et le renfort de son soulier.

Pliant lentement la jambe, sa main chercha à tâtons la poignée du précieux instrument. Il découvrit enfin le manche et l'empoigna solidement. Dans un mouvement lent, il le ramassa et tendit le bras vers les vis récalcitrantes. Doucement, sans gestes brusques, il resserra les vis et replaça ensuite l'outil entre ses dents. Déterminé à en finir, il se hissa posément vers la plus haute lame du volet puis, en deux balancements, il se hala en une glissade rapide et sentit enfin la corniche sous son corps. Tout en reprenant son souffle, il se remit sur pieds et replaça le tournevis dans la poche arrière de son pantalon.

Plus loin dans le parc, le trait de lumière d'un lampadaire vacilla. On aurait pu y deviner le sourire de Guidor s'estompant dans la nuit.

Steven n'était pas le seul à souffler. Nadia, impuissante, reprenait ses esprits, la tête appuyée sur la grille de fer forgé.

— Mon Dieu ! J'ai l'impression d'avoir vieilli de dix ans en quelques minutes.

Le garçon avança de deux pas et jeta un coup d'œil dans la pièce. La chambre était vaste et richement meublée. Sur un lit à baldaquin garni de tentures rose lilas, Caroline était étendue sur le dos, le revers de la main sur le front, les yeux fermés. Au pied du lit, le médecin referma sa petite valise noire. À ses côtés, les tuteurs surveillaient attentivement la scène.

L'homme, satisfait de son examen, leur expliqua :

— Je lui ai donné un sédatif qui fera effet d'ici quelques minutes. Elle sera donc plus calme lorsque l'on viendra la chercher.

Se tournant vers Caroline, il enleva ses lunettes et sur un ton sincère, il ajouta :

— Pauvre enfant. Un si bel avenir... qui se termine dans une clinique psychiatrique.

La femme, poussant l'ironie à son comble, répondit sur un ton à fendre l'âme :

— C'est en effet un grand malheur. Nous avions tellement de beaux projets pour notre nièce !

De son repère, Steven siffla entre les dents, en caricaturant la vieille dame :

— ... tellement de beaux projets pour notre nièce... Espèce de sorcière !

Le trio marcha vers la porte de la chambre. Juste avant de quitter la pièce, le médecin se permit de louanger le couple.

— Vous avez beaucoup de mérite à vous occuper si tendrement de cette jeune personne, sans compter tous les soucis que vous occasionne la gestion de ses biens.

L'oncle et la tante prirent des airs de martyrs. Augustin précisa dans un soupir :

— Depuis la disparition de ses parents dans ce tragique accident d'avion, chacune de nos minutes est consacrée aux intérêts de cette enfant.

La femme, pour ne pas être en reste, renchérit :

— Nous aimons cette nièce comme si elle était notre propre fille. Elle est très, très chère à nos yeux.

Sur sa corniche, Steven indigné, mima dans une grimace la fin de la réplique :

— ... elle est très chère à nos yeux. Surtout chère en dollars. Ça, c'est certain.

Bouillonnant de colère, il ajouta :

— Les salauds !

Un violent ressentiment qui lui fit presque perdre pied.

***

Fait exceptionnel, l'empereur se présenta seul dans la caverne du Globulus. Un acte rarissime qui incita celui-ci à manœuvrer avec une plus grande prudence.

— Votre visite est un grand honneur, votre grandeur.

— Au diable les honneurs, lança le monarque en colère. Je suis très mécontent, Globulus. Notre centre de stratégie ne peut rien planifier si tu ne nous procures pas les informations vitales dont nous avons besoin.

Le Globulus resta perplexe et ne sut trop comment répondre.

— Vous m'en voyez désolé, votre grandeur, mais les données que je possède sont si étranges que j'ose à peine les dévoiler.

— Parle toujours, déclara sèchement l'empereur, nous verrons bien.

À la droite du Globulus, un peu en retrait, un écran tridimensionnel s'illumina, découvrant un paysage accidenté des plus arides. Le décor tourna sur lui-même et une nuée de points lumineux se mit à virevolter entre les récifs de glace.

— La destination des sphères de lumière se situe au cœur des massifs du Tibet.

— Au Tibet ? Mais c'est en Asie centrale ! C'est absurde. Il n'existe aucune ville ou agglomération importante dans ce désert de sable et de roches.

***

Loin, très loin, au-delà du grand désert de Mongolie, aux confins d'une contrée oubliée de tous où le sommet des pics enneigés caresse les nuages, de violentes bourrasques s'engouffraient inlassablement entre les montagnes. Dans ce pays froid et désolé, on ne rencontrait que quelques gardiens de yaks et des bergers aux yeux bridés. Ils paraissaient être les uniques habitants acceptant de s'aventurer à de telles altitudes. C'était si loin, si haut ! Ce n'était pas sans raison que l'on appelait ces montagnes « Le toit du monde ».

Contrairement aux apparences, les bergers n'étaient pas vraiment les seuls à fréquenter ces lieux. Au creux de ces massifs rocheux, dans une grotte à l'abri de toute invasion se tenait une étrange assemblée.

Les énergies de haute vibration identifiées par le Globulus s'étaient densifiées à l'intérieur d'une imposante salle creusée à même le roc. Trente-trois sphères de lumière étaient apparues. Une à une, elles avaient pris forme et maintenant, trente-trois hommes et femmes, debout à une grande table en « V » inversé, faisaient face à six personnages encadrant un vieux patriarche qui accaparait l'attention de tout l'auditoire. Il regarda dans la direction de la dernière sphère à s'être matérialisée où l'on reconnut un homme aux yeux bleus. Le patriarche déclara simplement :

— Je donne la parole à Guidor et lui souhaite la bienvenue à Shangrila.

Sur ces mots, le vieil homme s'assit lentement, tout comme les six personnages qui l'accompagnaient. L'assemblée resta debout ainsi que Guidor.

— Merci, vénérable maître, commença le nouveau venu. Je serai bref, car bien que le monde de Shangrila soit situé dans une dimension espace-temps inaccessible à la grande majorité des Terriens, la concentration d'énergie émanant de cette assemblée peut être ressentie par les médiums vivant sur la planète, et malheureusement aussi par certains Trogoliens particulièrement sensibles aux vibrations élevées. Ils ne peuvent rien contre nous, mais il serait imprudent de les alarmer inutilement.

Le patriarche hocha la tête et ajouta :

— Tu as raison, Guidor, allons au vif du sujet. Parmi nous tous, tu es celui à qui a été confiée la plus importante mission : initier les trois Terriens qui deviendront bientôt les gardiens de la fréquence. Ils auront la lourde tâche de retrouver la dague de cristal... La clé de la grande porte de la lumière. Mais deux de ces Terriens sont très jeunes, encore des enfants. Auront-ils la force et le courage de traverser toutes les épreuves ?

Guidor se fit rassurant et annonça avec confiance :

— Physiquement, ils sont jeunes en effet, vénérable maître, mais il ne faut pas oublier que ce sont de très vieilles âmes.

— Et seront-ils prêts à temps ? demanda l'honorable patriarche.

— Tous les trois se préparent à cette importante mission depuis près de huit mille ans, déclara Guidor. J'ai confiance en eux. Ils sont forts et pleins de ressources.

***

Toujours accroché à sa fenêtre, Steven observa discrètement l'oncle refermer la porte derrière lui. Il attendit le double déclic dans la serrure avant de passer à l'action. Avec précaution, il ouvrit la fenêtre toute grande et entra dans la chambre. Tel un chat, il progressa silencieusement en détaillant minutieusement les éléments du décor.

La chambre était luxueuse et répondait bien aux attentes d'une adolescente. Tout près de la porte, une immense affiche présentant un chanteur populaire tapissait le mur opposé à la fenêtre. Face au lit, un petit bureau d'étude supportait un ordinateur ainsi qu'une pile de CD et de DVD.

Steven avança de quelques pas, mais s'arrêta net, un éclat lumineux ayant attiré son attention. Tout près de lui, sur une commode, une boîte à bijoux entrouverte le narguait avec malice. Machinalement, il avança la main et la glissa dans la boîte. Quand il la retira, un collier de perles et une jolie bague restèrent accrochés à ses doigts. Les bijoux avaient pratiquement atteint la poche de sa chemise lorsqu'il retint son geste en se pinçant les lèvres.

— Non. Je n'ai pas le droit de la trahir... Pas aujourd'hui.

Un peu à regret, il remit son butin dans le coffret. Toujours aux aguets, Steven poursuivit son exploration. Il contourna le lit et remonta à la hauteur de Caroline. Il se pencha vers la jeune fille et chuchota :

— Caroline, tu m'entends ?

L'adolescente tourna machinalement la tête dans la direction de la voix. C'est alors que Steven se rendit compte qu'il portait toujours son foulard sur le visage. D'un geste brusque, il descendit le tout, juste à temps. Caroline devina sa silhouette à travers un épais nuage de brume. D'une voix cotonneuse, elle marmonna :

— Hum... Qui êtes-vous ?

— Un ami, répondit-il simplement.

— Je n'ai pas d'amis, gémit-elle dans un soupir en détournant la tête.

— Eh bien ! maintenant tu en as un... et même deux ! Allez, Caroline, debout...

Après quelques secondes d'attente, il insista :

— Caroline, tu dois te lever et ça presse.

La jeune fille tourna de nouveau la tête en direction du garçon et les yeux mi-clos, renifla l'air.

— Pouah ! Quelle est cette odeur ? C'est horrible !

Sans vraiment comprendre l'origine de l'allusion, Steven se permit un petit mensonge.

— C'est le feu, Caroline, y'a le feu dans la maison, il faut sortir !

Reniflant l'air de nouveau, Caroline grimaça :

— Aucun feu ne peut sentir aussi mauvais...

Toujours étourdie, elle fit un effort et ouvrit enfin les yeux. Elle releva le buste en s'appuyant sur ses coudes. Steven ne perdit pas une seconde. Il se rendit rapidement à la porte et examina la serrure. Avec un sourire de satisfaction, il déclara :

— Peuh ! Une serrure de maison de poupée.

Il ressortit le tournevis de sa poche en jetant un coup d'œil vers Caroline. Elle s'était laissée choir sur le côté et s'était rendormie. En trois enjambées, Steven la rejoignit. Son tournevis entre les dents, il l'empoigna par les épaules et lui annonça sans ménagement.

— Hey ! Ch'est fini, e dodo. Ch'est le temps de che réfeiller.

Avec l'aide du garçon, elle réussit tant bien que mal à s'asseoir au bord du lit. Machinalement, elle chercha ses chaussures tandis que Steven explorait déjà les entrailles de la serrure. Un déclic se fit entendre. Pendant ce temps, Caroline avait réussi à se lever. Elle enfila une paire d'escarpins puis, marcha vers le garçon d'un pas hésitant. Steven afficha un sourire triomphal. La porte s'ouvrit sans offrir de résistance.

— Et voilà le travail ! Cette mission commence à devenir amusante.

Caroline, une main appuyée sur le dossier d'une chaise, avait de la difficulté à garder les yeux ouverts. Elle fit mine de retourner à son lit, mais Steven la prit par le bras et la guida vers la sortie. Il remarqua alors ses souliers à talons hauts.

— T'as pas de souliers plus ordinaires ?

Malgré sa somnolence, l'adolescente réussit à répondre sur un ton hautain :

— Lorsque je quitte la maison, je porte toujours ce genre d'escarpins.

— Ah ! Ces gens riches, y faut pas essayer de les comprendre, grommela le garçon en haussant les épaules.

— Où allons-nous ? s'informa-t-elle.

— Vers la liberté, répondit le garçon.

***

Jamais le Globulus n'avait connu une position aussi inconfortable durant les six derniers siècles. À toutes les situations, il se présentait toujours une solution, une interprétation plausible ou du moins, une hypothèse de travail. À tout phénomène se dévoilait une explication logique, des données concrètes, des paramètres pouvant être calculés, comparés ou pondérés. Mais voilà, il n'y avait rien à évaluer ni à estimer. Ces sphères de lumière restaient des énigmes. Cette fois, le Globulus se sentit désarmé et impuissant. Il devait trouver une réponse à cet imbroglio avant que le tout dégénère en une crise majeure comme en avait déjà connu l'empire à quelques occasions.

Les neurones du méga cerveau firent une pause d'à peine une nanoseconde…

Les crises majeures, voilà peut-être où se trouvait la clé à toutes ses questions… L'arrivée inopinée de ces sphères d'énergie déstabilisait la quiétude de l'empire. Une sérénité qui avait été mise à rude épreuve, à quelques occasions déjà, durant les huit derniers millénaires. Chacune de ces perturbations s'était traduite par des soubresauts économiques et politiques se soldant par des conséquences néfastes ou positives selon les cas. Alors, pourquoi ne pas chercher dans cette direction ?

Le Globulus plongea dans les bases de données archivées en se référant aux grandes perturbations vécues par l'empire. Une première date apparut rapidement.

2008 : les stratèges financiers de l'empire avaient vraiment fait du bon travail. Des milliards de dollars avaient fondu comme neige au soleil dans les portefeuilles d'actions des plus grands financiers de la planète. Aux États-Unis, on avait dû puiser dans les fonds de la réserve fédérale américaine pour assurer un semblant de stabilité économique.

Ce que peu de gens savaient était que cette réserve fédérale n'appartenait pas au gouvernement, mais bien à un consortium de banques contrôlant la véritable économie du pays. Ce consortium prêta donc plus de 800 milliards de dollars au gouvernement tout en empochant des profits faramineux. L'empire étant l'un des actionnaires majoritaires de ce regroupement, fit des bénéfices dépassant de loin ses meilleures prévisions.

1942 : une période faste pour les Trogoliens. Les usines d'armement contrôlées par l'empire tournaient à plein régime. On fournissait, directement ou indirectement, tous les antagonistes. On avait même pris le soin de laisser traîner sur les bureaux des ingénieurs anglais, quelques brouillons techniques expliquant les principes élémentaires du radar. Sans cette invention, les Britanniques seraient tombés trop rapidement. Afin d'être rentable, une guerre devait durer longtemps… On avait même imaginé une manœuvre afin d'influencer un certain psychopathe nazi, mais on s'était vite rendu compte que les atrocités imaginées par celui-ci dépassaient largement les procédés d'extermination développées par les tacticiens trogoliens.

1431 : sans l'infiltration judicieuse de quelques agents dans le clergé anglais, une jeune illuminée française aurait bousculé l'ensemble des manigances politiques échafaudées par l'empire. Heureusement, les réseaux d'influence agirent efficacement et la jeune pucelle d'Orléans termina ses jours sur un bûcher.

1307 : une date que ne pouvait oublier le Globulus. Il revoyait cette France du début du XIVe siècle où les anciennes et opulentes commanderies des Templiers symbolisaient la puissance et la richesse. Il se revoyait marchant à la tête d'un peloton de soldats, portant fièrement les armoiries de Philippe le Bel, mais dissimulant, ainsi que quelques officiers, un petit pendentif au motif trahissant leur véritable allégeance : un triangle d'argent gravé sur un carré noir. Au nom du roi de France, il tenta de s'approprier les trésors protégés par les moines guerriers, mais Jacques de Molay, officier suprême des Templiers, le démasqua. S'ensuivit une confrontation à l'épée où l'officier du roi n'eut pas l'avantage.

Encore aujourd'hui, le Globulus conservait le désagréable souvenir de la lame qui lui avait tranché la tête. Sans le sang-froid de son premier officier qui l'avait reçue entre les mains et qui avait eu, par la suite, la riche idée de la rapporter au cœur de l'empire, le Globulus ne serait pas de ce monde aujourd'hui pour se remémorer ces faits. Heureusement pour lui, cet événement tragique eut lieu quelques semaines avant qu'il atteigne le point culminant de son valthorik. Une poussée de croissance physiologique qui permit aux médecins de l'époque de sauvegarder son cerveau. Un vieux ressentiment remonta à la surface et fit augmenter le bouillonnement du liquide sirupeux dans lequel flottait justement ce fameux cerveau sous verre. Un nom lui revint en tête, un nom qu'il n'osa pas prononcer, mais qu'il ne pourrait pas oublier jusqu'à l'heure de la vengeance. Oui, 1307 fut une année de crise… de crise personnelle.

1232 : un arrêt de courte durée dans la base de données. Bien que les tentatives de corrompre le pape Grégoire IX eussent échoué, la Grande Inquisition avait tout de même permis de faire un important ménage chez des groupuscules s'opposant aux objectifs établis par l'empire, mais le Globulus considéra que cela avait peu de rapports avec ses recherches du moment.

325 : il en fut de même avec le concile de Nicée présidé par Constantin 1er. Les communications de l'époque étant des plus rudimentaires, il fut relativement aisé de s'infiltrer parmi les 220 évêques provenant de toute la chrétienté. La tentative de diviser les fidèles de la nouvelle religion par des querelles théologiques remporta un certain succès, mais les retombées économiques se firent attendre durant près d'un siècle. Le Globulus se désintéressa du sujet.

33 : la base de données défila à toute vitesse et s'arrêta brusquement. Le Globulus reconnut immédiatement une crise majeure. Il avait fallu à cette époque, un véritable commando de tacticiens chevronnés et d'orateurs de première classe pour convaincre une bande de rebelles de faire pression sur un fonctionnaire romain du nom de Ponce Pilate.

Grâce à une suite d'intrigues savamment orchestrées, un avatar prêchant l'amour et la paix avait été définitivement mis hors circuit. Bien sûr, ses enseignements avaient encore cours de nos jours, mais cela n'avait en rien changé le nombre de querelles territoriales. Bien au contraire, des millions d'êtres innocents avaient servi de prétextes, au nom de ce messie, à la réalisation de multiples génocides, ce qui avait contribué à l'expansion des finances de l'empire.

— 4716 : les données se succédèrent à vive allure et semblèrent ne plus vouloir s'arrêter jusqu'à un changement de politique important dans les orientations de l'empire. C'est à cette époque que l'empereur mégalomane Vardok le sixième annonça la fermeture du chantier situé sous la grande île du Nord. Par décret impérial, il était maintenant convenu que plus aucune somme ne serait allouée au projet déraisonnable amorcé par le souverain fondateur de l'empire, Krasner 1er, et que dorénavant tous ces fonds seraient consacrés à garnir les coffres de la famille royale, pour la plus grande gloire de l'empire.

Cette fois-ci, la pause neuronale du Globulus s'éternisa sur plus de huit nanosecondes. Durant ces six cents dernières années, le Globulus avait servi fidèlement l'empereur Krash-Ka ainsi que trois de ses prédécesseurs. Tous lui avaient demandé des efforts accrus afin d'enrichir l'empire, mais aujourd'hui, à quoi servait cette fortune ? Bien sûr, à la surface de la planète, il y avait de ces humains incapables de se contenter d'un revenu quotidien de moins d'un million de dollars, mais ces gens avaient au moins une excuse, la compétition. Une revue publiait même annuellement le nom des plus grandes fortunes de la planète.

Par contre ici, au sein du continent creux, les excédents de revenus générés n'avaient qu'un seul destinataire, l'empereur. C'était une accumulation inutile de richesse. Alors, pourquoi avoir détourné les sommes destinées au projet de Krasner, le fondateur de l'empire ? Et à ce propos, quel était ce fameux projet ? Aucune note n'en précisait la teneur... Sans chercher plus loin, le Globulus activa le programme à fond.

— 6028 : curieusement, les détails concernant Krasner, ce militaire d'exception, étaient incomplets, comme si on avait voulu occulter ses projets d'avenir concernant l'empire. Le Globulus dut se contenter, dans un premier temps, de différents fragments de documents qu'il assembla tant bien que mal.

Dans un premier extrait, il était question de l'honneur perdu et de Krasner, un des amiraux les plus respectés de la galaxie, à qui on aurait refusé les renforts demandés alors que la victoire était si près, si tangible !

Dans un deuxième extrait, Krasner considérait qu'il avait été trahi par des envieux... des poltrons. Trahi par une amirauté qui s'occupait plus à frotter des médailles déjà acquises qu'à tenter d'en gagner de nouvelles. Lui, Krasner, avait été le seul à proposer l'envahissement du noyau de la galaxie. Il avait été le seul à traverser la barrière des ombres, le seul à menacer l'hégémonie des Maîtres du noyau galactique. Le seul également à subir des pertes aussi importantes. Le seul à être repoussé par l'ennemi, faute de ces renforts tant réclamés.

Un autre document faisait état du conseil de guerre, de l'humiliation devant ses pairs et finalement, de l'exil de tout son clan vers cette minuscule branche de la galaxie qu'il avait sillonnée durant neuf ans avant de découvrir la Terre.

Enfin, l'empereur Krasner dévoilait ses projets d'avenir. De ce coin perdu de la galaxie naîtrait un nouvel empire, plus fort, plus agressif. Un empire qui saurait retourner au-delà de la barrière des ombres et vaincre les seigneurs régnant dans le cœur galactique. Un empire qui obligerait son ancien monde trogolien à s'incliner devant son nom, à le reconnaître comme le nouveau maître de la galaxie grâce aux stratégies géniales qu'il avait élaborées.

Le Globulus resta perplexe. Rien, il n'y avait plus rien ! Aucun détail sur ces fameuses stratégies. Il y avait encore trop de points obscurs. Et cela lui sembla trop important pour être mis de côté.

Pour la première fois en six siècles d'existence, il découvrait un intérêt à réaliser une tâche qui ne lui avait pas été imposée. Il trouverait, il éplucherait tous les dossiers de l'empire, quitte à y consacrer le siècle à venir.

***

Anxieuse, Nadia faisait les cent pas près de la grille. Elle commençait à trouver le temps long tandis qu'elle consultait régulièrement sa montre. Soudain, un sourire apparut sur son visage, mais elle le perdit toutefois rapidement. Elle avait reconnu Steven longeant le mur de la maison, mais devint angoissée en découvrant le corps à demi inerte d'une jeune fille suspendu à l'épaule du garçon. Visiblement, Steven parvenait avec peine à le traîner jusqu'à un bosquet.

Ils avaient enfin quitté la zone d'éclairage ceinturant la maison lorsque Steven rencontra une nouvelle embûche. Le talon d'une des chaussures de Caroline s'était coincé sous une racine saillante. Déjà, de maintenir la jeune fille debout tenait du miracle. Maintenant en équilibre précaire sur une seule jambe, le garçon tentait d'asséner de légers coups de pied sur le soulier récalcitrant.

— Steven, fais attention de ne pas la blesser, déclara Nadia en se glissant près du garçon.

— Mais qu'est-ce que tu fais ici ? s'étonna-t-il.

Déjà accroupie, la jeune femme s'activa sur le soulier.

— Vas-y délicatement. Ne brise pas le talon, précisa-t-elle.

— Mais c'est juste un talon de soulier.

— Oui, je sais Steven, mais je suis certaine que Caroline y tient beaucoup.

— Tant que ça ? Faire des histoires pour un soulier. Y'a vraiment du monde qui a de drôles de priorités.

La chaussure enfin dégagée, Nadia libéra Steven d'une partie de son fardeau.

— Tu ne devrais pas la juger ainsi.

— Pourquoi ? demanda celui qui retrouvait enfin son équilibre.

— Lorsque l'on est isolé du monde et sans ami durant tant d'années, il est bien normal de s'accrocher aux objets que l'on possède.

— Comment tu sais ça ?

— Une vision, un peu plus longue que les autres.

— Eh ben, j'ai raté une émission… Pis j'y pense, tu m'as pas dit comment t'es arrivée ici. Pendant la pause publicitaire ?

— Les portes se sont ouvertes pour laisser entrer une voiture.

— Ouais, le vieux docteur qui ne voit rien.

— Le hic, le médecin est reparti, le portail est refermé et nous sommes toujours du mauvais côté de la muraille, précisa Nadia.

— Faut pas paniquer. Ils attendent encore de la visite.

Comme pour lui donner raison, le bruit d'un véhicule attira leur attention. Une ambulance s'arrêta à l'entrée. Un léger déclic se fit entendre et la grille s'ouvrit. Le véhicule redémarra. Nadia tenta bien de réveiller la jeune fille, mais ce fut peine perdue. Prenant l'adolescente sous les aisselles, le duo réussit à l'amener, tant bien que mal, hors des limites du domaine puis, jusqu'à la voiture.

— Elle est toujours inconsciente, constata Nadia un peu inquiète.

Après l'avoir installée sur le siège passager, elle demanda :

— Steven, qu'est-ce que tu lui as fait ?

D'un bond, le garçon sauta sur la banquette arrière et répondit sur un ton laconique :

— Je lui ai sauvé vingt ou trente ans de sa vie.

Le cordon d'argent

CHAPITRE III

Le guide de lumière

Au trente-deuxième étage de l'imposante tour à bureaux, Sygrill n'était vraiment pas satisfait des informations reçues. Calé dans son fauteuil, il se frotta les tempes en maugréant.

— Des suppositions évasives sans fondements... Des évaluations approximatives. Ces bureaucrates bornés ! Comment veulent-ils que je travaille avec ça ?

Il lança rageusement son crayon sur le bureau. Sous l'emprise de la colère, Sygrill relâcha sa concentration. Durant cette perte de contrôle momentanée, sa main droite se déforma rapidement en une masse écailleuse garnie de quatre longues griffes. Sygrill l'examina sans démontrer aucune émotion. Il ferma les yeux et retrouva son calme. La masse rugueuse reprit aussitôt son apparence humaine.

Il se leva et marcha vers la fenêtre panoramique. D'une telle hauteur, il eut une vue splendide sur la partie ouest de la ville. Un ciel piqué d'étoiles rivalisait avec le scintillement des luminaires parsemant la cité. Avec un très bon télescope, on aurait pu discerner, très haut dans le ciel, la constellation du Centaure où se cachait un minuscule point blanc. Cette tache, un soleil à demi éteint, rappelait les origines des Trogoliens. Mais pour le moment, Sygrill s'intéressait davantage aux problèmes concernant la Terre.

— « Je suis dirigé par des incompétents, pensa-t-il. Un jour... qui n'est pas très loin, je deviendrai Krash-Ka. Je dominerai l'empire et je ferai un sérieux ménage chez tous ces gratte-papiers. »

Cette réflexion fit germer une idée. « Quand on veut devenir Krash-Ka, il faut penser en Krash-Ka. »

D'un pas décidé, il retourna à son bureau et pianota quelques coordonnées sur un clavier. Un pan de mur pivota et un écran laissa apparaître son interlocutrice. La grande conseillère, surprise par cette communication impromptue, ne cacha pas son mécontentement.

— Agent Sygrill, votre appel est hors des périodes autorisées. J'espère que vous avez une bonne raison pour m'importuner ainsi.

L'agent ne se laissa pas impressionner par le ton arrogant de la conseillère et répondit pratiquement sur le même registre.

— Oui, noble dame Haziella. Une mission commandée par Krash-Ka lui-même.

Sans toutefois perdre la face, la conseillère dut adoucir son intonation. Elle posa les bras sur sa table de travail et dit :

— Très bien. Je vous écoute.

— L'empereur m'a confié une mission capitale et les informations que j'ai reçues ne me sont d'aucune utilité.

— Vraiment ? s'enquit-elle avec une pointe d'ironie. Alors que suggérez-vous ?

Sygrill jouait gros, il le savait. Il était sur le point d'énoncer une énormité. Il pesa ses mots et anticipa la réaction de la conseillère.

— Je réclame que mon terminal personnel soit couplé à un accélérateur ultrasonique et branché directement sur le cœur de l'ordinateur central de la capitale.

La grande conseillère n'en crut pas ses oreilles et son visage marqua bien sa stupéfaction. Scandalisée par une pareille demande, c'est à peine si elle retrouva la voix pour répondre :

— Vous réclamez quoi ? Un branchement sur le cœur de l'ordinateur ! Mais avez-vous perdu la tête ? Vous savez très bien que l'on ne peut pas obtenir une telle connexion. Le soleil de la Terre aurait-il perturbé votre cerveau ? Tout le monde sait que seul Krash-Ka a le privilège de se brancher de la sorte.

Baissant la voix d'une octave, avec un soupçon d'humilité, elle avoua :

— Moi-même, je n'y ai accès que très rarement.

L'agent estima avec précision le niveau d'insolence qu'il pouvait se permettre face à sa supérieure. Ce type de manipulation intellectuelle des individus était sa spécialité. Après tout, il n'était pas considéré comme un des meilleurs agents de surface sans raison. Simulant une colère parfaitement contrôlée et colorée d'une légère touche de fanatisme, il haussa la voix, juste au bon niveau.

— Mon cerveau est en très bon état, conseillère. On m'a donné pour mission de trouver rapidement l'origine de ces envahisseurs et de découvrir leurs intentions. Pour cette tâche, j'ai besoin de toute la puissance logistique et informatique disponible. Cette mission est urgente et sauf le respect que je vous dois, conseillère, pour la sécurité de l'empire et la satisfaction de notre bien-aimé souverain, un branchement rapide au cœur de l'ordinateur de Trogol est prioritaire.

Devant tant d'aplomb et de férocité, dame Haziella accepta à contrecœur d'enregistrer la requête, mais elle prévint toutefois l'agent :

— Cette connexion est exceptionnelle et n'a jamais été effectuée auparavant. Le raccordement exigera une autorisation impériale et quelques heures de préparation.

Sygrill fut satisfait. Il profiterait du délai pour réaliser un autre petit travail qui ne pouvait attendre. Avant de couper la communication, la conseillère souligna toutefois d'un air méchant :

— Naturellement, votre doléance inhabituelle et votre attitude intransigeante seront communiquées au Krash-Ka. Elles peuvent vous coûter cher si les résultats attendus ne sont pas à la hauteur de la faveur qui vous sera octroyée.

Et sur un ton ironique, elle ajouta :

— Je vous souhaite bonne chance, agent Sygrill. Vous en aurez besoin.

***

L'appartement de Nadia et surtout son aménagement intérieur n'avait jamais été conçu pour accueillir une adulte, une adolescente et un jeune garçon turbulent. Le mobilier étonnait par sa sobriété, mais décorait avec goût ce petit logement de quatre pièces situé dans un quartier résidentiel du sud de la ville. Sur une table basse traînait un journal avec la photo de Caroline en première page. Au-dessus de la photographie, un titre accrocheur retenait l'attention : « Une jeune héritière kidnappée ».

Dans cet espace restreint, chacun s'occupait à sa façon. Nadia butinait à la cuisine et préparait le dîner. Caroline terminait de se coiffer devant un miroir sur pied dans la chambre qu'elle partageait avec Nadia. Plus ou moins satisfaite du résultat, elle fit la moue et bougea des hanches et des épaules afin de vérifier sa tenue.

Dans un coin de la salle à dîner servant également de salon, Steven venait de découvrir le portable de Nadia et explorait allègrement Internet.

— B... I... T... Voilà, TechniBit. Voyons ce que ça donne.

L'ordinateur bourdonna quelques secondes et Steven émit soudain un sifflement. À l'écran se dessina une carte du monde illustrant l'emplacement des différentes usines de la multinationale. Après quelques touches supplémentaires sur le clavier, Steven sursauta et faillit échapper l'appareil.

— Chiffre d'affaires annuel : plus de 800 millions de dollars ! s'exclama-t-il. TechniBit, une belle passe pour les deux vieux crapauds ! C'était plus qu'une bonne raison d'enfermer la fille pour le restant de ses jours.

Nadia se présenta dans l'embrasure de la cuisine.

— Caroline, c'est à ton tour de préparer les légumes.

L'interpellée, toujours devant son miroir, répondit distraitement :

— Je suis occupée, pourquoi Steven ne le ferait-il pas ?

Le garçon releva précipitamment la tête et apparut au-dessus de son écran.

— Parce que Steven l'a fait hier, lança-t-il en bougonnant. Aujourd'hui, je m'occupe de la table et j'ai terminé.

Par dépit, Caroline baissa les bras, déposa sa brosse et sur un ton de victime, annonça :

— C'est bon… J'arrive.

— Riche, mais détestable, soupira Steven pour lui-même avant de replonger sur son clavier.

Traversant la salle à dîner, Caroline jeta un coup d'œil à la disposition des ustensiles et ne put s'empêcher de remarquer :

— La fourchette à dessert se place à l'intérieur. Ton savoir-vivre est vraiment déficient.

Le garçon, le nez piqué sur son écran, ne prit pas la peine de le relever pour répliquer :

— Savoir-vivre déficient ! J'en connais une qui est déficiente tout court.

En réponse, Steven eut droit à un « Peuh ! » dédaigneux.

— Nadia, ce garçon n'a aucune éducation. Sommes-nous vraiment obligées de tolérer sa présence en ces lieux ? demanda-t-elle en retournant dans la chambre.

Réfléchissant à voix haute pour être bien entendu, Steven déclara, sarcastique :

— Quand je pense que j'ai risqué ma vie pour lui éviter la maison des cinglés ! A quoi j'ai pensé ?

Nadia sortit de la cuisine, une soupière fumante dans les mains.

— Caroline et toi, c'est ce qu'on appelle le choc des cultures.

— Et je fais quoi, pendant ce temps ?

— Tu patientes, répondit-elle en souriant. Plus sérieusement, elle ajouta :

— Tu fais comme nous. Tu attends la venue de Guidor. Caroline, les légumes te réclament.

— Guidor ! répéta Steven en haussant les épaules, peu impressionné par la réponse.

— Dans ton rêve, il t'a précisé quand il viendrait ? s'informa l'adolescente en sortant enfin de la chambre.

Après avoir déposé la soupière au centre de la table, Nadia répondit :

— Pas exactement, mais il faut avoir confiance.

Perdant son calme, Steven ferma l'écran de l'ordinateur.

— J'en ai assez ! Ça fait presque trois jours qu'on est collés ici. J'ai besoin de bouger.

Tâtant les coussins du canapé, il ajouta :

— Si au moins le divan était confortable !

Palpant de nouveau le sofa, il fit la moue et déclara sur un ton méditatif :

— Le centre d'accueil, c'était pas si mal après tout.

***

Il était là, debout au milieu du grand salon, à quelques mètres du magnifique piano à queue. Il balaya du regard la pièce richement meublée et s'arrêta sur le couple. Chez les tuteurs de Caroline, cette visite revêtait un caractère inopportun. Elle les rendait nerveux, très nerveux. Augustin Lamarre ne put s'empêcher de bredouiller :

— Monsieur Trog, c'est de la folie de vous être présenté ce soir sans nous prévenir.

Le visiteur n'était pas du genre à se laisser intimider. L'anxiété évidente de ses hôtes le laissait totalement indifférent. Il prit le temps de déposer son porte-documents sur l'épais tapis persan avant de demander sur un ton faussement surpris.

— Vous prévenir ? Mais nous avons convenu de cette rencontre il y a plus de deux semaines.

Le maître des lieux se tortilla sur place avant d'avouer :

— Oui, je sais. Nous l'avions oubliée.

— Oubliée ? s'étonna le nouveau venu. Un rendez-vous qui doit vous rapporter plus de cent trente-deux millions de dollars ; vous n'êtes pas sérieux, monsieur Lamarre ?

Voyant son mari paralysé par une appréhension justifiée, sa femme tenta de venir à son secours, mais elle ne put que répéter :

— Nous sommes sérieux, très sérieux, monsieur.

Se méprenant sur les intentions du couple, l'inconnu proposa :

— D'accord, j'ai compris. Je vous fais un chiffre rond. J'ajoute trois millions de dollars et vous me cédez dès ce soir, tel que convenu, tous les titres de la TechniBit, la compagnie mère ainsi que ses filiales européennes.

L'homme hésita à répondre. Discrètement, son regard glissa vers sa femme. Celle-ci, les lèvres pincées et les yeux fixant délibérément les poils du tapis, se massait nerveusement les mains. D'un léger signe de la tête, elle lui répondit par la négation. Malgré le souffle bruyant et menaçant de son interlocuteur, Augustin Lamarre trouva la force de formuler une objection :

— Non, ce soir c'est impossible... Et demain aussi. Il nous faut un peu plus de temps.

L'intéressé plissa les yeux, prit une longue inspiration et roula des épaules, geste qui lui donna une allure encore plus imposante.

— Mon temps est précieux. Je n'ai pas l'habitude de le perdre en vaines discussions.

— Je sais, monsieur, répondit l'homme, mais un événement grave s'est produit ces jours derniers.

— Caroline a disparu, elle a été kidnappée, précisa la femme dans un seul souffle.

— Caroline ?

— La fille de mon cousin, répondit Augustin Lamarre visiblement désemparé.

Sa femme ramassa sur une table le journal où figurait, en première page, la photo de Caroline. Elle le tendit à l'homme d'affaires et se sentit obligée d'ajouter :

— C'est elle, la véritable propriétaire de cet empire financier.

Entre-temps, le tuteur de Caroline avait repris un peu d'assurance. C'est sur un ton presque normal qu'il expliqua :

— Voilà pourquoi il est important de retarder la transaction. Nous n'avons pas le choix. La police effectue présentement une enquête très serrée. Ce n'est vraiment pas le moment de faire des vagues ou de se faire remarquer.

Le visiteur avait à peine jeté un coup d'œil au journal que tenait toujours la vieille dame. Il ne semblait pas non plus avoir entendu les explications de l'oncle comme si les préoccupations de ces simples mortels étaient dérisoires en comparaison de ses propres ambitions. Sur un ton arrogant, il annonça :

— Votre cousin à qui appartenait la compagnie n'a pas compris à temps où était son intérêt. Cela lui a coûté la vie, à lui et à son épouse. Les accidents d'avion pardonnent rarement et vous êtes bien placés pour le savoir.

— Où voulez-vous en venir ? s'enquit l'oncle, devenu sur ses gardes.

Sygrill Trog fronça les sourcils et précisa :

— J'ai déjà trop investi dans cette histoire pour laisser deux vieux gâteux saboter mes projets. Débrouillez-vous ! Et réglez vos problèmes familiaux sans attendre. Je veux une signature d'ici la fin du mois. Pas un jour de plus.

— Mais nous ne pouvons garantir...

— Si, vous le pouvez, coupa le visiteur. Souvenez-vous qu'il n'y a pas que les accidents d'avion qui soient fatals.

Avançant d'un pas, il ajouta :

— Si vous me décevez, vous risquez de connaître une fin aussi tragique que celle des parents de cette... Caroline.

L'oncle, choqué par cet ultimatum, réagit violemment. Malgré sa nervosité, le vieil homme n'était pas du genre à se laisser bousculer sans réagir. Ces sous-entendus malveillants éveillèrent en lui une agressivité de jeunesse légèrement atrophiée avec les années.

— Comment ! Vous nous menacez !

Il décocha subitement son poing sur la mâchoire de l'étranger qui fut momentanément surpris par la vitalité de son hôte. Celui-ci, déséquilibré par la vigueur du geste, alla s'écraser sur le coin d'une table qui glissa sur plus d'un mètre, avant de heurter une lampe sur pied. Enervée par tout ce tumulte, la vieille dame poussa de petits cris stridents en s'élançant au secours de son mari.

Contre toute attente, le vieil homme avait fait preuve d'une force de frappe étonnante. Sygrill en ressentit une réelle douleur qui le déconcentra momentanément et eut des conséquences néfastes sur son image. Face à lui, la femme essayait toujours d'aider son mari à se relever lorsqu'elle jeta un coup d'œil vers son antagoniste. Ce qu'elle vit lui glaça le sang. Elle se mit à hurler et laissa retomber son mari sur le sol. Celui-ci, croyant sa femme molestée, se releva maladroitement. Sans vraiment regarder devant lui, il s'élança vers l'assaillant potentiel. Mais il s'arrêta net lorsqu'il aperçut l'aspect réel de son visiteur.

La vision n'avait duré que quelques secondes, mais cela avait été suffisant pour qu'il remarque sa physionomie monstrueuse. Déjà, celui-ci retrouvait tous ses sens et sa concentration. L'hologramme fonctionnait de nouveau. Il redevenait Sygrill Trog, l'homme d'affaires terrien… ou presque.

Il porta la main à sa mâchoire comme pour en vérifier la position et le bon fonctionnement. Quatre griffes acérées éraflèrent son menton. Sygrill regarda son bras et eut un sourire amusé. Un petit effort de concentration supplémentaire et les griffes se transformèrent en cinq doigts bien disposés. Son expression devint encore plus menaçante lorsque son regard se porta sur le couple paralysé de peur.

Avec un sourire sadique, le visiteur releva sa manche droite. Un appareil ovoïde attaché à son poignet s'activa et projeta au centre du salon un autre type d'images holographiques très révélatrices.

— Qu'est-ce que c'est que ça ? demanda l'homme.

— Une garantie supplémentaire, répondit-il. Elle m'assure que vous marcherez droit et resterez discrets.

Sur l'écran translucide défilaient à toute vitesse des illustrations des plus incriminantes. Horrifié, le vieux couple ne put détacher les yeux de la projection. On les voyait penchés sur une table, étudiant une carte de navigation. Une autre séquence présentait Augustin Lamarre plaçant discrètement un mystérieux colis dans la soute d'un petit avion à réacteur. Sur une des ailes, on lisait facilement le numéro d'immatriculation de l'appareil.

Sygrill souriait et s'amusait des visages défaits de ces deux escrocs de bas étage. Afin d'accentuer l'effet dramatique de la projection, il précisa :

— J'ai fourni la bombe, mais c'est vous qui l'avez placée dans l'avion. C'est vous qui avez tué les parents de Caroline.

En quelques secondes, l'oncle se sentit vieux, terriblement vieux. D'une voix éteinte, il demanda :

— Que voulez-vous de nous ?

— Grâce à ces preuves, je pourrais vous soutirer la compagnie pour une bouchée de pain. Mais je serai beau joueur et je payerai la somme convenue.

Sygrill cessa la diffusion et fit quelques pas dans le salon. Derrière le couple pétrifié, il s'arrêta et leur murmura à l'oreille :

— Mais attention, si la transaction n'est pas effectuée dans un délai raisonnable, ou si par mégarde vous deveniez bavard ou qu'il m'arrivait malheur, un exemplaire de cet enregistrement serait remis automatiquement aux autorités compétentes.

***

La radio cracha sa courte litanie.

— Voiture 44, ici le poste 2. Ça bouge à la porte principale.

— Ici voiture 44. Message reçu.

Dans une banale camionnette de livraison garée en face de la grille du domaine, le lieutenant Satoba laissa tomber le microphone sur ses genoux. Devant lui, quatre écrans lui transmettaient des images très claires de la maison et de ses environs. Il manipula quelques commandes. Une caméra dissimulée dans un arbre, pivota sur son axe et offrit un nouvel angle révélateur du porche.

On y voyait un homme grand et costaud portant un imperméable et, fait inusité, chaussant des bottes en peau de crocodile. Il discutait sur le seuil en tenant un porte-documents. L'inconnu semblait sûr de lui et du genre à donner des ordres. Ce nouveau venu peu souriant intrigua l'inspecteur.

— Tiens, tiens, une nouvelle tête. Et à première vue, pas très sympathique. Il n'est sûrement pas venu leur vendre des assurances, fit remarquer le lieutenant.

Celui-ci se tourna vers son assistant.

— Tirez-moi une épreuve de ce cadrage. Avec une gueule aussi honnête, il est peut-être fiché dans nos dossiers.

***

La nuit s'annonçait chaude et humide. Steven, assis à cheval sur le cadre de la fenêtre, écoutait monter les bruits de la basse ville, sa ville. Avec ses ruelles sombres, ses passages étroits et ses portes dérobées, Steven y retrouvait tous les mystères de son univers. La voix de Nadia le sortit de sa rêverie.

— Tu fais ton mouvement trop rapidement, Caroline. Tout le secret est dans le calme et l'harmonie. Tu dois faire les cent huit positions en douceur.

Au centre du salon, les deux femmes évoluaient dans un ballet silencieux. Tout en vérifiant les mouvements de Caroline, Nadia surveillait du coin de l'œil les réactions du jeune garçon. Elle le trouvait agité, agressif et surtout dangereusement perché à la fenêtre.

— Steven, pourquoi ne viens-tu pas pratiquer avec nous ? Le Tai-Chi est un très bon exercice de méditation active. Cela crée un vide cérébral et ça procure une grande relaxation.

— Y'a mieux que ça pour me calmer les nerfs, marmonna-t-il.

Sur ces mots, il quitta la fenêtre et marcha résolument vers la porte.

— Ton Guidor, tu y diras bonsoir de ma part.

Il eut à peine le temps de toucher la poignée qu'une voix masculine, ferme mais douce à la fois, l'arrêta dans son élan.

— Nadia a raison, mon garçon. Le Tai-Chi est une pratique très relaxante.

Surpris, Steven se retourna rapidement, ses réflexes de jeune voyou subitement en éveil. Aux aguets, il balaya la pièce d'un coup d'œil rapide. Nadia et Caroline, tout aussi surprises, étaient restées figées sur place. En temps normal, Steven aurait éclaté de rire en voyant les positions grotesques empruntées par les deux femmes. Mais pour le moment, il n'avait pas le goût de rigoler et cherchait l'origine de la voix.

Assis sur le cadre de la fenêtre, à l'endroit précis qu'il venait tout juste de quitter, un homme les regardait en souriant.

— Bonsoir, dit-il en se levant. Je suis Guidor. Je vous remercie de votre patience ainsi que d'avoir accepté de me rencontrer.

Se sentant pris en faute, Steven baissa les yeux. Ne voulant pas perdre la face, il passa à l'offensive.

— Par où t'es passé ?

Sur un ton faussement innocent, Guidor répondit :

— Par la fenêtre. C'est beaucoup plus intéressant que de monter les escaliers. Tu en sais quelque chose, ajouta-t-il sur un ton complice.

— On est au troisième étage, souligna le garçon.

Guidor fit la moue.

— Chez Caroline, tu es bien entré par une fenêtre du deuxième ? On ne va pas ergoter pour un palier ?

Du regard, Steven explora à nouveau l'ensemble de la pièce.

— T'es tout seul ?

— Pas vraiment, avec vous trois, nous sommes quatre.

— Ah ! Ah ! fit le garçon qui visiblement n'appréciait pas la plaisanterie.

Sans perdre son sourire, Guidor marcha en direction des deux jeunes femmes. Nadia avait déjà fait un pas vers l'homme.

— C'est vous qui m'avez contactée ?

— Pourquoi nous avez-vous réunis ? ajouta Caroline.

— Tu es un extraterrestre ? compléta Steven, suspicieux.

Calmement, l'homme répondit par un sourire.

— À la première question, oui Nadia, c'est moi qui t'ai contactée. Les autres réponses viendront plus tard. Pour le moment, j'ai besoin de toute votre attention. Venez vous asseoir et détendez-vous. Vous allez faire un merveilleux voyage, un voyage dans le temps.

***

L'univers de Nadia bascula en quelques secondes. Un paysage champêtre où flottait un doux parfum de lavande s'étendait maintenant à perte de vue dans la direction du soleil couchant. Un peu plus loin sur la gauche, une imposante construction délimitait le domaine réservé à la prière et à la méditation. Un monde où des centaines de serviteurs et servantes du cristal sacré vaquaient quotidiennement à leurs activités. À l'est, c'était un océan sans fin où l'écume bouillonnante des vagues se fracassait sur les rochers d'un îlot émergeant des flots bleus. Un étroit ponceau en pierres reliait le récif à la terre ferme. Couvrant la presque totalité de l'îlot, une construction en pierres taillées, coiffé d'une coupole cuivrée, brisait l'illusion d'un coin perdu. Au centre de la rotonde, entre sept piliers protégeant l'autel central, brillait une flamme éblouissante.

Une jeune femme aux traits délicats, vêtue d'une longue tunique de soie blanche, se tenait debout, bien droite devant la grande gerbe de feu. Lentement, elle releva la tête et ouvrit des yeux qui exprimaient une profonde tristesse. Elle plaça sa main droite sur sa poitrine. De la main gauche, elle pointa son index au centre de son front avant de reculer de trois pas. Elle contourna la stèle centrale d'où rayonnait, en son cœur, la longue colonne de lumière, une lumière éclatante qui semblait briller depuis l'éternité.

La dame quitta posément les lieux et se rendit dans un jardin intérieur avoisinant le temple. Elle fit encore quelques pas et vint s'asseoir sur la margelle de marbre d'une petite fontaine. Une jeune fille, à peine sortie de l'adolescence, s'approcha et demanda timidement :

— Vous semblez triste, grande prêtresse.

Celle-ci effleura du bout des doigts l'onde du bassin avant de répondre dans un soupir :

— En effet, Galia. Dans un rêve, le puits de la lumière éternelle m'a révélé des événements tragiques pour notre monde.

— Des événements tragiques ? répéta la jeune servante. Que peut craindre le royaume de l'Atlantide ? Aucun peuple sur la terre n'oserait nous défier.

— Aucun peuple sur la terre, tu as raison, Galia. Mais sous la terre...

Un bruit de tonnerre interrompit la prêtresse. Le sol frémit. Une pluie de gravats s'abattit sur les deux femmes. De nouvelles détonations éclatèrent et cette fois-ci, des éclats de pierre tombèrent autour d'elles. Des craquements sourds résonnèrent dans l'enceinte. Au-dessus de leur tête, la coupole cuivrée montra des signes de faiblesse. Instinctivement, la prêtresse saisit sa servante par les épaules et l'entraîna avec elle près de la fontaine. Hors de leur vue, les portes du temple s'ouvrirent en claquant bruyamment.

Cinq hommes armés entrèrent brusquement en ne témoignant aucun respect pour le lieu sacré. Sur leur poitrine était piqué un étrange écusson: un carré rouge sur lequel se découpait un triangle noir. Deux gardes du temple se ruèrent sur les profanateurs, mais leurs lances se révélèrent inutiles contre les pistolets éclateurs des assaillants. La grande prêtresse et sa servante, étendues sur le sol et masquées par le muret du bassin, furent épargnées par ceux-ci. Mais ce répit ne leur fut accordé que pour assister, impuissantes, à l'ultime sacrilège.

Un des assaillants monta rapidement les marches menant à la stèle centrale et lança une poignée de billes métalliques dans le puits de lumière.

La colonne éblouissante s'amplifia durant quelques secondes, puis telle une tige de verre, se brisa en mille feux. La terre trembla de nouveau. Plusieurs murs du temple se lézardèrent, d'autres s'écroulèrent avec fracas. Au loin, un grondement sourd annonça une nouvelle épreuve. Une vague de plus de trente mètres créée dans les profondeurs de l'océan déferla sur le temple, submergeant tout sur son passage, la prêtresse, la servante ainsi que ses agresseurs.

***

La conscience de Caroline glissa doucement au cœur d'un palais, dans des temps anciens que même les prêtres de l'ancienne Égypte avaient oubliés. De ce lieu occulté, parvenait aujourd'hui, les échos d'un enseignement millénaire. Une jeune fille, habillée d'une longue robe azur brodée de fils d'or, écoutait silencieusement les paroles de son père, Pharaon.

— Phyassap, en tant que ma fille, tu as tout appris sur les sons développant l'harmonie de ton corps. Maintenant, tu dois également maîtriser les vibrations sonores qui favorisent l'épanouissement de ton âme.

Le pharaon prit une grande inspiration. En même temps, il leva les bras en dessinant deux demi-cercles de chaque côté de son corps. Lentement, il baissa les bras dans le sens inverse en expirant et en prononçant le mot mélodieux.

— Khéééé-iiiii.

Il recommença le même exercice, cette fois-ci accompagné de sa fille.

— Khéééé-iiiii.

Le pharaon lui sourit et dit :

— C'est très bien, Phyassap. Reprenons encore une fois.

Une porte dérobée sous une arche s'ouvrit. Un vieux prêtre entra en titubant. La bouche ouverte, les yeux ronds, il marcha plus difficilement qu'à l'accoutumée. Le pharaon, heureux de cette visite, s'adressa au vieil homme.

— Bonjour, Yothepsa, tu viens constater les progrès de ma fille ?

L'intimé n'eut pas la force de répondre. Au pied du pharaon, il s'effondra mollement, dévoilant une large tache de sang maculant le dos de sa tunique.

— Oh, père ! s'exclama la jeune fille en portant les mains à son visage.

Le pharaon mit un genou par terre et délicatement, posa ses doigts sur la tête de l'homme. Sur un ton attristé, teinté de colère, il demanda inutilement :

— Yothepsa, mon vieil ami, qui a osé s'en prendre à toi ?

En réponse, une sourde vibration ébranla le palais. Sans réfléchir, la princesse Phyassap courut vers la porte et quitta le temple intérieur. Le pharaon leva la tête et s'écria :

— Phyassap, attends-moi.

Traversant la grande salle des colonnades, la jeune princesse atteignit les immenses portes du temple extérieur. Le spectacle qui l'attendait sur la terrasse la fit frémir d'horreur. Plusieurs édifices étaient déjà la proie des flammes. Une épaisse fumée âcre lui piqua la gorge. Les murs frémirent de nouveau. La princesse faillit perdre pied, mais son père la retint solidement par le poignet.

Un sifflement aigu terrorisa l'enfant qui se réfugia dans les bras de pharaon. Au-dessus de leur tête, un étrange appareil déchira le ciel et piqua à toute vitesse vers la vallée des Rois, en direction de la pyramide sacrée.

L'édifice se démarquait des autres bâtiments par sa forme et sa texture. Contrairement aux constructions adjacentes, la pierre en était absente. On aurait put croire à une immense pièce de métal poli, sans joint ni ouverture. Mais c'est le sommet de la pyramide qui commandait le respect et l'admiration. Aux quatre cinquièmes de sa hauteur, la pointe de celle-ci flottait à une distance équivalente à deux fois sa hauteur. Entre les deux segments du tétraèdre, une colonne de lumière blanche semblait soutenir le sommet.

Deux nouveaux appareils sifflèrent au-dessus du temple. La princesse leva les yeux et remarqua l'étrange symbole dessiné sous les ailes de l'appareil. Un triangle rouge sur un carré noir.

— Père, d'où proviennent ces grands oiseaux ?

Pharaon reconnut l'étrange inscription, mais il ne dit mot. La princesse découvrit de la tristesse dans le regard de son père.

Les trois vaisseaux firent un premier tour de la pyramide. Se plaçant ensuite en position stationnaire, ils formèrent un triangle au-dessus de la construction. Après quoi, ils ouvrirent le feu sur la colonne de lumière.

Le faisceau lumineux explosa en une gerbe éblouissante, entraînant la chute du sommet de la pyramide. L'ensemble du monument vibra sur sa base. Telle une pièce de métal chauffée à blanc, les immenses surfaces polies brillèrent d'un éclat aveuglant jusqu'au moment où elles se fractionnèrent en une multitude de facettes triangulaires, projetées dans toutes les directions par le souffle de l'explosion.

La déflagration ébranla le temple. Derrière la princesse et le pharaon, un bruit de tonnerre retentit. Une immense colonne de granit perdit ses assises et roula dans leur direction.

***

Assis sur une chaise droite, Guidor observait impassible les réactions de ses nouveaux protégés. Caroline avait les traits tendus. Dans un mouvement brusque de la tête, la jeune fille sembla vouloir éviter une catastrophe. Toujours endormie, elle tourna la tête vers Steven.

Le jeune garçon, habituellement si turbulent, affichait pour le moment un calme désarmant. Sur son visage, un large sourire trahissait un voyage enchanteur.

***

Dans les hautes vallées des Andes, à une époque où cet immense territoire n'avait pas encore donné naissance à la puissante civilisation inca, une douce mélodie de flûte traversait les champs de pâturage. Plus haut dans la montagne, une famille de paysans guidait ses trois lamas vers de nouvelles sources de nourriture. Ils traversèrent, sans s'y attarder, un sentier pavé étrangement bien entretenu.

Ce chemin menant au temple solaire, ils le connaissaient bien, mais l'empruntaient rarement. Ce n'était pas encore le temps de la fête. Lorsqu'ils seraient invités à pénétrer dans l'enceinte du temple, la période des semailles viendrait à peine de se terminer. Ce serait alors l'occasion d'offrir un don au dieu Soleil.

Si le présent plaisait au dieu, le grand disque solaire féconderait la terre, mère nourricière des hommes. Mais pour le moment, le sentier était désert. Plusieurs mois s'écouleraient avant le retour de la grande célébration des offrandes.

Le temple formait un ensemble de bâtiments construits en pierres de taille aux dimensions imposantes. Au cœur de ce complexe religieux s'étendait un vaste espace de terre battue, coiffé d'une pyramide tronquée haute de quatre mètres. Garnie d'un large escalier composé de dix-huit marches, elle servait de base à un autel où officiaient les membres du culte lors de la présentation des offrandes provenant des fidèles.

Cette grande surface sacrée était bordée à l'est par une plaine qui s'enfonçait progressivement dans une forêt marécageuse dense et humide. Au nord, des falaises abruptes interdisaient toute sortie. En contrepartie, le côté ouest donnait accès à un escalier taillé à même le roc. Celui-ci rejoignait le sentier menant aux prairies en labour. Le côté sud révélait le cœur véritable du temple. Adossé au pan rocheux le vaste bâtiment se fondait dans la montagne et se prolongeait dans la masse de granit.

Loin dans les profondeurs du temple, la lueur de quelques torches dévoilait un étroit passage. Ce dernier menait à une chapelle abritant un petit autel. Derrière celui-ci, à moins de deux mètres de distance, trônait un immense disque de pierre encastré sur un socle de granit, lui-même déposé sur une tribune comptant douze marches. En ce moment, devant l'escalier, au pied de la première marche, se tenait immobile un célébrant aux habits richement décorés. Dans sa position légèrement inclinée, il aurait été difficile de lui donner un âge. Son visage, caché derrière un masque d'or finement ciselé, demeurait inaccessible. Ce n'est que lorsqu'il gravit les premiers degrés menant au disque solaire que l'on put deviner une légère hésitation, une certaine lenteur dans ses gestes. L'homme était vieux, très vieux.

À sa gauche, légèrement en retrait, un jeune servant l'accompagnait dans son rituel. Il tenait dans ses mains un coussin bleu nuit sur lequel reposait une dague de cristal aux reflets scintillants. Le jeune garçon calqua ses pas sur ceux du grand prêtre. Lentement, les deux serviteurs du dieu solaire montèrent les marches menant au grand disque de pierre.

Ils étaient à mi-chemin dans le grand escalier lorsque le silence religieux du temple fut soudainement brisé. Une série de coups de feu éclatèrent. Des bruits de pas durs et sourds retentirent dans un couloir.

Sous une arche de pierre s'arrêtèrent cinq hommes en armes. À leur tête, un officier légèrement rondelet donna ses ordres. Un sourire méchant crevassa son visage. De sa main droite, il caressa avec délicatesse sa petite barbe pointue. Une bague au motif étrange ornait son majeur : un triangle de rubis monté sur un carré d'onyx.

Sa main poursuivit son activité lorsqu'il ordonna froidement :

— Abattez ces sauvages.

Un soldat épaula et visa. Une détonation claqua. Touché au dos, le prêtre tomba aux pieds du jeune servant. Le vieil homme, dans un suprême effort, réussit tout de même à relever la tête. Son index se déplia, mais il ne put faire mieux. Dans un dernier souffle, il articula mollement :

— La dague, protège la dague...

Une seconde détonation se fit entendre. Un trait lumineux frôla l'oreille du garçon. L'adolescent monta les marches en courant afin de trouver protection derrière les pieds massifs de l'autel. De nouveau, deux traits sifflèrent à ses oreilles. Le troisième atteignit son but. À quelques pas du disque solaire, le garçon fut paralysé dans sa course et s'effondra au pied de la grande pierre. Le coussin qu'il tenait si précieusement tomba tout près de sa tête. Levant les yeux, il vit la dague quitter son écrin et rouler sur la dalle de pierre. Dans un geste désespéré, le garçon allongea le bras et tenta de s'en saisir.

L'officier clama de nouvelles instructions :

— Vérifiez qu'ils sont bien morts et rapportez-moi la dague.

Deux acolytes en armes firent un salut de la tête. Sans vraiment démontrer de l'empressement, ils gravirent lentement les marches en direction du vieux prêtre.

Se sentant momentanément négligé par les profanateurs, le jeune garçon réussit à bouger discrètement une jambe. Près du célébrant, un des soldats mit un genou par terre et arracha, tout excité, le masque de l'homme. Sur un ton impatient, l'officier ordonna :

— Oubliez ce masque, je vous ai dit de m'apporter la dague.

— Mais capitaine, c'est de l'or ! s'écria le garde.

— De l'or pur, précisa le second milicien.

Perdant alors patience, l'officier beugla :

— Je me fiche de cet or, je veux la dague sur-le-champ ou je vous fais exécuter.

Profitant de l'altercation et de l'autel faisant écran, le jeune desservant rampa lentement sur plus d'un mètre. Ses doigts allaient atteindre le pommeau de la dague lorsque celle-ci sembla soudain prendre vie. Dans un balancement chaotique, elle s'éleva de quelques centimètres. Puis, avec assurance, elle s'élança rapidement en direction du cœur du disque solaire. Le capitaine venait tout juste de remarquer le manège du garçon lorsqu'il eut soudain un mauvais pressentiment.

— La dague, saisissez-vous de la dague ou vous êtes des trogs morts !

Au centre du grand disque, la tache sombre qui aurait pu ressembler de loin, à un motif sculpté dans la pierre était en réalité l'ouverture d'une cavité profonde creusée au cœur du monument. Dans un effort ultime, le garçon fixa ce refuge privilégié. Un dernier éclat jaillit du cristal et l'objet tant convoité s'engouffra dans la niche de pierre.

Un grondement sourd monta alors des profondeurs du temple. Le grand disque solaire vibra sur sa base. Il venait de se mettre en mouvement. Lentement au début, il glissa dans une ouverture découpée à même le socle.

— La dague, il me faut la dague ! Récupérez-la ! hurla le capitaine.

Sur ces paroles, il se mit à gravir les marches deux par deux. Soufflant et râlant, il se jeta sur le sol et tendit la main vers l'ouverture, mais il était déjà trop tard. En quelques secondes, l'accès disparut dans les entrailles du temple.

***

Un doux rayon de lune traversa le store vertical du grand bureau du trente-deuxième étage. N'ayant aucune tendance au romantisme, Sygrill se désintéressa totalement du phénomène. Devant ses écrans, l'agent trogolien demeura stupéfait. Il marcha de long en large, incapable de se contrôler. Il revint à ceux-ci où défilaient à toute allure des montagnes de chiffres.

— Ce n'est pas possible, cet ordinateur déraille !

Par acquit de conscience, il jeta de nouveau un coup d'œil incrédule aux cadres numériques.

— Et pourtant les données semblent exactes, concéda l'agent.

Il appuya sur une touche. Le symbole trogolien apparut sur un écran mural.

— J'ai hâte de voir la tête de l'empereur lorsque je vais lui annoncer ma découverte.

Il y eut soudain un déclic dans son esprit. D'un geste brusque, il coupa rapidement la communication.

— Minute ! Soyons prudent et méthodique. L'empereur est un sombre crétin, mais si je me suis trompé, il est capable de me faire désintégrer. Mieux vaut tout vérifier une dernière fois.

Cela dit, il se laissa choir dans son fauteuil de cuir et s'installa devant son clavier.

***

Le trio reprit progressivement conscience tandis que Guidor, toujours assis sur sa chaise les observait silencieusement. Caroline fut la première à ouvrir les yeux et à s'exprimer.

— Quel rêve extraordinaire ! Tout était en couleur. Je ressentais la chaleur, les vibrations. Je reconnaissais même des odeurs.

— En plus, y'avait de l'action. C'était... comme si on y était ! C'était plus excitant qu'un film au cinéma, renchérit Steven, emballé par cette expérience inusitée.

Songeuse, Nadia précisa :

— Il y avait même des émotions.

Regardant Guidor droit dans les yeux, elle demanda :

— Mais était-ce vraiment un rêve ?

Guidor laissa filtrer un sourire amusé plein de candeur. Sur un ton qui se voulait mi-sérieux, il avoua :

— C'était plus qu'un rêve... Mais c'est suffisant pour ce soir. Il se fait tard. Il serait bon que vous preniez un peu de repos. En temps et lieu, je vous donnerai toutes les explications que vous désirez. En attendant, je vous souhaite une bonne nuit.

Sans faire un geste, devant les yeux ébahis du trio, Guidor se dissipa tel un nuage dans un tourbillon lumineux. Steven, fixant la chaise vide, déclara :

— Comment on peut espérer dormir après avoir vu un truc pareil?

***

— Des explications, j'exige des explications illico ! aboya l'empereur.

Sur sa ligne privée, le souverain avait pris la peine d'appeler personnellement l'agent Sygrill, en poste sur la Terre. Un geste exceptionnel annonçant les plus grands honneurs ou une disgrâce présageant une exécution sommaire à court terme.

Tout autre agent régulier aurait défailli devant un tel appel, mais Sygrill, bien installé dans son bureau du centre-ville, prit la communication avec un grain de sel. Il écouta calmement les clameurs de son monarque.

— Comment avez-vous osé demander à la grande conseillère, un branchement sur le cœur de l'ordinateur ?

Très sûr de lui, l'agent ne quitta pas l'écran des yeux.

— Une requête que vous avez acceptée, mon seigneur. Et je vous en suis très reconnaissant.

— Au diable la reconnaissance, je veux maintenant des explications et surtout des résultats concrets.

Malgré le ton menaçant, Sygrill afficha un air calme et serein. Il n'en fut pas surpris, mais un peu déçu. Comment se pouvait-il que plus d'un milliard de ses concitoyens plient l'échine devant un tel pantin d'opérette ?

Toujours aussi impassible, il annonça calmement :

— Je sais maintenant d'où proviennent les envahisseurs.

Le Krash-Ka se préparait déjà à déverser un nouveau flot d'injures lorsqu'il prit soudainement conscience de la réponse insolite. Il resta sans voix. Quelques écailles frémirent sur ses tempes. Son maxillaire inférieur se bloqua à mi-course.

Sygrill fit une pause et savoura la surprise non simulée sur le visage de son souverain.

— Grâce à l'accélérateur ultrasonique, poursuivit-il, j'espère déterminer les raisons de leur venue.

Mi-impressionné, mi-amusé, l'empereur se cala dans son fauteuil et dit :

— Je vous écoute, agent Sygrill.

L'interpellé demeura imperturbable face à l'ironie à peine voilée de l'empereur. D'un air détaché, il résuma :

— Depuis des millénaires, nous, les Trogoliens, nous sillonnons et contrôlons tous les coins de cette galaxie et jamais nous n'avons découvert l'existence d'une civilisation se déplaçant dans des boules de lumière.

L'empereur n'avait pas l'habitude de patienter. De plus, l'arrogance que laissait transparaître cet agent de surface le rendait de plus en plus antipathique à ses yeux. Ses griffes écorchèrent l'accoudoir de son fauteuil. Sur un ton glacial, il répondit :

— C'est exact. Je suppose, à votre assurance, que vous en connaissez la raison.

Sygrill répondit sans attendre :

— La raison est bien simple et elle saute aux yeux, votre grandeur. Les sphères de lumière n'arrivent pas de l'autre bout de la galaxie. En fait, elles proviennent de la porte d'à côté, de ce système solaire et plus précisément, de la planète Vénus.

Krash-Ka ne put en entendre davantage. Il ouvrit de grands yeux amusés. Sa bonne humeur était revenue. Il y aurait bientôt dans l'air une odeur de chair calcinée. Il savourait d'avance le plaisir d'annoncer la désintégration moléculaire de cet insolent. Après avoir entendu une telle ineptie de la part d'un sujet si prétentieux, l'empereur considéra qu'il était temps de le remettre à sa place. Sur un ton condescendant, il répliqua :

— Vénus ? Mais mon pauvre ami, la planète Vénus a été explorée de fond en comble, il y a de cela des siècles déjà. Aucune présence vivante n'y a jamais été décelée.

L'agent ne perdit pas une once de son mordant. Cette fois-ci, il oublia le décorum et s'adressa au Krash-Ka sur un ton frisant l'irrévérence.

— Ce qui signifie que ces recherches ont été bâclées, votre grandeur. Ces sphères possèdent peut-être une conscience, mais rien ne nous dit qu'elles sont vivantes au sens où nous l'entendons. Vérifiez mes données et tirez-en vos propres conclusions. Il me reste maintenant à trouver les intentions de ces entités qui menacent peut-être notre empire. Pour vous donner la réponse que vous attendez, j'ai à présent besoin de l'accélérateur ultrasonique.

Devant autant d'aplomb, l'empereur se sentit démuni. Après quelques secondes de réflexion, il annonça :

— J'accepte votre demande, mais retenez bien ceci : si votre mission est un succès, elle sera récompensée à sa juste mesure, mais si toute cette histoire se révèle une blague de mauvais goût, vous regretterez d'être né.

L'agent ne releva pas la menace et sur un ton neutre, il termina :

— Merci, mon seigneur, pour cette inestimable marque de confiance. Vous ne serez pas déçu. Mes respects, grand Krash-Ka.

Sur ce, l'empereur coupa la communication.

— Que pensez-vous de cet individu et de ses idées ? demanda-t-il sans se retourner.

Durant l'entretien, dame Haziella était restée au côté de Krash-Ka tout en s'excluant du champ de vision de la caméra.

— S'il se trompe, il est un agent dangereux. S'il a raison, il est encore plus dangereux.

Krash-Ka interrogea la conseillère du regard. Haziella poursuivit :

— Je vous souligne que cet agent s'est permis de vous donner un ordre. Comme s'il se prenait pour Krash-Ka... ou plutôt comme s'il se prenait déjà pour le futur empereur !

Un regard de méfiance apparut dans les yeux du souverain. Inconsciemment, il serra les poings.

***

L'inspecteur McGraw récupéra la photo couleur de l'imprimante. Sans attendre, il l'épingla sur le tableau des personnes disparues et retira le cliché monochrome de Caroline. Le lieutenant Satoba, assis sur le coin d'un bureau, avala une gorgée de café. Se désintéressant de la photo, il ramassa le journal du matin posé sur le bureau et jeta un regard exaspéré sur les manchettes imprimées en gros caractères.

« Toujours sans nouvelles de la jeune Caroline »

Et comme pour le narguer personnellement, on pouvait lire dans un caractère plus petit :

« La police piétine, aucune nouvelle piste en vue ».

Il lança rageusement le journal dans la corbeille.

— Si au moins les ravisseurs donnaient signe de vie ! Aucune rançon n'a encore été exigée. Pourquoi ? maugra-t-il.

À ses côtés, McGraw fit craquer le dossier de sa chaise et haussa les épaules, impuissant.

— Par ici, madame, dit une voix sur le seuil de la porte.

— Et je ne parlerai qu'à un représentant responsable, rien de moins, jeune homme, répondit une voix aigrelette.

Les deux limiers tournèrent la tête. Un officier en uniforme venait d'entrer dans la salle des enquêteurs, accompagné d'une vieille dame portant un large chapeau rouge. À ses pieds, une petite boule de laine trottinait allègrement. L'officier avança tout souriant vers son supérieur et se permit de dire :

— J'ai peut-être la réponse à votre question, monsieur.

***

Dans le bureau de Satoba, celui-ci en présence de l'inspecteur McGraw attendait patiemment les déclarations de la dame. Celle-ci finit de siroter son café. Elle déposa délicatement sa tasse sur la soucoupe qu'elle tenait de l'autre main et replaça son chapeau avant de croiser le regard du lieutenant. Sur un ton légèrement pincé, elle narra son aventure.

— Ils étaient deux, monsieur l'inspecteur, une femme et un jeune complice. La jeune femme paraissait distinguée, bien coiffée, les cheveux châtains. Par contre le garçon... une horreur !

Elle haussa les épaules avec dédain et ajouta :

— Un garçon d'environ douze ans. Un vrai voyou, monsieur l'inspecteur. Sale, exubérant, bref, aucune éducation.

Sans vraiment y croire, McGraw esquissa un demi-sourire et déclara :

— La description colle assez bien avec le portrait de Steven.

— Steven ! Oui, c'est ça ! s'exclama la dame tout excitée, sa tasse dansant sur la soucoupe. Ça me revient maintenant. La jeune femme l'a interpellé. Elle a bien dit Steven.

Le lieutenant Satoba échangea un regard avec son collègue, mais resta silencieux. Pensive, la dame au chapeau rouge porta la tasse à ses lèvres et se rendit compte qu'elle était vide. Elle la déposa sur la soucoupe et confirma :

— Oui, c'est bien ça… Steven.

Après le départ du présumé témoin, McGraw poursuivit ses déductions.

— S'il s'agit bien de notre Steven, vous avez peut-être une idée sur l'identité de la femme.

Son interlocuteur tenta d'esquiver la question. Le lieutenant quitta son siège et contourna le bureau. Toujours silencieux, il retira ses lunettes. Se frottant le visage de la main, Satoba finit par avouer :

— J'ai un nom en tête, mais ça me semble inconcevable.

— Vous pensez à Nadia ? risqua McGraw.

— Hum, grogna le lieutenant en hochant légèrement la tête.

— Mais qu'est-ce que Nadia gagnerait à s'impliquer dans une pareille histoire ? Un enlèvement, c'est criminel.

Le lieutenant se réfugia dans un mutisme prudent. Il connaissait Nadia depuis des années. Et pourtant, il ne parvenait pas à répondre à cette question.

CHAPITRE IV

La Vallée du silence

Malgré la porte close, il était facile de deviner par l'intensité des éclats de voix, que ce n'était vraiment pas le moment de rendre visite au lieutenant Satoba. Après une légère accalmie, les vitres tremblèrent une nouvelle fois.

— Non, je n'ai rien de plus à dire aux journalistes, aboya-t-il dans l'acoustique.

— ...

— Faux, nous n'avons aucune nouvelle piste sérieuse.

— ...

— La jeune femme ? Quelle jeune femme ?

On se risqua à frapper à la porte. Le lieutenant lança : « Entrez » avant de retourner à son appel.

— ... Si nous devons écouter toutes les rumeurs, maintenant.

— ...

— Bon d'accord, demain neuf heures, je leur parlerai, mais d'ici là, aucune déclaration, le silence total.

Durant ce dernier échange, le sergent McGraw s'était glissé discrètement jusqu'au bureau de son supérieur. Il déposa devant celui-ci quelques feuillets dans une chemise de carton. Le lieutenant raccrocha et demanda laconiquement :

— Qu'est-ce que c'est ?

— Les photos de notre inconnu d'hier soir. Notre bonhomme n'est pas fiché... mais l'ordinateur a hésité à plusieurs reprises.

— Il a hésité ? Ça veut dire quoi ? s'enquit Satoba en prenant une première photographie.

— Je ne sais pas, chef, mais la deuxième photo contient peut-être une partie de la réponse.

L'inspecteur prit le temps d'étudier la première épreuve. On reconnaissait sans difficulté, sous le porche de l'entrée principale, le visiteur de la veille en plan rapproché. Sans la quitter des yeux, il ouvrit un tiroir de son bureau et en extirpa une puissante loupe carrée. Il examina attentivement le visage de l'étranger.

— Avec une tête pareille, l'ordinateur aurait dû l'identifier facilement.

Il passa à la deuxième photographie et fronça les sourcils.

— Mais qu'est-ce que ça veut dire ? Il n'y a personne sur cette photo. C'est l'homme invisible ou tu me fais une blague ?

— Celle-ci a été prise à l'infrarouge avec une pellicule sensible à la chaleur... Si nous ne voyons rien, c'est que cet individu ne dégage aucune chaleur.

À la réaction d'incrédulité de son supérieur, le sergent McGraw sentit le besoin de poursuivre son explication.

— Tous les humains irradient de la chaleur. Regardez la dernière photo prise par le même rayonnement. L'oncle de Caroline y est présent. On voit bien son halo coloré, mais pas celui du visiteur. Notre type, il est froid comme un lézard… et encore !

Le lieutenant prit le temps de s'asseoir. Il se cala nerveusement dans sa chaise et se frotta le visage de ses deux mains en disant :

— Un lézard... Voilà qu'on nage à présent en pleine science-fiction.

Remarquant une enveloppe près des photos, il ajouta :

— Et ça, qu'est-ce que c'est ?

— Le mandat que vous avez demandé pour la perquisition à l'appartement de Nadia.

Devant l'air défait de son patron, il ajouta :

— Si vous le désirez, je peux y aller à votre place.

Malgré son poids, l'inspecteur se leva prestement et ramassa le document.

— Pas question. Je connais trop bien Nadia. Elle collabore à nos enquêtes depuis des années et je sais pertinemment qu'elle n'est pas une criminelle. Si elle est mêlée à cette histoire d'enlèvement, il y a sûrement une bonne raison et je veux l'entendre de vive voix.

***

La jeune femme arpentait le salon en étudiant attentivement le feuillet qu'elle tenait à la main.

— Bon, qu'est-ce qu'il nous manque ? ... Des pulls chauds.

Elle repartit d'un pas alerte vers la chambre. Caroline, un carton de lait à la main, sortit de la cuisine. Elle entra dans le salon et s'arrêta près du divan où dormait Steven, l'ordinateur portatif sur le ventre.

Aux bruits provenant de la chambre, elle devina la présence de Nadia. Silencieusement, elle recula de quelques pas et se retrouva tout près de Steven. Les petits yeux malicieux de la jeune fille l'observèrent candidement. Il semblait si détendu... Elle lança alors d'une voix forte :

— Nadia, qu'est-ce que je fais du litre de lait ?

Du coup, Steven se leva en sursaut et faillit perdre le portable qu'il rattrapa in extremis. Nadia apparut dans le cadre de la porte tandis que Caroline faisait celle qui n'avait rien vu.

— Il est inutile de l'apporter. Tu le jettes. Nous ne reviendrons pas ici avant un bon moment.

Steven reprenait ses esprits lentement. Se frottant les yeux, il observa le remue-ménage et demanda :

— Qu'est-ce qui se passe ici ? C'est la guerre ? Guidor est venu ?

Caroline s'arrêta sur le seuil de la porte de la cuisine. Sans se retourner, elle répondit :

— C'est bien possible, mais il est reparti. Guidor n'était plus là lorsque nous nous sommes éveillées ce matin, mais il nous a laissé un message.

Encore endormi, Steven ramassa en bâillant la note traînant sur la table de salon. À la lecture de la missive, son visage s'illumina.

— Un chalet ! Super ! On va à la campagne... On va faire un pique-nique ? J'adore les pique-niques !

Il jeta un coup d'œil à Caroline et remarqua ses souliers.

— Tu ne vas pas garder ces trucs pour aller à la campagne ?

D'un air hautain, celle-ci pivota sur ses escarpins et répondit :

— C'est la seule paire que je possède. D'ailleurs, ce sont mes préférés. J'ai bien l'intention de les conserver.

Se désintéressant du sujet, Steven haussa les épaules et revint à sa préoccupation majeure.

— La nature, la marche en forêt, tu sais ce que ça veut dire ?

Levant les bras au ciel, la jeune fille déclara sur un ton faussement solennel :

— Que ton cœur d'indien va s'harmoniser avec l'esprit de la terre de tes ancêtres ?

— De quoi tu parles ? demanda-t-il hébété. La marche en forêt, ça creuse l'appétit, tu sauras. Qu'est-ce qu'on va bouffer ?

— Manger, il ne pense qu'à ça, manger, lança Caroline en retournant rapidement vers la cuisine.

Nadia déposa son sac à dos près de la porte en s'abstenant de tout commentaire. Levant les yeux au ciel, elle ne put s'empêcher de repenser à certaines remarques du lieutenant Satoba. Il est vrai qu'elle n'avait jamais eu d'enfant et ne possédait aucune expérience avec des jeunes. De plus, elle avait toujours vécu seule et elle devait se l'avouer, elle avait toujours apprécié ses grandes soirées de silence. Déjà, demander la garde de Steven défiait toutes les lois de la tolérance. Accepter la présence de Caroline devenait presque une tentative de suicide psychologique. Autant approcher une allumette enflammée d'un baril de poudre…

— Trois heures de route, il faut que je pense à apporter les cachets d'aspirine.

D'un geste de la main, elle désigna les sacs de papier brun déposés sur la table. À l'intention du garçon, elle précisa tout de même :

— Seulement de bonnes choses. Voici les provisions.

Steven, les yeux gourmands, explora les sacs. Dépité par sa découverte, il protesta en les repoussant du revers de la main.

— C'est pas sérieux. Des noix, des fruits séchés, des bananes et de l'eau minérale. Tout ça, c'est pour le dessert, mais le vrai repas, c'est quoi ?

— C'est ça, résuma Nadia.

Désespéré, Steven s'exclama :

— Mais pour un vrai pique-nique, y faut... Du pain, du saucisson à l'ail ou du salami, du jambon... et du poulet... avec de la sauce épicée !

Ce fut au tour de Caroline de mettre son grain de sel.

— Nadia n'a pas prévu de poulet ni de salami, ni de... Et il y a les valises à préparer. Tu peux nous aider quand tu auras terminé de saliver sur le tapis ?

Le garçon n'écoutait déjà plus. Après une courte mais profonde réflexion culinaire, il déclara le plus sérieusement du monde :

— Je sais comment je peux vous aider. Donnez-moi vingt minutes. J'ai mon coin secret où je peux piquer un super poulet rôti bien dodu.

En chœur, ce fut l'indignation.

— Steven !

— Bien quoi, vous n'aimez pas le poulet ? demanda-t-il innocemment.

Nadia se sentit obligée de faire une mise au point. Calmement, elle posa une pile de gilets sur le dossier du divan.

— Steven, il n'est pas question de sortir et encore moins d'aller « piquer » un poulet. Nous terminons les valises, nous mangeons légèrement et nous partons tôt cet après-midi. Si tu veux te rendre utile, vérifie les fenêtres et verrouille la porte arrière.

Caroline laissa tomber un gros sac de voyage près de l'entrée et dit :

— Nadia, tu crois que Guidor va se joindre à nous au chalet ?

— Je ne sais pas, mais je l'espère sincèrement. Je dois t'avouer que je me sens un peu dépassée par les événements.

En réponse, Caroline la gratifia d'un franc sourire de sympathie.

Dans la cuisine, Steven engagea sans enthousiasme le verrou de la porte arrière, mais il ne parvint pas à lâcher le loquet. Une idée venait de germer dans sa tête. Furtivement, il jeta un coup d'œil vers le salon. Les femmes ne s'occupaient pas de lui. Délicatement, il retira le verrou, vérifia de nouveau l'absence des deux femmes et ouvrit légèrement la porte. Sur la pointe des pieds, il se glissa dans l'ouverture et la referma tout aussi discrètement.

L'étroit balcon embrassait une large surface du mur donnant sur la ruelle. Tout comme l'escalier en colimaçon, il était fabriqué de lattes métalliques ajourées et se terminait à une quinzaine de centimètres de l'angle du bâtiment.

Le garçon avait à peine mit le pied sur la deuxième marche qu'une activité singulière attira son attention. Une voiture de police freina brusquement dans l'ouverture du passage et disparut derrière l'immeuble voisin. Le rugissement d'un deuxième moteur, le claquement de plusieurs portières lui firent sentir un mauvais présage. Il remonta rapidement sur le balcon et se rendit à son extrémité donnant sur la rue. Grimpant sur la rampe d'acier, il s'étira le cou vers le coin de l'édifice et risqua un œil. Horrifié, il reconnut immédiatement près de l'une des voitures, le physique massif du lieutenant.

Nadia venait tout juste de fermer sa valise lorsqu'il arriva en trombe dans le salon.

— Nadia, les flics arrivent, pis le gros Satoba est avec eux.

Nadia serra les poings.

— La ruelle, elle est libre ?

— Oui, c'est pas des flics de la télé. Y'ont pas pensé à cerner la maison, déclara-t-il en connaisseur.

— Alors il n'y a pas une minute à perdre. On ne prend que les valises. Caroline, oublie les provisions et cours à la cuisine.

Les bras déjà chargés, l'adolescente passa rapidement près de la table du salon sans toucher à quoi que ce soit. Derrière elle, une main ramassa rapidement la carte et les instructions menant au chalet. Sur le visage de Steven, on put lire toute la considération qu'il lui portait. Après une seconde d'hésitation, il se pencha de nouveau et attrapa l'ordinateur trônant sur le divan.

***

Dans l'escalier aux marches de métal ajourées, Nadia ouvrait le cortège, suivie de Caroline et du garçon. Brusquement, la jeune fille coupa son élan et Steven dut s'accrocher solidement à la rampe pour ne pas basculer par-dessus son épaule.

— Caroline, on n'a pas le temps d'admirer le décor, souffla-t-il nerveusement. Descends, ça presse.

— Donne-moi une minute, je suis coincée, gémit-elle en se tortillant la jambe.

Steven examina son pied. Le fin talon de sa chaussure s'était coincé entre deux lamelles de métal.

— Nadia, je ne peux plus avancer.

Steven, perdant patience, suggéra :

— Enlève-le.

— Il n'est pas question de m'en séparer.

Sans ménagement, le garçon donna un coup de pied sur le côté du soulier récalcitrant. Dans un bruit sec, le talon céda légèrement. Déséquilibrée, Caroline bascula vers l'avant et le brisa, cette fois-ci définitivement. Elle lança un « Oh ! » de désolation avant de poursuivre sa descente en clopinant.

***

Une porte dérobée glissa sans bruit dans le bureau de Krash-Ka. À petits pas, dame Haziella fit son entrée et rejoignit l'empereur occupé à étudier une imposante carte murale. Comme à l'accoutumée, elle plia légèrement les genoux avant d'annoncer :

— Votre grandeur, l'observateur spécial envoyé en surface est de retour. Tenez-vous à le rencontrer ?

Sans quitter la carte des yeux, Krash-Ka demanda :

— Il vous a déjà fait son rapport ?

— Oui, votre grandeur.

— Alors résumez-moi la situation.

— Le résumé sera très bref. Il n'y a rien de suspect à signaler dans le monde des Terriens.

L'empereur se retourna brusquement vers son interlocutrice.

— Comment ça, rien ? Aucune agitation, aucune nouvelle révolution, pas de panique dans les rues ?

— Les bourses de New York et de Tokyo sont très calmes. On ne dénote nulle fluctuation importante.

— Et chez les gouvernements, pas d'état d'alerte ?

— Aucune nation ne semble avoir été contacté par les envahisseurs, répondit posément la conseillère.

Reportant son attention vers la carte panoramique, Krash-Ka déclara sans vraiment y croire :

— Alors, tout va pour le mieux ?

La conseillère fit quelques pas hésitants en direction de son souverain.

— Peut-être pas, votre grandeur. Le Globulus reste très inquiet. D'ailleurs, il a sollicité une audience.

Sans un mot, Krash-Ka contourna son fauteuil et pressa quelques touches. L'image synthétique du Globulus apparut sur l'écran tridimensionnel.

— Mes respects, Krash-Ka.

— Tu as demandé à me parler. Quelque chose te tracasse, Globulus ?

— En effet, votre grandeur. Depuis quelques heures, je ressens, tout autour de la planète, des vagues de vibrations de haut niveau. Des ondes puissantes d'amour et d'harmonie.

— D'amour et d'harmonie, répéta l'empereur, incrédule.

— Je comprends votre étonnement, mon seigneur. C'est une situation anormale pour cette planète où une grande proportion des humains ne pense qu'à s'entre-tuer. Je n'avais pas ressenti de telles vibrations depuis plusieurs siècles et encore, à une intensité beaucoup plus faible.

Krash-Ka commença à s'intéresser au sujet. Il recula de quelques pas et se laissa choir dans son fauteuil. Il chercha une position confortable, puis demanda :

— Et ces ondes… ces vibrations te paraissent dangereuses ?

— Peut-être bien, votre grandeur. L'ensemble de notre économie est basé sur la haine et la cupidité que se portent mutuellement les humains. Si ces derniers ne se font plus la guerre et réduisent leur consommation de biens matériels, les industries que nous contrôlons vont s'effondrer. Si les Terriens commencent à s'aimer, nos usines d'armement vont faire faillite.

Krash-Ka se redressa :

— Nos usines, faire faillite ?

S'appuyant sur sa table de travail, il ajouta :

— Tu as raison. Ces vibrations peuvent être très nocives à notre économie. Es-tu certain que ces manifestations sont reliées à la venue des envahisseurs ?

— Rien de formel, mon seigneur… sauf que les deux phénomènes sont apparus pratiquement au même moment. C'est une coïncidence troublante.

Pensif, l'empereur se gratta la joue avec l'une de ses griffes.

— Il devient donc urgent d'identifier les intentions de ces nouveaux arrivants.

Et pour lui-même, il murmura :

— Des vibrations d'amour… c'est ridicule !

***

L'air chaud et sec de cette fin d'après-midi de mi-juillet fouettait allègrement le visage des deux jeunes femmes. Les cheveux au vent, elles profitaient avec délice de ce précieux moment de liberté. Sur la banquette arrière, Steven, pieds nus s'était approprié tout l'espace disponible. Étendu sur le dos, le bas des mollets appuyé sur le châssis de la voiture, le garçon comptait les nuages. Lorsque le ciel devenait bleu limpide, il écartait les orteils, et les yeux mi-clos, il tentait de les utiliser comme ligne de mire sur les poteaux téléphoniques.

Nadia ralentit, tourna à droite et emprunta une route de gravelle. Après avoir traversé un pont couvert surplombant une rivière qui n'offrait qu'un mince filet d'eau, le chemin se réduisit rapidement à un simple sentier où l'on devinait à peine les vestiges d'une trace carrossable. Se guidant plus facilement sur les quelques poteaux de clôture bordant la piste, Nadia s'arrêta lorsque le dernier piquet disparut dans les hautes herbes.

Sans attendre une invitation, Steven fut le premier à sauter de la voiture.

— Y'était temps qu'on s'arrête ! J'en avais assez de respirer de la poussière.

Caroline sortit à son tour en secouant sa blouse.

— Et c'est sans compter tout ce qui nous colle à la peau ! J'ai hâte d'arriver et de me laver. Vivement une bonne douche !

Regardant autour d'elle, elle ajouta sur un ton suspicieux :

— Si nous sommes au bon endroit.

Nadia, appuyée à la portière, consulta à nouveau sa carte routière. Elle compara minutieusement les données à celles inscrites sur le feuillet d'instructions.

— Pas d'erreur, ici commence la Vallée du silence. Nous devrions découvrir une affiche et un petit sentier sur la droite.

Steven, un bras appuyé sur un piquet, arracha négligemment une touffe de longues herbes. Les vestiges d'une affiche, jadis fort jolie, apparurent. Fièrement, il annonça :

— Il est ici, votre sentier.

Caroline prit tout de même le temps de lire l'inscription délavée.

— La Vallée du silence, quel joli nom pour un lieu de repos.

— La Vallée du silence, répéta Steven en se frappant le cou. Pas si silencieuse que ça, avec tous ces moustiques qui nous sifflent dans les oreilles.

***

Envahi par les hautes herbes folles et de jeunes pousses d'arbres, le sentier démontrait bien l'isolement des lieux. Depuis une dizaine de minutes déjà, le trio progressait malgré tout à un bon rythme. Steven, équipé d'un gros sac à dos, ouvrait la marche. À l'aide d'un long bâton lui servant de machette improvisée, il éloignait consciencieusement les branches trop envahissantes.

Caroline suivait en portant une valise encombrante. Chaussée de souliers de course un peu trop grands, prêtés par Nadia, elle avançait d'un pas moins assuré. Enfin, Nadia fermait la marche en tenant d'une main deux sacs à provisions et de l'autre un volumineux panier de plastique, fruit d'une razzia éclair dans un supermarché.

Au bout d'une centaine de mètres, la piste les mena dans un sous-bois où l'ombre végétale fut la bienvenue.

Caroline apprécia cette fraîcheur relative et prit l'initiative de commander un arrêt.

— Il est possible de souffler quelques minutes ?

Elle n'attendit pas une réponse et déposa sans ménagement sa valise au sol et s'assit dessus. Dans un long soupir de soulagement, elle enleva ses souliers et massa ses pieds endoloris tandis que Nadia en profita pour délaisser ses sacs et consulter son feuillet d'instructions.

— Si l'échelle est respectée, nous avons fait plus des trois-quarts du trajet.

Attentivement, elle examina le paysage et pointa un affleurement rocheux de la main.

— Vous voyez ce gros rocher là-bas ? Le sentier le contourne et ensuite, nous devrions découvrir le chalet.

Steven, chez qui le manque d'aventure commençait à peser lourd, proposa avec enthousiasme :

— Je vais aller vérifier, en éclaireur.

— Non, Steven, lança la jeune femme. Tant que nous ne serons pas familiers avec les lieux, nous resterons ensemble.

Déçu, Steven brisa son élan. Il prit son mal en patience en fouettant les hautes herbes du bout de son bâton. Caroline, se massant toujours les pieds, ferma les yeux et se mit à rêver.

— Je suis impatiente d'arriver à destination et de prendre un bon bain chaud.

Rêveuse, elle poursuivit :

— Je me souviens du chalet de mes parents dans les Alpes françaises. On y allait tous les ans, lors des vacances de Noël. Après une belle journée de ski, je m'étendais sur une grande peau d'ours, devant un immense foyer en pierres des champs et je me laissais réchauffer par les flammes dansantes.

Les initiés

Nadia écoutait avec plaisir la narration de Caroline. Son sourire s'accentua lorsqu'elle remarqua le jeu de Steven. Utilisant son bâton tel un archet sur un violon imaginaire, le garçon accompagnait les propos de Caroline d'une sérénade silencieuse. Caroline, n'ayant pas remarqué son manège, poursuivit :

— En été, on se rendait sur la côte méditerranéenne. Mon père louait une villa près de Nice, une station balnéaire très agréable à visiter avec sa marina, ses boutiques, ses centres culturels.

Écœuré par un tel étalage de luxe, Steven imita ses allures de princesse. Se donnant un air faussement rêveur, il parodia :

— Moi aussi, j'ai passé de beaux Noëls à la station Rosemont.

— La station Rosemont ? répéta Caroline, intriguée. C'est sur la côte d'Azur ?

— Non, sur la côte Berri. Juste à côté de la grille de ventilation de la station de métro.

Caroline se rendit compte de la moquerie. Elle perdit son sourire et remit ses souliers en passant un commentaire très bref :

— Idiot !

Pour sa part, Nadia réprima difficilement un rire qu'elle tenta de rendre le plus discret possible puis, elle reprit ses sacs. Ce fut le signal du départ. Le trio se remit en marche et la suite de la promenade devint des plus animée.

— Il y avait également la station Laurier...

— Double idiot.

— ... et la station Sherbrooke...

— Triple idiot.

— ... et pour le côté culturel, je me payais la station Place-des-Arts.

— Idiot, idiot, idiot, résuma la jeune fille.

***

Tante Emma examina l'objet et confirma :

— Oui, inspecteur, c'est bien le talon d'un soulier de Caroline.

— En êtes-vous certaine ? insista Satoba.

Comme si c'était une évidence au milieu du visage, la vieille dame pointa l'article du doigt.

— Le motif sur la face antérieure du talon, c'est la signature de l'artiste : Gordini. Vous avez entre les mains le talon d'une chaussure italienne faite sur mesure pour Caroline. D'ailleurs, tous les escarpins de cette chère enfant sont des exclusivités.

Le lieutenant ne contesta pas l'autorité de la dame dans le domaine des importations. Il tendit la main afin de récupérer le talon griffé. La tante de Caroline le lui rendit. Satoba le glissa négligemment dans la poche de son imperméable tout en faisant posément quelques pas dans le grand salon. Il sortit un calepin et inscrivit une note. Augustin Lamarre, jusque-là plutôt discret, interpella l'inspecteur.

— Maintenant que nous avons formellement identifié cet objet appartenant à Caroline, vous avez la preuve de sa présence auprès de cette mécréante. Étant donné que vous connaissez déjà cette personne, j'ose espérer que vous arrêterez cette criminelle dans les plus brefs délais et que vous nous ramènerez notre chère pupille saine et sauve le plus tôt possible.

Le lieutenant Satoba n'était pas du genre à se laisser dicter sa façon de mener une enquête. Il prit le temps de ranger son carnet dans la poche intérieure de son veston. Avec un calme détachement, il précisa :

— Au moment où je vous parle, cette femme n'est toujours pas considérée comme une criminelle, mais plutôt comme un témoin important dans cette affaire. Un témoin auquel nous poserons éventuellement quelques questions.

— Comment ? s'exclama l'oncle. Vous n'allez pas l'arrêter ?

— Et pourquoi le ferais-je ?

La tante de Caroline ne put s'empêcher de demander :

— Mais, inspecteur, elle a séquestré notre nièce. Que vous faut-il de plus ?

— Un mobile, madame, une raison logique expliquant un tel geste, précisa le lieutenant.

L'oncle parut de plus en plus irriter par le manque apparent d'initiative du policier. Maîtrisant mal sa nervosité, il éclata.

— Mais c'est l'évidence même, inspecteur. Quand on enlève une enfant très riche, c'est toujours en vue de demander une rançon. Le voilà, votre mobile !

— Caroline est portée disparue depuis quatre jours, rappela le lieutenant. Avez-vous reçu une telle requête ?

— Pas encore, avoua le tuteur. Mais ça ne prouve rien, ajouta-t-il sèchement.

— Dans les cas de demande de rançon, on n'attend pas quatre jours. De plus, je connais bien cette personne. Un enlèvement, ce n'est pas son genre. Sachez qu'elle est une femme exceptionnelle. Si elle est mêlée à cette affaire, il y a une bonne raison. En sa compagnie, je doute que notre nièce soit en danger. Au contraire, je serais plutôt tenté de croire qu'elle la protège.

— La protéger ? Mais de qui, grand dieu ? demanda la tante, légèrement sur la défensive.

— C'est bien ce que j'ai l'intention de découvrir. Merci de votre accueil.

Le policier marcha jusqu'à la porte, s'arrêta sur le seuil et se retourna brusquement.

— Oh ! A propos. Votre visiteur d'hier soir, c'est un parent, un membre de la famille ?

Le visage de la femme devint livide. Elle aurait souhaité modérer sa réaction, mais le souvenir de cette horrible rencontre était encore si présent qu'elle s'exclama à regret :

— Oh grand dieu, non !

L'oncle tenta d'atténuer le coup. Embarrassé, il répondit :

— Monsieur... Trog est un conseiller financier de la famille.

L'inspecteur fit celui qui accepte toutes les réponses et referma la porte derrière lui. Sur le perron de granit, il enfuit ses mains dans les poches de son manteau en marmonnant pour lui-même :

— Trog... Après les requins de la finance, voilà les lézards des affaires.

***

— Malheureusement, mon cher monsieur, il m'est impossible de vous accorder ce délai supplémentaire. Les travaux commencent à la fin du mois et notre échéancier est très serré.

— ...

— C'est bien ça, le montant doit être versé directement sur mon compte numéroté personnel en Suisse.

— ...

Assis à son bureau du centre-ville, Sygrill délaissait momentanément les préoccupations de l'empire et poursuivait ses activités lucratives d'homme d'affaires terrien.

Détendu, il admirait le reflet brillant de ses bottes en peau de crocodile posées sur le coin de sa table de travail. D'une oreille distraite, il écoutait les propos de son interlocuteur sur son cellulaire qu'il tenait nonchalamment.

Depuis maintenant plus de sept ans, il poursuivait sa double activité. Officiellement, chez les humains, on le reconnaissait comme un homme d'affaires très coriace. Quant aux Trogoliens, il représentait un agent de surface des plus efficaces. Pour lui, et c'est tout ce qui comptait vraiment à ses yeux, il était sur le point de devenir l'individu le plus riche de la planète.

— Votre secrétaire possède déjà le numéro.

Chez les centaines de fournisseurs en quête de contrats lucratifs, les questions variaient peu et les réponses, encore moins.

— …

Sygrill prit le temps de croiser les jambes, fit pivoter le talon de sa chaussure sur la surface du meuble lustré et déclara sur un ton définitif :

— Votre opinion m'importe peu. Si vous tenez à ce que votre entreprise obtienne ce contrat de sous-traitance, vous me versez les 200 000 dollars d'ici vendredi. Sinon le contrat sera lundi sur le bureau de votre compétiteur.

— …

— Non. Il est inutile de me rappeler. Ma banque me confirmera vendredi votre versement… intégral. Au revoir, monsieur.

Il mit fin à l'échange en maugréant :

— Ah ! Ces humains, il devient de plus en plus déplaisant de conclure des affaires avec eux.

Un signal sonore distinctif se fit entendre. Sygrill retira vivement ses bottes du coin de son bureau et se redressa sur sa chaise avant d'activer la communication. L'image de la conseillère Haziella apparut sur l'écran mural.

— Mes respects, grande conseillère.

Celle-ci attaqua sans préambule.

— Je n'ai encore rien reçu sur l'enquête concernant les envahisseurs.

— C'est qu'il y a eu peu de développement ces derniers jours, mentit l'agent.

— Même en étant branché sur le cœur de l'ordinateur de Trogol ? Et qui plus est, muni d'un accélérateur ultrasonique ? souligna Haziella avec une pointe d'ironie.

L'agent nota un certain sarcasme dans la réplique, mais il ne prit pas la peine de le relever.

— Un ordinateur, c'est utile, mais ce n'est tout de même qu'un instrument. Ça ne fait pas de miracle.

— Eh bien ! Sachez qu'il serait temps que vous en fassiez un. L'empereur n'a toujours pas apprécié votre demande de branchement sur le cœur de l'ordinateur.

— Mais il ne l'a pas refusé, répondit prudemment Sygrill.

— En effet, concéda dame Haziella. Cette enquête est une priorité majeure et notre vénérable souverain s'attend à des résultats rapidement. Avec les outils dont vous disposez, notre empereur n'a pas l'intention de patienter très longtemps.

— Mais cette enquête demande du temps.

— Vous en aurez du temps. Jusqu'à vendredi, selon votre calendrier de surface.

— Vendredi ? C'est très court.

— C'est plus que suffisant, rétorqua calmement la conseillère.

Sur un ton tout aussi posé, elle ajouta :

— Si je n'ai pas vendredi, sur mon bureau, un rapport complet sur cette affaire, une étude apportant des réponses précises, l'enquête sera confiée lundi à un agent plus compétent.

— Dame Haziella…

Les yeux de celle-ci devinrent incisifs.

— Et vous paierez pour votre arrogance. En moins de vingt-quatre heures, vous vous retrouverez derrière un bureau dans les profondeurs de la capitale, à gérer les problèmes des sang-mêlé.

L'agent n'eut pas le temps de répliquer. La grande conseillère coupa rapidement la communication. Sygrill frissonna d'effroi et grimaça de dégoût. Le souvenir désagréable d'un relent de transpiration des bas-fonds lui chatouilla la mémoire.

***

Conservant une dizaine d'enjambées devant les deux femmes, Steven ouvrait la marche à l'aide de son bâton de pèlerin. Soudain, il s'arrêta, surpris par la vision se dévoilant à ses yeux. Avec un léger sourire aigre-doux, il annonça à haute voix en chantonnant :

— Mes p'tites dames, je pense qu'on est arrivés.

Caroline rejoignit le garçon d'un pas rapide, le sourire aux lèvres, heureuse d'être enfin à destination. Toutefois, elle perdit subitement sa bonne humeur devant la triste image qu'elle découvrit.

— C'est pas vrai, gémit-elle.

Tous les rêves de Caroline s'évanouirent en une fraction de seconde. Dans une éclaircie jadis dégagée se devinaient les restes d'une habitation. Elle avait probablement offert de délicieux moments à ses heureux propriétaires vers le milieu du siècle dernier. Par contre, le temps avait fait son œuvre et il fallait aujourd'hui une bonne dose d'imagination et de toupet pour accoler le titre de « chalet » à cette construction d'une autre époque. Caroline, toujours incrédule, se tourna vers Nadia :

— Tu es certaine que nous avons pris la bonne direction ?

La jeune femme, un peu prise au dépourvu, consulta nerveusement son feuillet. Après une hésitation, elle confirma :

— Nous avons emprunté le bon chemin et nous sommes au bon endroit. Enfin je le crois.

— Et nous allons entrer là-dedans ? s'enquit Caroline, sceptique.

Steven, toujours aussi prosaïque, suggéra :

— Y faut être prudent. Y'a pas de chance à prendre. Il y a peut-être un ours ou des serpents à sonnettes dans la cabane.

— Tu dis ça pour me rassurer ? lança Caroline.

— Non, pour te rendre service, déclara le garçon sur un ton faussement sérieux.

Nadia comprit qu'il était temps de prendre la situation en main.

— Du calme, les enfants. J'ai besoin d'un peu de silence.

Elle ferma les yeux et releva légèrement la tête. Steven intrigué, demanda :

— Qu'est-ce qu'elle fait ? C'est pas le temps de dormir.

— Chut ! Elle se concentre, réprimanda Caroline.

Au bout de quelques secondes, sur le visage de Nadia se dessina un sourire. Elle parut soulagée. Elle ouvrit les yeux et leur dit :

— Vous ne bougez pas d'ici.

Nadia avança d'un pas assuré, contourna une vieille pompe à eau trônant au centre du terrain et monta les quatre marches menant à un petit balcon. Elle sonda la porte qui offrit peu de résistance. Résolument, dans un grincement de pentures usées, elle entra dans le chalet.

Caroline réprima un frisson.

***

Sygrill ne tenait plus en place sur sa chaise.

— Trois jours, il ne me reste que trois jours, répétait-il inlassablement en martelant le dessus de son bureau.

Depuis le dernier message de dame Haziella, l'image des bas-fonds de la capitale hantait son esprit. Suite à l'ultimatum de la conseillère, il avait vu et revu chacune de ses hypothèses, de la plus folle à la plus audacieuse.

— Des indices, il me faut des indices. Et le plus puissant cerveau électronique de la planète ne réussit pas à me les donner.

Le timbre d'un interphone interrompit ses cogitations. Sygrill pressa rageusement un bouton de l'appareil.

— Madame Andrew, j'ai bien demandé à ne pas être dérangé.

— Je m'excuse, monsieur. C'est un appel d'Europe, de cette firme d'ingénieurs français qui vous a proposé de construire une ville sous globe au fond de l'Atlantique. Je sais que le projet vous intéresse et je...

— Sous globe ! s'exclama l'agent.

Un éclair de génie traversa son esprit.

— Prenez le message. Je ne suis là pour personne.

— Bien, monsieur.

— Le Globulus... Pourquoi pas ? J'ai consulté le plus gros cerveau électronique de la planète sans résultat, mais le plus énorme cerveau biologique me donnera peut-être la réponse.

***

Assise sur sa valise, les coudes appuyés sur les genoux, le menton dans les mains, Caroline lorgnait la construction en décrépitude et semblait découragée par la vie.

— J'ai déjà vu des remises de jardin plus accueillantes, murmura-t-elle dans un soupir.

Pour sa part, Steven conservait le moral. Entre lui et les moustiques, c'était la guerre, une guerre à finir où il venait tout juste de réussir à tuer un ennemi ailé.

— Et un de moins ! s'exclama-t-il en détachant une bestiole écrasée dans la paume de sa main.

Un grincement de penture attira son attention. Nadia apparut sur le seuil de la porte. Elle ressortit intriguée. Caroline, toujours aussi anxieuse, demanda :

— Alors, ça ne va pas ? Qu'est-ce que tu as ?

Pleine d'espoir, elle suggéra :

— Et si nous prenions des chambres dans un motel ?

Songeuse, Nadia n'écoutait pas. Elle rejoignit les enfants, prit un certain recul et examina de nouveau le chalet.

— C'est curieux. L'extérieur de la construction est dans un triste état, j'en conviens, mais à l'intérieur, tout est bien rangé et en bon ordre. Comme si quelqu'un l'entretenait régulièrement. Il y a même quelques bûches près du poêle.

Toujours aussi touche-à-tout, Steven approcha du chalet et s'appuya sur un des barreaux de la galerie. Il faillit perdre l'équilibre lorsque celui-ci lui resta dans la main. Jonglant avec la pièce de bois, il fit la moue.

— En tout cas, ce quelqu'un n'est pas doué pour le bricolage. Qu'est-ce qu'on fait si le toit nous tombe sur la tête ?

— Tu n'as rien à craindre, rassura Nadia. Ça manque peut-être de peinture, mais l'ensemble de la structure est solide. De toute façon, Guidor ne nous aurait pas amenés ici pour risquer notre vie.

Caroline, fit la grimace :

— Tu crois vraiment que l'on peut vivre dans un tel endroit ?

— Pourquoi pas ? J'ai connu pire, déclara le garçon. Au poste 16, les cellules étaient si petites... et je te parle pas des toilettes : Ah !

Sur ces paroles encourageantes, Steven prit l'initiative. Il sonda la première marche. Elle gémit, mais ne céda pas. Rassuré, il gravit résolument les trois dernières marches et attendit sur le seuil de la porte. D'un geste de la main, Nadia invita Caroline à en faire autant. Telle une condamnée à mort montant vers l'échafaud, la jeune fille se leva lentement et marcha sur les traces du garçon. La main sur la poignée de la porte moustiquaire, Steven se retourna brusquement.

— T'es certaine qu'y a pas d'ours ni de serpents ?

La question brisa l'élan de Caroline. Nadia leva les yeux au ciel.

— Pas d'ours, pas de serpents et aucun trou de souris. Allez ! Ne traînons pas. Il faut tout déballer avant la nuit.

Donnant l'exemple, elle ramassa ses sacs à provisions et rejoignit Steven sur le petit perron.

— Tiens, prends celui-ci et dépose-le dans la cuisine.

Le garçon n'eut plus le choix. Il entra à son tour en examinant discrètement le dessous des meubles à la recherche de locataires indésirables.

Sur le seuil de la porte, Caroline resta indécise. D'un air suspicieux, elle examina l'intérieur de la maisonnette. L'entrée donnait sur une cuisine rudimentaire. Près du comptoir où s'activait déjà Nadia, un gros poêle à bois émaillé permettait d'imaginer les énormes chaudrons de soupe qu'on avait dû y préparer. Au centre de la pièce, deux longs bancs de bois encadraient une table recouverte d'une nappe cirée fleurie. L'aire ouverte se prolongeait en une salle de séjour. Près des deux grandes fenêtres à moustiquaire, un divan au velours usé suggérait encore un certain confort. Face à ce dernier, une chaise droite, un tabouret, une minuscule table basse, une berceuse et un vieux vaisselier complétaient l'ameublement. Sur le mur opposé aux fenêtres, la salle de séjour donnait accès à trois chambres exemptes de porte. De simples rideaux défraîchis, glissés sur des tringles de métal offraient un semblant d'intimité.

Après une visite complète des lieux, les derniers espoirs de Caroline s'évanouirent totalement. Elle rejoignit Nadia dans la pièce commune servant de cuisine et de salon. Déprimée, elle se laissa choir dans la vieille chaise berçante.

— C'est terrible. Il n'y a ni bain ni douche. Près du cabinet de toilette, il y a un minuscule lavabo, mais aucun robinet. Ce n'est pas normal.

Nadia termina de ranger les provisions dans une armoire. Tout en poursuivant ses activités, elle tenta d'encourager la jeune fille.

— Commençons par nous installer, Caroline. Nous réglerons les problèmes un à un.

— Alors, la priorité, c'est de trouver un miroir !

— Et ça ? Qu'est-ce que c'est ? demanda Nadia en pointant le carreau de verre épinglé près de l'évier.

— Mais il est beaucoup trop petit et tout dépoli, critiqua la jeune fille. Impossible de me brosser les cheveux devant cette horreur !

Les coudes sur les cuisses, la tête entre les mains, Caroline poursuivit ses lamentations.

— Dans ma chambre, le lit est minuscule, la commode est ridiculement petite et il n'y a qu'une chaise droite. Avec aussi peu de confort, je me demande comment des gens pouvaient avoir du plaisir à vivre dans un pareil endroit. C'est peut-être pour cette raison qu'ils sont partis ?

Ne percevant aucune réaction chez Nadia, après une courte pause, elle suggéra timidement :

— On devrait peut-être en faire autant ?

Nadia, concentrée dans ses activités, répliqua :

— Peut-être, Caroline, mais sûrement pas avant d'avoir rencontré Guidor.

— J'espère que notre séjour sera bref. Si je devais y rester plus d'une semaine, je ferais sûrement une dépression.

Steven entra dans le chalet en claquant la porte à ressort.

— C'est supeeer !

La prononciation était un peu déformée. Steven, la bouche pleine et mâchant sans discrétion, annonça triomphalement :

— Regardez ce que j'ai trouvé. Des fraises sauvages.

Il déposa son butin sur la table et précisa :

— Y'en a plein, derrière la cabane.

Nadia en saisit une.

— Hum, elles sont délicieuses. Tu devrais y goûter, Caroline.

— Vas-y. Y'a pas de poison dessus, rassura Steven.

— Évidemment, pour toi la vie est belle, maugréa la jeune fille. Tant qu'il est question de manger, tu es partant.

Joignant le geste à la parole, Caroline goûta les fruits. Le bouquet agréable et sucré fit apparaître un léger sourire sur ses lèvres. Nadia profita de ce regain d'optimisme pour l'occuper.

— Caroline, enlevons un peu de poussière et trions nos derniers achats. Ensuite, nous irons tous nous cueillir un dessert pour le dîner. Après le repas, nous rangerons nos affaires.

Caroline prit le temps de manger distraitement deux ou trois fraises avant de demander :

— Crois-tu qu'il y ait un aspirateur ici ?

Appuyé sur l'antique vaisselier, Steven répliqua avec humour :

— Et qu'est-ce que tu en ferais ? Y' a pas de prise de courant.

— Pas de prise ! s'exclama la jeune fille. Comment est-ce possible ?

Prenant l'air découragé de celui qui explique une évidence :

— Parce qu'ici, y'a pas d'électricité.

Il lui lança un balai usé appuyé au mur. Caroline prit le temps de considérer longuement l'antiquité. Amusé par son air indécis, Steven se permit un commentaire.

— Désolé, j'ai pas trouvé le mode d'emploi. Tu cherches comment t'en servir ?

Avec un certain sourire pincé, elle répliqua en se donnant un air faussement altier :

— Non. Pas du tout. Je cherche l'interrupteur. C'est peut-être un balai à piles.

Steven ne s'était pas attendu à ce genre de blague de la part de cette fille hautaine. Il resta la bouche ouverte, interdit. Sa réaction déclencha une cascade de rires chez les deux femmes. Acceptant la situation de bon cœur, il partagea leur bonne humeur. Caroline donna quelques coups de balai avant d'ajouter gaiement :

— Dire qu'à la maison, j'ai une domestique attitrée au ménage de ma chambre.

Sur un ton lyrique, Steven déclama :

— Le plaisir de travailler de ses mains, la satisfaction du travail bien fait, c'est ça, le secret du bonheur.

— Je suis bien heureuse de t'entendre parler ainsi, car toi aussi, tu vas profiter du secret du bonheur, en allant pomper de l'eau et en me rapportant du bois pour la cuisson.

Steven fit la grimace. Caroline ne put se retenir :

— Alors, on ne croit plus aux vertus des corvées manuelles.

— Oh ça ! Y'a pas de problème. Mais dehors, y'a des moustiques énormes... Grrr !

***

« Vlan ! »

Le journal s'abattit violemment sur le bureau du lieutenant.

— Je vais finir par t'avoir ! s'écria l'inspecteur en regardant tout autour de lui.

McGraw se présenta dans le cadre de la porte.

— Des problèmes, patron ?

— Il y a une mouche qui me tourne autour dans le bureau depuis trois jours et elle commence à m'énerver.

Le sergent fit quelques pas vers son supérieur.

— Y'a pas seulement la mouche qui vous énerve, hein, lieutenant ?

Satoba résuma sa réponse par un grognement. McGraw se permit d'ajouter :

— L'enquête sur Nadia vous préoccupe également.

Le chef de la police prit le temps de s'asseoir et laissa tomber le journal sur son bureau. Dans un soupir, il avoua :

— C'est vrai... Toute cette histoire impliquant Nadia n'a ni queue ni tête. Nous la connaissons tous les deux depuis des années. À mon avis, c'est peut-être la personne la plus intègre de notre entourage.

McGraw acquiesça d'un signe de tête et tira une chaise vers lui.

— Tu voulais me parler ? Y'a du nouveau ? s'informa Satoba.

— Je crois que vous étiez sur la bonne piste, patron, lorsque vous supposiez que Nadia protégeait la jeune Caroline.

— Comment ça ?

— Le jour où Nadia a « enlevé » Caroline, ses tuteurs devaient faire interner la petite dans une clinique psychiatrique. Le genre d'endroit d'où l'on sort rarement.

Le lieutenant, méditatif, fit craquer le dossier de son fauteuil. Lentement, il se leva. Le coussin de sa chaise laissa échapper un long soupir. Marchant vers la fenêtre, Satoba prit quelques secondes de réflexion avant de poser une question dont il connaissait partiellement la réponse. En se retournant vers son collègue, il demanda :

— Depuis le décès de ses parents dans ce terrible accident d'avion, la petite Caroline est devenue une héritière très riche ou je me trompe ?

— Vous êtes dans le mille, patron. Environ cinquante millions de dollars et des poussières en argent sonnant, sans compter des montagnes d'actions dans différentes entreprises, avança le sergent.

Le lieutenant ne put retenir un sifflement.

— Naturellement, le tout généreusement administré par son oncle et sa charmante tante, ajouta-t-il avec une pointe d'ironie.

— Hum, hum, confirma McGraw avec un sourire en coin.

Le lieutenant Satoba, son index droit sur sa lèvre inférieure, plissa les yeux. Il fit une courte pause avant d'énoncer :

— Peut-être y a-t-il un lien entre les deux affaires ? Trouvez-moi le rapport de cet accident d'avion. Nous allons reprendre cette enquête à zéro.

CHAPITRE V

Quand il est question d'un deva

Dans les hautes terres arides et glaciales de l'Asie centrale, un soleil pâle jouait à cache-cache entre les pics rocheux. Au cœur des montagnes longeant les frontières tibétaines, sous ces sommets aux neiges éternelles, se déroulait une assemblée empreinte d'une grande sérénité. Aucune route visible ne permettait d'accéder à ce lieu sacré. Il était impossible au voyageur profane d'y découvrir un chemin. Seul l'initié au cœur pur, guidé par la lumière de la sagesse, parvenait à destination grâce au sentier de l'esprit.

Les sept grands Maîtres de lumière étaient présents et discutaient avec l'invité de l'heure, Guidor. Discuter n'était pas vraiment le terme approprié, car aucun son ne fut émis durant les échanges. Chacun des participants formulait simplement une pensée captée immédiatement par les autres membres du groupe.

— Alors, Guidor ? Quelle est ton opinion ?

Celui qui venait de s'exprimer semblait aussi vieux que les montagnes qui l'abritaient. Une longue barbe blanche soyeuse garnissait son menton et lui donnait un air encore plus vénérable. Guidor l'écouta posément. Debout devant cette illustre assemblée, il répondit humblement :

— J'ai toute confiance dans la sagesse des maîtres de Shangrila.

Une femme prit la parole :

— Mais tu connais mieux que nous ces mortels. Peut-on vraiment agir sans risque ?

Guidor fit un pas vers le centre de la pièce et s'adressa à celle-ci :

— Il peut être dangereux d'éveiller trop rapidement des souvenirs enfouis depuis des millénaires. L'esprit de ces humains demeure encore très fragile.

L'homme à la barbe blanche précisa :

— Nous en sommes tous conscients, Guidor, malheureusement, le temps terrestre joue contre nous.

— Nous savons que les Trogoliens, ou « petits gris » comme certains les appellent, préparent une offensive. Il nous faudra être prêts très bientôt, ajouta un nouveau participant tout en rondeur.

— Nous n'avons donc pas le choix, conclut la femme. Nous devons accélérer le développement psychique chez ces trois humains. Peut-on y parvenir sans mettre leur vie en péril ?

Guidor afficha un sourire rassurant.

— Il y a peut-être un moyen, mais j'aurai besoin de votre aide.

***

C'était une belle fin d'avant-midi. Un soleil chaud et radieux inondait la Vallée du silence. Cette douce lumière, tamisée par un feuillage verdoyant, rendait presque accueillant le petit chalet isolé à l'allure délabrée. Caroline apparut dans le cadre de la porte. Bien protégée derrière la moustiquaire, elle cria :

— Alors Steven, cette eau, ça vient ?

— Ouais ! Ouais, répondit l'interpellé, de plus en plus impatient.

Steven se frappa violemment la nuque avant de s'attaquer de nouveau à la pompe. Comme si la présence des moustiques n'était pas suffisante, Caroline le piqua à son tour.

— Si je n'ai pas d'eau pour le dîner, tu trouveras la sauce épaisse.

Le garçon lâcha le manchon de la pompe et prit le temps de reprendre son souffle. Entre deux claques sur une cuisse et une autre sur un bras, il répliqua, les dents serrées :

— Avec tous ces maudits moustiques, pas facile de se concentrer sur cette fichue pompe à eau.

Battant l'air de ses deux bras, il hurla à ses agresseurs :

— Fichez-moi la paix, bande de vampires ! Allez jouer ailleurs, suceurs de sang, sauvages !

Derrière lui, une voix grave énonça avec douceur :

— Ce n'est pas en leur lançant des noms vulgaires que tu obtiendras leur collaboration.

Steven avait reconnu cette voix unique. Un sourire se dessina sur son visage. Se retournant rapidement, il s'écria :

— Guidor !

Le nouveau venu lui rendit son sourire et précisa :

— Tu ferais mieux de demander l'aide du *deva* des insectes.

— Le *deva* des insectes ?

Steven n'eut pas droit à une réponse. Déjà Caroline était apparue sur le perron du chalet, et à travers la porte à moustiquaire, elle lança joyeusement à l'intention de Nadia :

— C'est Guidor ! Nadia, Guidor est de retour !

Le guide de lumière fit quelques pas dans la direction de la jeune fille. Caroline, dévala les marches du petit escalier et courut à sa rencontre.

— Bonjour, Caroline.

— Allô, répondit Caroline, quelque peu intimidée par cet homme aux yeux bleus si impressionnants.

Steven, toujours sur ses traces, insista :

— C'est quoi un *deva* des insectes ?

Cette fois, ce fut Nadia qui retint l'attention de l'homme. D'un pas rapide et assuré, elle arriva à sa hauteur et lui serra la main.

— Bonjour, Guidor. Nous sommes bien contents de te revoir.

— J'en suis très heureux également. Avez-vous terminé de vous installer ?

— Il nous reste un peu de rangement à faire, mais tout rentre dans l'ordre, assura-t-elle.

— Tant mieux, dit-il. Puisque vous allez passer tout l'été ici, installez-vous le plus confortablement possible.

Caroline perdit son sourire et gémit d'une voix éteinte :

— Tout l'été !

Sur un ton où pointait l'impatience, Steven lança d'une voix forte:

— Un *deva*, c'est quoi ?

Comme s'il n'avait pas remarqué l'exaspération du jeune garçon, Guidor se retourna calmement et lui et expliqua :

— Un *deva*, c'est un esprit. Il y en a une multitude pour les différents règnes existant sur la Terre.

Les deux femmes se rapprochèrent, toutes deux intéressées par ce nouveau sujet inusité. À l'intention du groupe, Guidor poursuivit :

— Il y a très longtemps, les peuples séculaires savaient communiquer avec les *devas*. Les Indiens d'Amérique ont une tradition orale très importante à ce sujet.

— Comme quand les vieux de la réserve parlent de l'esprit de la montagne ou de la forêt ? demanda Steven en se rappelant les histoires racontées par les anciens.

— En effet, répondit Guidor.

— C'était sérieux ? Ils parlaient des *devas* ?

— Des *devas* et de bien d'autres choses…

— Y'aurait pas un *deva* pour les moustiques ? s'informa le garçon, mi-sérieux.

— Si, il y a un *deva* régissant leurs activités, précisa l'homme.

— Pour les moustiques ! s'exclama Steven, un peu dépassé par la réponse.

— Et ces *devas*… Nous pouvons communiquer avec eux ? s'enquit Caroline.

— Bien sûr.

— Par Internet haute vitesse, peut-être, suggéra Steven, d'un air malicieux.

— Mieux que ça… Par la pensée. C'est encore plus rapide.

Un murmure d'intérêt flagrant flotta parmi le groupe. Guidor laissa les esprits se calmer.

— Étant donné que vous n'êtes pas encore préparés à ce genre de communication, cette fois, je vais le faire pour vous.

Guidor ferma les yeux quelques secondes, les ouvrit de nouveau et déclara avec un petit sourire :

— C'est fait.

— C'est tout ? s'informa le garçon, un peu déçu et restant quelque peu sceptique.

Guidor confirma simplement par un signe de tête. Steven, les yeux grands ouverts, les oreilles aux aguets, resta immobile quelques secondes avant de s'exclamer :

— Wow, c'est super ! Y'sont passés où ?

— Ils sont partis ailleurs, piquer d'autres victimes.

— Et ils ne reviendront pas ? s'enquit Caroline.

— J'ai demandé au *deva* de vous retirer tous les trois, de leur menu quotidien pour une semaine. Tant que vous demeurerez sur cette colline et ne dépasserez pas les limites de la vallée, vous serez protégés.

— Et pourquoi une semaine seulement ? questionna Nadia.

— C'est vrai. Pourquoi pas tout l'été ? ajouta Steven.

— Pour deux raisons, Steven. Premièrement ces moustiques ont une raison d'exister.

— Oui, pour nous piquer et nous rendre la vie impossible, grimaça le garçon.

— Ils te piquent pour se nourrir, mais ils servent également eux-mêmes de nourriture à certains oiseaux.

— Tiens, c'est vrai ça, déclara Caroline, toute songeuse.

— Si ces insectes disparaissaient pour toujours de ce secteur, après un certain temps, ce sont les oiseaux qui quitteraient à leur tour la Vallée du silence.

— Ce serait bien dommage, avoua Nadia.

— Et la deuxième raison ? insista Steven sans se démonter.

— Dans une semaine, vous aurez à renouveler votre demande auprès du *deva*.

— Et s'il ne nous écoute pas ?

— Tu auras alors besoin d'une très bonne protection contre les moustiques, répondit Guidor en riant.

Un sourire flotta dans le groupe. Pleinement rassurée par la réponse de Guidor, Caroline se tourna vers Steven.

— Maintenant, si tu nous pompais de l'eau pour le repas ?

Avec un salut militaire, le garçon répondit :

— Tout de suite, madame. Un plein baril.

***

Au bec de la pompe se présenta une seule et unique goutte d'eau qui s'étira, s'étira, mais refusa tout net de quitter le col de l'outil vétuste.

— Hein…, hein... Qu'est ce qu'y faut pas faire pour une goutte d'eau ?

Steven lâcha le manche. Plié en deux, les mains sur les genoux, il prit le temps de retrouver son souffle.

— J'me demande si y'a un *deva* pour les pompes à eau.

Toute idée folle méritant un temps de réflexion selon ses critères, le garçon entreprit une étude approfondie du sujet. Il fit lentement le tour de l'instrument et s'arrêta devant le goulot. Il se pencha alors et y jeta un coup d'œil avant de crier dans le tuyau :

— Hé ! Le *deva* des pompes à eau…, j'ai besoin d'eau.

Au même moment, Caroline apparut sur le perron du chalet avec un gros bocal de verre.

— Il faudra également emplir ce pot.

Tout occupé à sa communication avec le monde invisible, le garçon ne sembla pas avoir entendu la demande de la jeune fille. Suspendu sous le bec en se tenant par les mains au goulot, Steven avait maintenant une vue directe sur l'orifice. Collant pratiquement sa bouche sur l'ouverture, il beugla de nouveau :

— Hou hou, le *deva*, tu dors ?

Blasée par les pitreries du garçon, Caroline le rejoignit en silence et déposa son contenant près du seau déjà mis en place. Intriguée par cet outil d'une autre époque, elle appuya machinalement sur le manche. Celui-ci bascula sans résistance. Un léger gargouillis se fit entendre.

— *Deva..., deva…* J'ai besoin…

Une phrase dont personne ne connut la fin. Steven cria, toussa et cracha. Surpris par le torrent vomi par la pompe, il lâcha prise et se retrouva subitement les fesses coincées dans le vieux bac de tôle galvanisée.

Amusée par la position grotesque du garçon, Caroline éclata de rire.

— Quand t'auras fini de rigoler, tu pourras peut-être m'aider ? maugréa-t-il en se tortillant dans tous les sens.

Devant l'inaction de la jeune fille, Steven décida de se prendre en main. Dans un mouvement de balancement, il se laissa tomber sur le côté.

Nadia, alertée par tant de vacarme, jeta un coup d'œil par la fenêtre et s'esclaffa à son tour. Trempé de la tête aux pieds, toujours coincé dans le seau, telle une tortue difforme, le garçon progressait lentement en se maintenant sur les mains et la pointe des pieds. Insensible à l'hilarité des jeunes femmes, il poursuivit sa méditation. C'était confirmé, il existait bel et bien un *deva* des pompes à eau.

***

La journée risquait de se terminer comme elle avait commencé : grise, terne, déprimante. À la fenêtre de son bureau, le lieutenant Satoba observait distraitement les gouttes d'eau tambouriner sur la vitre. De temps à autre, un éclair illuminait le visage renfrogné du policier.

Des éclats de voix provenant de la salle de travail des enquêteurs le tirèrent de ses sombres réflexions. Curieux, il marcha vers la porte de son bureau.

Dans la grande salle, deux inspecteurs riaient de bon cœur lorsqu'une voix puissante ébranla les murs de la pièce.

— Messieurs ! Ce n'est vraiment pas le moment de s'amuser !

Sous l'effet de la surprise, le sergent McGraw faillit renverser le contenu de sa tasse à café sur sa chemise. Les deux hommes perdirent leur sourire. McGraw jeta un coup d'œil dans la direction de la voix. Le lieutenant Satoba, sur le seuil de la porte de son bureau, emplissait l'encadrement.

— Vous avez des enquêtes à régler, alors réglez-les, ordonna-t-il.

Le téléphone sonna. Satoba eut un soupir d'espoir. Il entra dans son bureau en refermant la porte violemment. Dans la grande salle, les deux policiers eurent également un soupir... de soulagement, en voyant disparaître leur supérieur derrière les stores vénitiens baissés.

Le lieutenant décrocha le combiné. Son humeur passa de maussade à massacrante et il ne chercha pas à la cacher.

— Mais avec une tête pareille, il est sûrement fiché quelque part !

Après quelques secondes d'écoute, il ajouta :

— Alors, cherchez encore !

Saisissant, près du téléphone, la photo du visiteur des tuteurs de Caroline, il grommela :

— Ce type n'est pas un fantôme, on doit pouvoir retrouver sa piste.

Il raccrocha violemment et laissa tomber la photographie sur son bureau.

— Ce n'est tout de même pas l'homme invisible ! Tous les hommes laissent une trace et cette tête, on va bien finir par la repérer.

***

L'ascenseur plongeait vers le continent creux à vive allure. Par le plafond translucide, Sygrill jeta un dernier regard vers cette lumière provenant de la surface de la planète. Maintenant régnait dans la cabine une lumière blafarde, rougeâtre, dispensée par trois anneaux lumineux ceinturant l'appareil.

Profitant de ce moment de répit, l'agent de l'empire relâcha sa concentration, pressa une touche intégrée à son ceinturon et délaissa son image holographique terrienne, découvrant ainsi sa véritable physionomie trogolienne. Une légère pression sur la paroi de la cabine libéra un panneau dissimulant un miroir en pied.

Dans une grimace qui se voulait un sourire de satisfaction, il prit une grande inspiration et bomba le torse. D'un rapide coup d'œil, il vérifia sa tenue. Son uniforme d'officier aux lignes sévères était impeccable. Seul accroc à l'ensemble, ses chaussures : il portait toujours ses bottes en peau de crocodiles. D'un simple touché sur un bouton de sa ceinture, un hologramme de ses bottes d'officier au fini ciré vint compléter le tableau.

Utilisant un glisseur public, Sygrill traversa une grotte de jonction et quelques agglomérations sans s'y arrêter. Il prit à peine le temps de jeter un regard au décor ainsi qu'à l'architecture des immeubles, si différente des constructions de surface. Ici, ni bourrasque de vent, ni tempête de neige. Les Trogoliens s'étaient limités à une architecture de service fonctionnelle uniforme et sans éclat dans tout l'empire avec sa température contrôlée en permanence et son éclairage artificiel tamisé.

Une décélération à peine perceptible tira l'agent de ses réflexions. Son périple prit fin sur un débarcadère peu fréquenté. En moins de cinq minutes de marche, il déboucha finalement sur un passage pratiquement désert où bien peu de ses congénères souhaitaient se promener. L'agent sauta sur un tapis de transport et le quitta devant un immense disque d'acier.

De chaque côté de la porte, un double faisceau lumineux le balaya. L'examen sembla satisfaisant. L'écho de quelques déclics se fit entendre. Dans un léger chuintement, le grand disque d'acier d'une épaisseur de trente centimètres s'ouvrit en son milieu. Simultanément, une deuxième porte tout aussi massive pivota sur ses gonds. En deux enjambées, Sygrill en franchit le seuil.

— Entrez, agent Sygrill. C'est un plaisir de vous rencontrer.

Malgré son visage peu expressif, celui-ci ne put cacher un certain étonnement. Il ne s'était pas annoncé de crainte des indiscrétions sur les lignes de communication et pourtant…

D'un œil de professionnel, il fit rapidement l'inventaire de l'immense salle composée de roc et d'acier. D'un pas assuré sans toutefois paraître arrogant, l'agent progressa dans l'antre du Globulus. Derrière lui, il devina les imposantes portes protégeant son hôte se refermer discrètement. Lorsqu'elles scellèrent l'accès, un bruit sourd mourut dans un jeu d'échos se perdant dans la rotonde.

Sygrill n'était pas du genre à se laisser impressionner, mais il devait se l'avouer, ce qu'il voyait dépassait de loin tout ce qu'il avait imaginé. Bien sûr, depuis son enfance, il avait souvent eu l'occasion de voir des illustrations et quelques documentaires de propagande sur l'infrastructure technique de cette créature, mais de se retrouver devant elle en personne ordonnait une toute nouvelle vision des choses.

Une légère odeur piquante flottait dans l'air. Un effluve que l'agent n'eut aucune difficulté à reconnaître. De l'ozone, probablement produit par les fameuses pompes telluriques dont il était fait mention dans plusieurs rapports confidentiels, mais qui, pour le moment, brillaient par leur absence. Il y avait également ce discret gargouillis incessant qui accompagnait les bouillonnements passagers sous le grand globe de verre. Le plus impressionnant était cette masse grisâtre flottant dans une substance colorée que l'agent ne tenta pas d'identifier.

Aucune photo, aucune vidéo ne pouvait rendre justice à cette réalité vivante. Sygrill s'était toujours considéré comme un être à part, plus malin, plus brillant que ses congénères, mais devant ce cerveau couvrant près de la moitié de son champ de vision, son ego dut entreprendre un sérieux travail de réadaptation. Comment Krash-Ka, cette caricature d'empereur, pouvait-il prétendre ordonner quoi que ce soit à cet être hors du commun ? Et comment le Globulus pouvait-il accepter des ordres et se soumettre à ce souverain d'opérette ?

L'agent de surface en était là de ses considérations lorsqu'il prit conscience de son immobilisme. Il claqua des talons et baissa légèrement la tête. C'est avec un respect non simulé qu'il aborda son hôte.

— Mes salutations, Globulus. C'est un grand honneur que vous me faites en acceptant de me recevoir.

— Je n'ai rien accepté du tout, agent Sygrill. Je vous attendais, précisa le cerveau sous globe.

— Vous m'attendiez ?

— En effet. J'étais curieux de rencontrer celui qui a eu l'insolence de réclamer un accélérateur ultrasonique, branché sur le cœur de l'ordinateur central. Il faut de l'audace et une bonne dose de courage… et peut-être aussi un soupçon de témérité suicidaire.

L'agent, quelque peu sur la défensive, mais conservant néanmoins un ton respectueux, s'expliqua :

— Cette demande était pleinement justifiée. Il me fallait toutes les informations disponibles et un traitement des données exceptionnel afin de progresser dans mon enquête.

— Et pourtant, vous n'avez rien trouvé de très concluant grâce au plus puissant ordinateur électronique de la planète...

— Disons... pas tout ce que je cherchais, avoua l'agent.

— Et vous avez alors pensé au plus grand ordinateur biologique de la planète.

— Comment avez-vous deviné ? demanda l'agent, de plus en plus surpris.

— Je ne devine pas. Je déduis. Vous êtes un des meilleurs agents de surface. Votre talent et votre intelligence sont reconnus par certains esprits brillants de ce monde.

Énoncé par un tel cerveau, l'agent ne pouvait qu'en convenir.

— Merci, Globulus...

— De plus, vous possédez un don plutôt exceptionnel.

— Vous croyez ? s'enquit Sygrill d'un ton innocent.

— Porter en permanence des bottes terriennes demande un bel effort de concentration.

— Mes bottes ?

— Oui, celles en peau de crocodile que vous masquez sous une image holographique. Elles sont si jolies. C'est vraiment dommage de les dissimuler. Allez, détendez-vous, nous sommes... entre amis.

Sygrill hésita une fraction de seconde. Il détestait se sentir pris en faute et encore plus de devoir l'avouer. Mais refuser l'invitation du Globulus, c'était refuser son « amitié ». Il ne pouvait se permettre un pareil affront. Sygrill relâcha sa concentration. L'image holographique de ses bottes militaires disparut. Le Globulus avait raison. Elles étaient très belles et méritaient d'être montrées.

— Bien peu de vos collègues de surface se permettraient une période de concentration aussi ininterrompue.

— Cela exige un surcroît d'énergie, j'en conviens. J'en suis capable et c'est ma force, ajouta-t-il avec fierté.

— Mais tout cela ne sera pas suffisant pour réussir votre mission. Je possède certaines données inconnues du gouvernement. Des informations capitales et peut-être même indispensables pour le succès de votre enquête.

Le côté mystérieux de cette déclaration aiguisa l'intérêt de l'agent. Sur un ton prudent, il demanda :

— Ces informations, vous allez me les communiquer ?

— Quelques-unes... et vous serez le seul à les connaître.

Intrigué par cette marque de confiance, mais conscient d'une certaine forme d'avertissement, l'agent déclara sur un ton neutre.

— Je suis prêt à vous écouter.

— C'est une longue histoire. Prenez un siège.

Tandis que Sygrill s'exécutait, la deuxième porte étanche se referma derrière lui.

***

C'était au tour de Caroline de faire le service. En d'autres temps et lieux, elle en aurait fait toute une histoire, mais ce soir, en présence d'un invité de prestige, elle tentait de faire bonne figure. La peau moite, ses longs cheveux blonds collés au visage, elle déposa au centre de la table le lourd plat de grès contenant les légumes, puis, avec le peu de noblesse qu'elle pouvait encore démontrer, elle se glissa sur le long banc de bois auprès de Nadia. Tous parurent satisfaits du dîner, sauf Steven qui jouait nonchalamment dans son assiette sans vraiment terminer son repas.

— Alors, tu ne manges pas ? s'enquit Guidor. Cette salade me semble pourtant très appétissante.

— Si ça a l'air si bon, pourquoi t'as pas d'assiette devant toi ? T'es à la diète ? répliqua le garçon sur un ton maussade.

— Steven ! échappa Nadia.

Guidor ne put réprimer un sourire.

— Non, c'est simplement que je n'ai pas besoin de manger.

Steven ouvrit de grands yeux ronds :

— Comment ça ?

— Ce serait assez long à expliquer. Disons que je puise mon énergie autrement que dans les aliments terrestres.

— Ben moi, bougonna l'intéressé, j'aurais aimé puiser mon énergie dans une belle grosse cuisse de poulet terrestre.

Nadia tenta une diversion :

— Tu avais promis de nous expliquer les rêves que nous avons faits.

L'homme aux yeux azur acquiesça d'un signe de tête.

— Il faut que vous sachiez en premier qu'ils n'étaient pas le fruit de votre imagination. Ces événements, vous les avez vraiment vécus. Par le rêve, vous avez tout simplement ramené de très anciens souvenirs provenant d'un lointain passé, d'une vie antérieure.

Steven trouva l'explication passionnante.

— Une vie antérieure ! Tu veux dire une vie que j'ai vécue avant de vivre la vie que je vis maintenant ?

— Ouf ! laissa échapper Caroline, fortement impressionnée par la maîtrise de la syntaxe du garçon.

Guidor fronça les sourcils et prit quelques secondes afin de bien saisir le sens de la phrase.

— C'est bien cela.

— Alors, j'ai vécu dans un temple sacré et on m'a tiré dessus pour de vrai ?

— Oui, Steven, confirma Guidor en souriant. Je vous ai permis de revivre ces épisodes parce qu'ils ont été des points tournants dans vos existences respectives. De plus, bien que ces faits se soient déroulés dans des endroits très différents, ils ont tous un point en commun... ou disons plutôt, une personne en commun.

— Une personne en commun ? répéta Caroline.

— Je ne vois pas, avoua Nadia. Tu peux nous donner un indice ?

— Oui, très bientôt. Mais pour le moment, je vais vous laisser terminer votre repas. Ensuite, je vous donnerai d'autres explications.

— Ah ! Pourquoi pas tout de suite ? se lamenta Steven.

— Après mon récit, je vous ferai vivre une nouvelle expérience très intéressante. Mais c'est un exercice qui requière de l'énergie, beaucoup d'énergie. Ce repas est donc très important. Après le dîner, nous en reparlerons.

Steven regarda son assiette, hésita une seconde et se mit à en dévorer le contenu.

***

L'imposante salle des transmissions du continent creux bourdonnait d'activité. De son poste d'observation surplombant la pièce, Krash-Ka faisait les cent pas. À quelques mètres, en retrait de son souverain, dame Haziella était en constante communication avec un des officiers du plancher, situé cinq mètres plus bas.

— Merci, capitaine, je vais en aviser notre souverain.

La conseillère coupa le contact et rejoignit son maître.

— Votre grandeur...

Sans se retourner, d'un signe de la main, Krash-Ka autorisa l'intrusion. La conseillère poursuivit.

— On m'informe à l'instant que le nombre de sphères n'a pas augmenté depuis vingt-quatre heures.

— Et c'est une bonne nouvelle ? maugréa l'empereur.

Prudemment, la conseillère répondit :

— L'invasion semble terminée. Par contre, elles se déplacent lentement comme si elles cherchaient des emplacements bien précis.

— Elles se positionnent pour une attaque concertée ?

La conseillère resta silencieuse.

— Alors ces sphères lumineuses, à quoi servent-elles ? rugit le monarque.

Baissant les yeux, dame Haziella dut avouer :

— Nul ne le sait encore.

— Et votre agent de surface, ce super-agent si arrogant, qu'attend-il pour nous donner des réponses ?

— Je vais me renseigner, mon seigneur.

— Alors, faites-le sur-le-champ. Je pressens que ces sphères sont une menace pour notre empire. Il nous faut rapidement des informations sur ces envahisseurs.

— Il sera fait selon vos ordres, répondit la conseillère en s'inclinant respectueusement.

Progressant à reculons, la tête baissée, dame Haziella se dirigea rapidement vers la sortie, trop heureuse de ne pas avoir à subir plus longtemps l'impatience et la colère de Krash-Ka.

***

Le repas terminé, Guidor invita le groupe à le suivre jusqu'à une clairière surplombant un lac, niché au cœur de la vallée. Maintenant assis en demi-cercle à même le sol, le trio faisait face au guide de lumière. Celui-ci prit la parole.

— Vous allez vivre dans quelques minutes une expérience très particulière.

— Allons-nous faire encore un rêve ? s'enquit Caroline.

— J'ai hâte de voir où j'vais me retrouver, gloussa Steven.

Guidor laissa les enfants se calmer avant de poursuivre ses explications.

— Cette fois-ci, ce sera différent. Chacun à tour de rôle, vous revivrez une partie de votre rêve précédent. Le plus intéressant, c'est que tous les membres du groupe pourront y participer à titre d'observateurs. Le rêve sera commun pour tous les trois.

— Je vais voir Nadia en prêtresse ? demanda Steven, tout excité.

— En effet, répondit Guidor, et Caroline en princesse de la très ancienne Égypte.

La jeune fille ne put cacher un sourire de satisfaction. Avec une pointe de snobisme, elle se permit d'ajouter :

— Et Steven en jeune serviteur.

Malgré sa peau cuivrée, un ton rosé colora les joues et les oreilles du garçon, mais Guidor ne lui laissa pas le temps de répliquer. Il désamorça la situation en précisant sur un ton enjoué :

— Je te souligne, Caroline, que ce jeune serviteur se préparait à devenir le futur grand prêtre du temple.

— C'est vrai ? vérifia Caroline.

Pour toute réponse, le guide de lumière hocha la tête.

Se tournant légèrement vers le garçon, elle déclara à mi-voix, sur un ton neutre :

— Excuse-moi, Steven.

Satisfait de la tournure des événements, Guidor poursuivit son enseignement.

— Toute quête intérieure, toute recherche qui vient du cœur doit se faire dans la quiétude et la sérénité. On ne peut rien découvrir en vivant des émotions négatives. Cette petite altercation entre Caroline et Steven n'a pas de conséquences très graves, mais afin de purifier l'ensemble des vibrations provenant du groupe, il serait bon pour tous de pratiquer un exercice de relaxation avant de commencer notre voyage onirique.

— Un exercice de relaxation ? Va-t-on encore dormir ? demanda Caroline.

— Pas du tout, répondit Guidor. Bien au contraire. Tu seras encore plus consciente qu'à l'accoutumée. S'adressant au trio, il ajouta :

— À l'aide de respirations contrôlées, vous allez prendre conscience de chaque partie de votre corps, de la pointe des pieds jusqu'à la tête.

Suivant ses instructions, Nadia, Caroline et Steven s'étendirent sur le sol, les pieds orientés vers leur guide. Ce dernier, assis dans la position du lotus, prodigua de nouvelles consignes.

— Afin de vivre sereinement l'expérience qui va suivre, il est important d'harmoniser vos vibrations. Pour ce faire, vous devez augmenter la puissance énergétique de votre corps. Gardez les yeux fermés et écoutez ma voix.

Guidor laissa les esprits se calmer, puis suggéra :

— Inspirez profondément par le nez et retenez votre respiration quelques secondes. En même temps, concentrez-vous sur l'énergie qui se dégage de vos pieds… Poursuivez vos inspirations et lorsque vous éprouverez une sensation de fourmillement, concentrez-vous alors sur vos chevilles, ensuite sur vos jambes, vos genoux, vos cuisses et ainsi de suite sur toutes les parties de votre corps.

***

Dans la salle d'audience impériale, Krash-Ka observait attentivement ses écrans. De plus en plus impatient, il sélectionnait rageusement sur un clavier intégré à sa table de travail, ses sources d'information. Sur différents tableaux géants incrustés dans le mur, apparaissait le contour des continents de surface ainsi que la position des sphères de lumière. Dans un autre cadre défilaient à toute allure un chapelet de symboles numériques.

— Des hypothèses, ce ne sont que des hypothèses ! Je veux des faits ! hurla-t-il en écrasant de son poing griffu le pupitre de commande.

Un feulement attira son attention. Sur le seuil d'une porte dérobée apparut la conseillère, visiblement mal à l'aise. Elle fit un pas hésitant et la porte se referma derrière elle. Krash-Ka s'en détourna. Faisant mine d'être absorbé par ses écrans, il grogna :

— Alors ? Qu'avez-vous de nouveau à m'apprendre ?

Dame Haziella prit une grande respiration. Se préparant à affronter la fureur de son maître, elle avança vers celui-ci à pas feutrés. Sur un ton qui se voulait le plus neutre possible, elle annonça prudemment :

— Il semblerait que notre agent de surface soit de retour.

— Il était temps ! Toute cette affaire commençait à m'énerver sérieusement. Annoncez-lui que je lui accorde une audience.

La grande conseillère, embarrassée, resta immobile et silencieuse. Krash-Ka s'en aperçut et la fusilla du regard.

— Quoi encore ?

Dame Haziella se sentit obligée d'avouer.

— Notre agent n'a pas demandé d'audience ni prit contact avec moi, votre grandeur.

Toujours aussi mal à l'aise, elle poursuivit :

— D'après les sources que nous possédons, il semblerait qu'il se soit rendu directement chez le Globulus.

Cette fois, Krash-Ka se désintéressa totalement de ses écrans.

— Chez le Globulus ? Et pour quelle raison ?

— Nous l'ignorons, votre grandeur. Le plus étrange est que, dès l'arrivée de son visiteur, le Globulus a mis en place les doubles cloisons étanches de son domaine.

— Une rencontre secrète et privée ? suggéra l'empereur.

— Cela en a toutes les apparences.

Faisant un pas vers son maître, elle demanda :

— Dois-je le convoquer sur ordre impérial ?

— Non, répondit l'empereur après quelques secondes de réflexion. Un interrogatoire officiel serait inutile. C'est un agent très intelligent. Il n'aurait aucune peine à nous dissimuler des informations.

— Comme il vous plaira, votre grandeur.

Se calant dans son fauteuil, le Krash-Ka ajouta :

— Pour le moment, donnons-lui plutôt le bénéfice du doute. Cette rencontre avec le Globulus n'est peut-être qu'une vérification de données avant de nous faire son rapport.

— C'est possible, déclara dame Haziella sur un ton dubitatif.

— Mais soyons tout de même prudents, énonça le souverain. Programmez une surveillance discrète de cet agent et tenez-moi au courant.

Affichant un sourire complice, la grande conseillère inclina la tête et sortit.

***

Ils étaient sept à progresser lentement dans l'étroit passage creusé à même le roc. Leurs pieds touchaient à peine le sol. Leur corps diaphane émettait une légère aura bleutée. Un à un, ils pénétrèrent au cœur de la grotte blottie dans les profondeurs d'un pic enneigé du Tibet. Posément, ils firent un cercle autour d'une estrade de pierre où reposait un monumental cristal lumineux. D'une hauteur de près de trois mètres, le monolithe rayonnait dans toutes les directions et dispensait une lumière fluctuant dans différents tons de turquoise. Après une courte pause, le groupe des sept entonna à l'unisson une douce mélopée. Progressivement, le voile lumineux du cristal vira au bleu azur et devint éblouissant.

*****

La mélodie traversa l'espace et atteignit l'esprit de Guidor. Celui-ci ouvrit les yeux et sourit. La communion des âmes avait atteint ses protégés. La période de relaxation terminée, Guidor amena délicatement le trio dans les souvenirs oubliés de Nadia.

— Continuez à respirer lentement. Sans ouvrir les yeux, imaginez une grande fenêtre, comme un écran de cinéma. Vous allez voir apparaître des images, mais ne faites pas d'efforts. Vous n'avez pas à les créer. Elles viendront à vous une à une. Vous n'avez qu'à les regarder. Par la pensée, je serai avec vous à tout moment et je vous guiderai dans ce fantastique voyage.

Le trio plongea alors dans l'imaginaire de Nadia. Un premier décor se dessina. Ils y retrouvèrent Guidor à bord d'un petit voilier. Leur guide avait fière allure dans sa toge finement brodée. Un pied sur le bastingage, une main agrippée à un cordage, l'homme observait calmement l'océan. La voix de Guidor s'imposa au bruit des vagues et déferla dans l'esprit des trois témoins de la scène. Avec douceur, il situa l'action dans le temps.

— « À l'époque de l'Atlantide, il y a de cela plus de huit mille ans, j'étais connu comme un marchand prospère faisant commerce entre les différentes cités de la côte africaine. Au retour de chacun de mes voyages, je m'arrêtais au temple de la lumière céleste. »

Sur les écrans mentaux apparut un rivage. Près d'une rotonde, une jeune fille faisait des signes de la main.

— Prêtresse, prêtresse ! Regardez qui nous arrive !

Sur ces mots, la jeune fille gravit un vieil escalier de pierre et rejoignit sa maîtresse. Plus haut, au cœur des colonnades, une jeune femme, alertée par les cris joyeux de sa servante, leva la tête et scruta l'océan. Quand elle reconnut les bannières du marchand, un large sourire illumina son visage.

— « À la fin de chacun de mes périples, je rendais grâce pour ma bonne fortune en remettant à la grande prêtresse un don, destiné à remercier les dieux de m'avoir permis de faire un excellent voyage. J'étais en vue du temple lorsque survint le tragique incident. »

Soudain, les images basculèrent. Venue des profondeurs de l'océan, un véritable tsunami déferla vers le rivage. Nadia, dans son incarnation de prêtresse, fut emportée par les flots. Le navire, ballotté en tous sens, plongeait entre deux crêtes bouillonnantes. Guidor le marchand se tenait péniblement aux cordages de son navire. Son attention fut alors attirée par un cri : « À l'aide ! »

Il chercha entre les lames d'écume, mais ne distingua aucune présence. Il assura sa prise aux cordages et scruta de nouveau l'océan agité. Le bras d'une femme apparut dans le creux d'une vague. Le marchand plongea et nagea vers la prêtresse en détresse. Cette dernière refit surface quelques secondes en réclamant à nouveau de l'aide. L'homme redoubla d'ardeur tandis que la femme coulait à pic. Le négociant plongea à son tour. Plusieurs secondes s'écoulèrent avant qu'il puisse la ramener à la surface, inconsciente.

Un hurlement couvrit le bruit des flots en furie. L'homme leva la tête : haut dans le ciel, trois oiseaux menaçants laissèrent échapper un trait de craie dans le ciel azuré.

Nageant d'un seul bras, il chercha du regard son embarcation. Mais le navire laissé à lui-même chavira au passage d'une énorme trombe d'eau. L'homme se tourna alors vers la berge. Il tenta bien d'atteindre le rivage, mais au moment où tous les espoirs étaient permis, un grondement sourd secoua la terre. Il assista alors, impuissant, à l'engloutissement du continent de l'Atlantide. Une onde fatale submergea le couple qui disparut à tout jamais dans les abysses océaniques.

***

Couchés sur l'herbe, Nadia, Caroline et Steven s'agitèrent. Guidor observa sur leur visage une grande tension. Dans un arc de cercle, il dirigea la paume de sa main droite vers la tête des trois Terriens.

***

Au cœur du domaine de Shangrila, le grand cristal rayonnait maintenant de mille feux. À l'unisson, les sept sages entonnèrent une série de sons composés de voyelles, une octave plus bas que le do central.

***

Dans la Vallée du silence, les traits crispés de Nadia, Caroline et Steven se détendirent lentement.

Le trio s'immisça alors dans le rêve de Caroline où ils reconnurent immédiatement Guidor marchant en compagnie de Pharaon sur le rempart d'un temple. Au loin, on devinait les silhouettes de deux pyramides dont l'une semblait encore en construction.

Guidor reprit mentalement la parole et situa de nouveau l'action dans le temps.

— « En des temps très lointains, totalement inconnus des historiens d'aujourd'hui, existait la toute première et la plus importante civilisation égyptienne. Déjà, un pharaon régnait sur cet empire et il avait un frère. »

Sur les écrans mentaux des trois voyageurs oniriques se dévoila le visage de Guidor. Il était debout, dans l'un des temples intérieurs du palais, parmi les prêtres et les ouvriers vaquant à leurs tâches respectives. S'affairant à donner des instructions à un serviteur, il ne remarqua pas immédiatement le long sillage de feu déchirant le ciel. Et soudain, ce fut l'attaque.

Guidor déposa son écritoire de cire sur un banc de marbre et marcha d'un pas rapide entre les grandes colonnades menant au cœur du palais. À travers une arche de pierres, il vit soudain dans un couloir sombre, la princesse Phyassap courant à toute allure. Il reconnut par la suite la voix du pharaon criant le nom de sa fille. Guidor venait à peine d'obliquer dans leur direction lorsqu'une puissante explosion ébranla les fondations de l'édifice.

Sur les appuis des colonnes, les travées de calcaire surplombant la cour intérieure devinrent instables et commencèrent à se fissurer. Une pluie de pierres s'abattit sur Guidor. Évitant de justesse les plus gros éclats, il se rua vers l'ouverture. Au même moment passa, sur les traces de la princesse, le pharaon se protégeant la tête.

Sur une saillie débordant la cour intérieure, l'héritière du trône était maintenant immobile et apeurée. Le pharaon la rejoignit et la prit dans ses bras en tentant de la rassurer. Au-dessus de leur tête, un mystérieux appareil traversa le ciel en crachant un jet de feu dans un bruit de tonnerre. Un grondement retentit et une colonne du temple s'écroula dans la direction du père et de sa fille. Un bras puissant projeta le couple par terre. C'était Guidor qui venait de se jeter sur eux afin de les protéger.

— « Lorsque la poussière retomba, je me rendis compte avec bonheur que le pharaon, mon frère, était sain et sauf. Malheureusement, la jeune princesse n'eut pas autant de chance. Témoin impuissant, je regardai le pharaon pleurer, accroupi sur le corps de son unique enfant. »

***

Sur la colline du silence, les traits crispés des trois explorateurs temporels trahissaient une grande anxiété. Chez Caroline, le souffle court, une larme perla sur sa joue.

***

Toujours réunis en cercle parfait, les sept sages poursuivaient leur étrange rituel. En son centre, le grand cristal rayonnait maintenant d'une teinte rosée. Tous ensemble, ils entonnèrent une nouvelle série de sons composés de voyelles, à présent sur l'octave du do central.

***

Face à Guidor, les trois êtres en méditation retrouvèrent lentement leur état de quiétude.

Le trio plongea cette fois-ci dans l'univers de Steven. Sur les écrans mentaux se matérialisa l'intérieur d'un temple donnant accès à une chapelle. Un peu en retrait, un homme priait aux pieds d'un gradin menant à un petit autel.

Guidor reprit mentalement la parole et situa de nouveau l'action dans le temps.

— « Durant des millénaires, aux quatre coins de la Terre, des hommes et des femmes se sont préparés, à l'intérieur de temples sacrés, à servir, au nom de leur foi, un être suprême. Afin de les aider dans leur cheminement spirituel, des guides supervisaient la démarche de ces postulants en leur prodiguant une formation toute particulière. Sur un territoire de l'hémisphère sud, bien avant l'avènement de l'empire inca, je fus l'un de ces guides. »

Douze torches disposées de chaque côté d'un grand escalier taillé dans le roc éclairaient un autel situé à son sommet. Derrière celui-ci, un imposant disque de pierre, gravé d'une multitude de symboles sacrés, trônait majestueusement.

Les initiés

Au pied de l'escalier, un jeune garçon attendait un peu à l'écart. Il tenait sur ses bras un coussin finement décoré. Sur celui-ci reposait une dague de cristal miroitant sous la lueur des torches. Guidor, responsable de la formation du garçon, hocha discrètement de la tête. À ce signal, le jeune indien avança vers l'escalier, s'arrêta près du grand prêtre et jeta un œil dans la direction de son mentor. D'un geste de la main, il lui confirma que tout se passait bien. Sur le visage de son protégé se dessina un sourire timide.

Soudain, un grondement violent résonna dans les profondeurs du temple. Le garçon, inquiet, se tourna vers son instructeur. Du regard, Guidor le rassura et lui fit signe de demeurer sur place. Sans attendre, il sortit du lieu sacré par une petite porte latérale. Le jeune servant ne la quitta pas des yeux jusqu'au moment où son attention fut attirée par un mouvement du vieux prêtre. Le célébrant commença à gravir les marches menant au grand disque solaire. Tenant toujours la dague sur son coussin, le garçon lui emboîta le pas.

— « Il me sembla n'avoir quitté le temple que quelques minutes, avoua Guidor, mais mon absence fut plus longue que je l'avais prévue. À mon retour, une triste vision m'attendait. »

Sous une arche de pierre, la porte s'ouvrit. Guidor apparut, une épée à la main. Tombant à genoux, il découvrit, avec horreur, le prêtre et le garçon assassinés.

— « Durant un bref instant, j'ai craint pour la sécurité de la dague sacrée, mais lorsque je me suis aperçu que le disque solaire était redescendu dans sa niche et que le garçon était étendu tout près de celle-ci, j'ai compris que la dague était de nouveau en lieu sûr. Le jeune servant venait d'accomplir le geste le plus noble et le plus important de sa courte vie. »

***

Sur la colline du silence, Nadia et Caroline présentaient des visages crispés. Chez Steven apparut un masque de colère qui se transforma en tristesse. Lentement, il desserra les poings.

***

Dans le domaine de Shangrila, les sept sages entonnèrent une série de sons composés de voyelles sur l'octave au-dessus du do central.

***

Nadia et Caroline reprirent lentement un air décontracté. Steven réussit finalement à ouvrir ses mains.

— Vous quittez cet écran intérieur. Votre corps se détend et vous prenez pleinement conscience de votre propre réalité, énonça Guidor d'une voix posée.

Les trois membres du groupe ouvrirent les yeux en même temps. Steven fut toutefois le premier à s'exprimer. Toujours assis sur le sol, appuyé sur ses coudes, il lança :

— Wow ! C'était super !

— Cela t'a plu ? s'enquit le guide de lumière.

— Tu parles ! s'exclama-t-il. C'est beaucoup plus excitant que le cinéma 3D !

— Avec de la pratique, des exercices de méditation et un guide pour baliser votre chemin de visualisation, vous pourrez bientôt refaire ce genre d'expérience.

— Quand ? Demain, suggéra Steven emballé.

Caroline, déjà debout, demanda, intriguée :

— Guidor, tous ces soldats portaient bien le même genre de médaillon ?

— En effet, admit leur guide.

— Un médaillon très étrange, ajouta Nadia, méditative. Il contient un dessin qui me rappelle vaguement quelque chose.

À l'aide d'une brindille, Caroline, à genoux, appuyée sur ses talons, reproduisit le symbole sur un coin de terre battue.

— Un triangle dans un carré. Si ce même dessin était gravé sur les vaisseaux qui ont attaqué le temple de l'Atlantide et la pyramide du Pharaon et qu'on le retrouvait aussi sur la bague d'un officier, je suppose qu'il y a un lien entre tous ces événements ?

— En effet, confirma Guidor, il y en a un, mais c'est une très, très longue histoire.

CHAPITRE VI

La mission des guides

La Vallée du silence portait bien son nom, mais on aurait pu tout aussi bien l'appeler la Vallée de la paix. Ici, tout respirait la quiétude et l'harmonie. Les conifères et les fleurs sauvages mariaient leurs odeurs dans un doux bouquet de parfums apaisants. Les feuillus, les cascades et les ruisseaux composaient une mélodie à laquelle les oiseaux chanteurs et les insectes musiciens ne pouvaient résister. Tous participaient à l'unisson à cet hymne dédié à la nature, porté par la brise légère aux quatre coins de la forêt. La Vallée du silence était un endroit vraiment merveilleux... avant l'arrivée de Steven.

— Ta-ta-ta-ta-ta-ta-ta !

Adossé à un arbre, Steven mitraillait une armada de vaisseaux ennemis imaginaires. Les pieds calés entre les grosses racines d'une vieille souche, le garçon se servait de celle-ci comme support à son arme improvisé taillé dans une longue branche. Devant lui, accroché au bec de la pompe à eau, pendait l'ordinateur portable de Nadia. Sur son écran, on devinait un dessin grossier du symbole de l'agresseur. Coiffé d'un seau en fer blanc en guise de casque protecteur, il lança victorieusement :

— Et un autre appareil extraterrestre de descendu !

— Tu ne pourrais pas les détruire en faisant moins de bruit ? suggéra Caroline.

Depuis la disparition des moustiques, la jeune fille profitait de tous ses temps libres pour se faire bronzer sous les chauds rayons d'été.

Le cordon d'argent

Dans son maillot deux-pièces, sa peau déjà dorée se découpait joliment sur la grande serviette blanche déposée négligemment à même le sol.

Sans relâcher son attention et toujours à l'affût d'un nouvel assaillant, le jeune gardien du chalet déclara :

— C'est impossible. Mon canon est trop puissant.

Sur un ton ronflant, il ajouta :

— Et ça prend de la puissance pour détruire ces envahisseurs... Ah ! En voilà un autre ! Ta-ta-ta-ta-ta-ta... Zut ! Raté.

Exaspérée par ce tapage, Caroline se releva sur un coude, ramassa une petite pierre, ajusta soigneusement son tir et visa le casque de fortune du garçon. Le projectile atteignit sa cible. Un « bong » sonore résonna entre les oreilles de Steven qui ouvrit de grands yeux. Pris par son jeu, il hurla :

— Ah ! Malédiction, je suis touché !

Dans un grand geste pathétique, il déclama :

— ... mais pas atteint mortellement et j'aurai la peau de tous ces salauds. Ta-ta-ta-ta-ta-ta !

Ne voyant pas d'issue à cette confrontation, Caroline lui concéda la victoire. Elle se leva en ramassant sa serviette. Marchant en direction du chalet, elle passa près de Steven et fouetta l'épaule du garçon de son bout de tissu.

— Tes fameux ennemis ont existé il y a plus de huit mille ans. Alors, reviens sur terre, mon garçon. Tu as peu de chance d'en rencontrer un de nos jours.

***

Le symbole trogolien était pourtant bien présent sur la navette glissant silencieusement dans les profondeurs du continent creux. Encore une fois, Sygrill avait rendez-vous avec le Globulus. Ayant atteint ce secteur peu fréquenté de l'empire, il quitta le tapis de transport et emprunta le corridor menant vers les grandes portes d'acier de son domaine. Mais cette fois-ci, il n'était pas seul dans ce passage habituellement désert. Derrière lui, une voix tranchante l'interpella.

— Vous êtes un agent secret vraiment... très secret. Il n'est pas facile de vous rencontrer, agent Sygrill.

Dès les premiers mots, il reconnut la voix autoritaire de la nouvelle venue. Sans perdre sa contenance et sur un ton faussement obligeant, Sygrill répondit simplement :

— Mes respects, grande conseillère. Et il attendit la suite en prenant l'attitude innocente de l'enfant qui vient de naître.

Dame Haziella connaissait bien l'art de la dérobade. Elle sut donc apprécier à sa juste valeur la réaction de l'agent. La rencontre se transforma insensiblement en une confrontation opposant deux maîtres des échecs. En ce moment, l'agent portait son uniforme gris acier. Quand à elle, la conseillère cachait partiellement un chemisier blanc sous sa cape. On lui offrait donc de déplacer la première pièce. Elle fit quelques pas en direction de l'agent.

— L'empereur est un peu déçu et même... disons fort contrarié. Vous n'avez pas encore présenté votre rapport, à ce que je sache ?

— Je vous ai pourtant expédié, il y a quelques jours…

— Oui, je sais. Une amusante fabulation sur des êtres provenant de Vénus… et quoi encore ? ajouta-t-elle en haussant les épaules.

— C'est pourtant une hypothèse de travail très documentée. Il me semble important de la vérifier, répliqua-t-il.

En l'absence de l'empereur, dame Haziella pouvait enfin profiter pleinement de sa stature. Le corps et les jambes bien droites, elle n'hésita pas à s'imposer physiquement à l'agent. Intentionnellement, les broderies de sa robe raclèrent le tissu râpeux de l'uniforme de Sygrill, forçant l'attention de ce dernier vers elle. De sa hauteur, elle le prévint :

— Notre illustre empereur n'apprécie guère les contes de fée. Il désire un compte-rendu complet offrant de vraies réponses. Inutile de vous préciser que ce document est très attendu et que notre souverain est peu patient.

— Vous m'en voyez désolé, grande conseillère, répondit Sygrill en restant sur ses gardes.

Haziella contourna lentement l'agent, obligeant celui-ci à pivoter sur lui-même.

— Un tel retard pourrait être interprété comme un manque de respect envers votre empereur.

— C'est de présenter un exposé incomplet qui serait un manque de considération, rétorqua-t-il.

— Vous n'avez donc encore rien trouvé ?

— Au contraire, il y a des développements très intéressants. C'est pourquoi j'ai tenu à rencontrer le Globulus.

— Pour la troisième fois ? souligna la conseillère.

Sans se démonter, l'agent Sygrill expliqua :

— Le Globulus est une très grande source de savoir. Chacun de nos échanges permet d'évaluer la justesse de mes hypothèses. Je lui en suis très reconnaissant.

— Je peux apprécier un tel souci d'exactitude, mais je crains que notre empereur ne partage pas ce sentiment. Il serait prudent de le rencontrer le plus tôt possible. Disons immédiatement.

Comprenant que la suggestion signifiait un ordre, l'agent déclara, sur le ton le plus naturel :

— Je suis entièrement à la disposition de notre auguste souverain, grande conseillère.

— Naturellement, précisa cette dernière, il est inutile d'informer sa grandeur, de la présente entrevue.

Sygrill s'inclina poliment et répondit :

— Comme il vous conviendra, dame Haziella.

***

Avec l'aide de Caroline, Nadia déplaça vers le salon la longue table de cuisine.

— Nous allons profiter de cette journée grise pour développer tes talents refoulés.

Tout en rapprochant les deux grands bancs l'un en face de l'autre elle ajouta :

— Premièrement, il faut que tu saches qu'il n'y a pas que le sang qui circule à travers tout le corps. Il y a aussi des énergies électromagnétiques.

Maintenant assises, leurs mains se touchaient à peine du bout des doigts. Lentement, Nadia éloigna ses mains de quelques centimètres de celles de la jeune fille.

— Est-ce que tu ressens une certaine chaleur ou de légers picotements ?

— C'est vrai ! s'exclama Caroline, excitée par cette découverte.

— Malgré la distance qui nous sépare, l'énergie passe par le bout de nos doigts.

— Nous venons tout juste de l'activer ou est-ce permanent ?

— Nous émettons constamment des énergies par leurs extrémités.

— Je ne m'en serais pas doutée, avoua la jeune fille.

— Est-ce que tu comprends mieux maintenant l'expression : « On ne pointe pas quelqu'un du doigt » ?

— On m'a toujours répété que ce n'était pas poli.

— Et pour certains, c'est même intolérable.

— À ce point ?

— Chez les personnes très sensibles aux énergies corporelles, c'est l'équivalent de leur postillonner au visage.

— Ouf ! À l'avenir, je vais garder mes mains dans mes poches, répondit-elle, sur un ton rieur.

Ayant retrouvé son sérieux, Nadia poursuivit :

— Pour le moment, place-les l'une en face de l'autre.

La jeune femme donna l'exemple. Caroline imita le geste. Après quelques secondes, elle s'écria joyeusement :

— Je ressens à nouveau de légers fourmillements et de la chaleur.

— Ton corps travaille un peu comme une pile électrique. L'énergie emmagasinée en toi passe par chacun de tes bras. Une de tes mains devient un pôle positif et l'autre un pôle négatif. C'est le passage de l'énergie entre tes mains qui crée cette sensation de picotement.

— C'est amusant ! C'est la première fois que je fais cette expérience.

— Le plus formidable est que nous pouvons tous tenter cette expérience et cela fonctionne pour tout le monde. Bon, passons à autre chose maintenant…

***

Krash-Ka faisait les cent pas. Dame Haziella observait. L'agent Sygrill attendait.

Lorsque le souverain contourna l'imposant bureau impérial, ses gestes saccadés trahirent son impatience et sa mauvaise humeur. Il s'arrêta enfin et se tourna vers l'agent.

— Et c'est tout ce que vous avez à me communiquer ?

— C'est un dossier très complexe, votre grandeur. Je tiens à vous souligner respectueusement que l'information est difficile à obtenir, dit Sygrill.

Sur un ton ironique, Krash-Ka précisa :

— Malgré un branchement sur le cœur de notre ordinateur ?

— Hélas, oui.

Jetant un regard discret vers la conseillère, il ajouta :

— J'ai même dû mettre à contribution la puissance et les connaissances du Globulus.

— Que sait-il de plus que notre ordinateur central ?

Prudemment, l'agent répondit :

— Peu de choses. Sauf que… Contrairement aux processeurs conventionnels les plus sophistiqués soient-ils, le Globulus est l'équivalent d'un ordinateur biologique ! Il peut donc faire des suggestions par intuition. C'est très profitable, votre grandeur.

Sans prendre la peine de regarder l'agent, Krash-Ka déclara froidement :

— Vous pouvez disposer.

— À votre service, votre grandeur.

Sygrill salua de la tête, fit trois pas à reculons puis quitta la pièce. Après son départ, Krash-Ka se dirigea en grognant vers son fauteuil, s'assit, réfléchit quelques secondes et confia à dame Haziella :

— Je sens qu'il nous cache quelque chose.

— C'est évident, mon seigneur. Et je suis certaine que c'est très gros.

— À ce point ?

— Le Globulus n'accepterait pas trois rencontres avec un modeste agent de surface sans une raison majeure. Ils ont une idée en tête et ça ne me plaît pas.

La conseillère fit quelques pas vers son maître, pointa la porte que l'agent venait tout juste de franchir et ajouta :

— J'ai dû insister pour le faire venir et je lui ai promis de ne pas vous le mentionner.

— Pourquoi cette promesse ?

— Pour gagner sa confiance. On ne sait jamais. Avec le temps, il me fera peut-être des confidences.

Avec un sourire complice, elle ajouta en haussant malicieusement les épaules :

— Entre amis…

L'empereur éclata de rire.

— Vous êtes vraiment machiavélique… et j'aime ça.

***

Dans un buisson touffu, deux yeux malicieux surveillaient sournoisement la porte du chalet. Nadia en sortit la première. Appuyée à la rampe de la galerie, elle jeta un coup d'œil à la ronde et fit un appel discret.

— Steven !... Steven !

Caroline la rejoignit sur l'entrefaite.

— C'est étrange, nous n'avons pas vu Steven depuis le déjeuner.

— Sois sans crainte, Nadia. Le connaissant, il va sûrement réapparaître juste avant le prochain repas.

En partie rassurée, Nadia donna le signal du départ.

— Alors, nous y allons seules. Dommage pour lui ! Il ne pourra pas profiter de la magnifique talle de fraises des champs découverte ce matin.

Les deux jeunes femmes n'avaient fait que quelques pas sur le terrain lorsqu'une surprise s'abattit sur elles.

— Ah... Mais qu'est-ce que c'est que ça ? s'écria Caroline.

Un immense filet artisanal enveloppa les deux femmes, rendant tout mouvement difficile. Steven sortit précipitamment de sa cachette en gesticulant et sautant de joie.

— Yé ! Ça marche.

— Steven, peux-tu nous expliquer ? demanda Nadia qui ne partageait visiblement pas l'euphorie du garçon.

— C'est mon nouveau piège pour capturer les ennemis au mystérieux symbole. C'est super, pas vrai ?

— Oui ! Super ! … pour être décoiffée, reconnut Caroline qui tentait, de façon malhabile de se libérer de ce piège improvisé.

Avec des yeux horrifiés, Nadia examina le garçon de la tête aux pieds.

— Steven ! Où es-tu passé ? Tu es tout sale !

— J'suis pas sale, clama-t-il. C'est mon super camouflage de commando.

Et sur un ton de confidence, il annonça :

— Je suis en mission spéciale.

— En mission spéciale, répéta Nadia tout en se dégageant du filet.

Caroline libéra une mèche de cheveux coincée dans une des mailles et se frappa la nuque de la main.

— Si tu cherches une mission vraiment utile, tu pourrais peut-être tenter de communiquer avec le *deva* des moustiques. Je crois qu'ils sont revenus en force.

— Le *deva* des moustiques, grommela Steven en perdant son sourire. On n'est pas vraiment copains. Nadia aurait plus de chance que moi.

Celle-ci se contenta de sourciller.

— Je n'ai pas le temps pour le moment. Nous allons cueillir le dessert de ce soir.

— Je peux y aller aussi ? s'informa Steven.

— Pas question, rétorqua Caroline sur un ton guindé. Avec ton... déguisement, tu ferais peur aux fraises.

***

Sygrill écoutait attentivement les précieuses explications du Globulus. Sur un immense écran mural, celui-ci fit apparaître le contour des cinq continents et commenta l'image.

— Tous les points brillants représentent la dernière position connue des sphères de lumière.

— Il y en a vraiment autant ?

— Oui. Et certains points sont doubles, voire triples.

— Si nous connaissons leur position, pourquoi ne pas les détruire carrément ?

— Ce n'est pas aussi simple, agent Sygrill. Elles sont très difficiles à repérer avec précision car elles n'ont pas de densité matérielle. Elles sont pure énergie.

— Mais par leurs déplacements calculés, ces sources d'énergie démontrent une certaine forme d'intelligence, fit remarquer l'agent.

— Votre observation est pertinente. Mon hypothèse la plus probable serait que ces sphères de lumière soient associées à des individus. Ce qui la rend davantage crédible est qu'elles émettent des vibrations à des fréquences très élevées, pour ainsi dire, celles de la pensée.

— La pensée, répéta l'agent. Certains humains prétendent communiquer à distance par ce moyen, mais moi, je ne suis pas un télépathe. En quoi puis-je vous être utile ?

— Vous êtes toujours responsable du secteur 777 ?

— En effet.

— J'ai détecté un point lumineux dans cette zone. Étudiez bien la carte.

L'image se brouilla et une nouvelle illustration plus détaillée apparut. Le Globulus poursuivit ses explications.

— Un de ces points a été localisé dans le nord de votre secteur. Déjà, avant même l'arrivée des sphères de lumière, ces coordonnées coïncidaient avec un nœud tellurique très puissant.

— Un nœud tellurique ? Qu'est-ce que c'est encore ?

— La surface de la planète est sillonnée de courants telluriques créés par les champs magnétiques enclavant l'enveloppe terrestre. Lorsque ces courants se croisent, ils forment une grille plus ou moins régulière. À la jonction de ces courants, il y a création de nœuds. Certains terriens connaissent bien l'existence de ces champs magnétiques. On les appelle souvent des sourciers.

— C'est un terme que j'ai déjà entendu. Les humains utilisent leurs services pour rechercher des sources d'eau potable, des rivières souterraines et trouver ainsi les meilleurs emplacements pour le forage d'un puits.

— C'est exact. Ceux-ci utilisent justement une baguette de sourcier ou travaillent avec un pendule.

L'agent s'approcha de la carte et l'examina plus en détail.

— Pourquoi y voit-on un triangle jaune ?

— Depuis l'apparition des sphères, la région comprise à l'intérieur de ce triangle est protégée par une énergie très particulière. Et dans le secteur nord, cette protection est encore plus considérable.

— Un tel déploiement de ressources sous-entend sûrement des secrets importants à défendre, rétorqua Sygrill.

— C'est évident. Et c'est là que vous entrez en jeu, conclut le cerveau sous globe.

***

Telles des abeilles en quête de nectar, les deux jeunes femmes gambadaient d'une talle de fraises à l'autre. Elles s'en donnaient à cœur joie dans cette clairière verdoyante de la Vallée du silence. Nadia écarta du bout des doigts les petites feuilles dentelées et découvrit les jolis fruits rouges.

— Je suis émerveillée par tant de générosité.

— C'est vraiment formidable, ce que la nature nous donne gratuitement, ajouta Caroline en déposant une poignée de fruits dans un bol de plastique.

Nadia se pencha, en cueillit de nouveau quelques-unes et ne put s'empêcher d'y goûter. La jeune fille imita son geste et les savoura à son tour.

— Et elles sont vraiment délici...

Caroline ne put en dire plus. Prise d'un vertige, elle dit dans un soupir :

— Nadia...

Mollement, elle s'effondra près de son amie. Celle-ci enjamba son panier posé sur le sol et la rejoignit. Tout en se penchant vers le corps inerte, elle demanda :

— Caroline, ça ne va pas ?

L'adolescente ouvrit péniblement les yeux, une main posée sur son front.

— C'est ma première vision depuis que nous séjournons dans la vallée. Habituellement, lors d'une crise, mon oncle me donnait un calmant.

Serrant Nadia dans ses bras, elle gémit :

— Nadia, j'ai peur !

D'un geste rassurant, la jeune femme caressa les longs cheveux blonds de l'adolescente.

— Tu n'as rien à craindre et tu ne requiers aucun sédatif ou autre médicament. Tes visions ne sont pas dues à une maladie, au contraire, tu possèdes un don merveilleux.

Caroline releva la tête.

— Un don ? Tu le crois vraiment ?

— Si nous nous étions connues plus tôt, j'aurais pu t'aider à développer ton talent de façon beaucoup plus efficace.

— Mais voir toutes ces choses, ce n'est pas normal.

— Plus que tu ne le penses.

Nadia prit la main de Caroline et l'aida à se relever.

— Beaucoup d'enfants naissent avec ce merveilleux don de clairvoyance. Malheureusement, plusieurs parents bien intentionnés mais ignorants tout des pouvoirs de l'esprit, étouffent ces cadeaux en pleine croissance. Ils disent à leur enfant qu'il est menteur ou fabulateur, que tout ce qu'il voit est le fruit de son imagination.

— Et que se passe-t-il ensuite ?

— L'enfant finit par croire ses parents ou du moins, il n'ose plus parler de ses visions. Progressivement, faute de pratique, il perd son don si précieux.

Soutenue par Nadia, Caroline venait de faire quelques pas lorsqu'elle ressentit un nouvel étourdissement. La jeune femme la soutint fermement et lui demanda aussitôt :

— Qu'as-tu vu ?

Se tenant la tête, confuse, Caroline répondit:

— Une grotte... ou plutôt une immense caverne et au centre, il y avait un grand dôme translucide recouvrant... Oh ! C'était horrible !

***

Au cœur du continent creux, le gigantesque cerveau, protégé par son épaisse bulle de verre, poursuivait ses explications, établissait sa stratégie.

— Si nous découvrons les raisons de leur présence, nous pourrons alors préparer un plan de riposte efficace contre ces envahisseurs.

Sygrill prit quelques secondes de réflexion avant de déclarer :

— On ne peut aborder une planète sans prendre contact avec certains de ses habitants.

— Afin de découvrir les intentions de ces visiteurs, il nous faut donc identifier les humains approchés ou contactés par les sphères dc lumière.

L'agent fit la moue.

— Il est peu probable que ces Terriens s'en vantent publiquement. Comment les reconnaître ?

— Par la distorsion de la vie courante.

— La quoi ?

— Tous ces contacts vont influencer ou modifier les agissements des Terriens touchés par les étrangers. Il sera donc important de cibler des événements insolites ou des phénomènes inexplicables qui se sont produits ces derniers jours ou qui se produiront dans les prochaines semaines, les prochains mois.

— Quel genre de phénomènes insolites ?

— Des gens qui disparaissent, des actions qui semblent illogiques. Bref, tout ce qui sort de l'ordinaire.

***

Assis sur une grosse souche dans la position du lotus, Steven tentait de se concentrer et de communiquer avec le *deva* des moustiques, mais l'exercice était loin de répondre à ses aspirations. À plusieurs reprises, il se frappa le visage et le corps en pestant contre ses agresseurs.

— Sales bêtes ! Si je réussis à me faire entendre par le *deva* des moustiques, je vous promets que vous allez passer un mauvais quart d'heure ! clama-t-il avec rage.

Sur les entrefaites, Guidor sortit du chalet, referma doucement la porte et fit une pause sur le petit perron en regardant Steven qui poursuivait dans une série de mimiques grotesques, ses tentatives de concentration. Amusé par ses grimaces, Guidor s'adossa au mur du chalet, croisa les bras et l'observa en silence. Steven, maintenant debout sur la souche, fouettait l'air à l'aide de sa casquette.

— Fichez-moi la paix cinq minutes ! J'ai un *deva* à contacter.

Guidor fit un pas et s'accouda à la rampe du balcon.

— Comment espères-tu communiquer avec le *deva* en ami, lorsque tu traites les moustiques en ennemis ?

— Mais c'est à cause des moustiques que je ne n'arrive pas à me concentrer. C'est la faute de ces vampires si je ne réussis pas à communiquer avec le *deva*.

Guidor dodelina de la tête tout en descendant les quatre marches de l'escalier.

— Nous sommes toujours responsables de nos actes et de leurs conséquences. Il est rarement valable de blâmer les autres pour nos problèmes.

— Oui mais...

Steven ne trouva rien à répliquer et se contenta d'une moue boudeuse. Guidor en profita pour clore la discussion :

— Nous allons bientôt préparer le dîner. Tu devrais réfléchir à la question en nous rapportant de l'eau.

Steven observa la pompe du coin de l'œil et sur un ton espiègle, il avança :

— J'aurai peut-être plus de succès avec le *deva* des pompes.

***

Un timbre clair résonna dans la cabine. La porte de l'ascenseur s'ouvrit au trente-deuxième étage. Sygrill en sortit, emprunta le long corridor garni d'un épais tapis et tourna à droite devant le grand mur vitré donnant accès à ses locaux. L'endroit était tout illuminé, signe que sa secrétaire vaquait déjà à ses occupations. Il ne la vit pas, mais reconnut le bruit de la photocopieuse cachée dans un petit réduit. Sur le coin d'un meuble d'appoint, il ramassa au passage le journal du matin et poursuivit sa course jusqu'à son bureau.

Sygrill referma la porte derrière lui. Il contourna sa table de travail et y lança le journal sans le feuilleter. Sur la première page du quotidien, on pouvait y voir trois photographies : Caroline, la victime recherchée ainsi que celles de deux présumés témoins : Nadia et Steven.

L'agent s'installa devant son ordinateur, pianota quelques instructions sur le clavier, se cala ensuite dans son fauteuil et réfléchit à voix haute :

— Trouver des individus aux comportements bizarres et sans lien logique entre eux. Facile à dire !

Après un haussement d'épaules, il ajouta :

— Aussi bien chercher une aiguille dans une botte de foin.

Le départ de l'imprimante attira son attention. L'ordinateur lui cracha une longue liste de noms. Il prit la dizaine de feuilles noircies par la machine et fit la grimace.

— Quel fouillis ! Il faudra des semaines pour épurer et analyser tout ça.

Il se cala de nouveau dans son fauteuil et oublia l'ordinateur. Il porta alors son regard vers la publication déposé sur le bureau et lut distraitement les manchettes de la première page. Au-dessus des trois photos, un titre accrocheur attira son attention : « Kidnapping inexplicable » et dans un caractère un peu plus modeste, on résumait « Les ravisseurs n'ont toujours pas donné signe de vie ». La photo de Caroline retint soudain son attention.

— Tiens, tiens, mais c'est la nièce de mon vieux cinglé.

Il ramassa le journal et relut le titre :

— Plus de détails à la page trois...

Il l'ouvrit et fouilla l'article en question. Son intérêt grandit à chaque nouvelle ligne. Il arrêta sa lecture et se permit quelques secondes de réflexion. Afin de bien assimiler l'information, il reprit à haute voix la lecture d'un paragraphe :

— Les principaux témoins recherchés dans cette affaire : un garçon de douze ans prénommé Steven, bien connu des milieux policiers ainsi qu'une jeune femme dans la trentaine, Nadia Duval, également connue par la police, mais à titre de collaboratrice des forces de l'ordre pour ses talents dans le domaine de la clairvoyance.

Laissant tomber le journal sur ses genoux, il résuma ses connaissances dans le domaine.

— La clairvoyance, la faculté de voir à distance par la pensée... La pensée !

L'agent fit immédiatement une relation avec les paroles prononcées par le Globulus. « Des vibrations de fréquences très élevées, celles de la pensée. »

Mettant les nouvelles du matin de côté, il retourna rapidement à son écran et consulta de nouveau sa liste informatique. Un sourire méchant apparut sur son visage holographique.

— Caroline, Nadia et Steven, ils sont tous sur la liste. Enfin une piste ! Voilà peut-être les trois aiguilles dans ma botte de foin.

***

Aux abords d'une éclaircie, à moins de dix mètres du chalet, une nuée lumineuse scintilla entre les feuillages. Guidor se matérialisa silencieusement. Tout près, on pouvait entendre les récriminations de Steven, peinant sur la pompe. Celle-ci, ne lui concédant qu'un mince filet d'eau, le garçon s'arrêta et reprit son souffle. Guidor apparut au coin du chalet et eut un sourire de compassion. Il se concentra à peine quelques secondes sur la pompe. Un torrent jaillit soudain de l'outil archaïque, remplissant le seau à rebord et éclaboussant du même coup Steven.

Témoins de l'incident, Nadia et Caroline, qui étendaient leur lessive sur une corde à linge improvisée, éclatèrent de rire. Revenu de sa surprise, Steven reconnut l'homme contournant une pile de bûches.

— C'est toi qui as fait ça ?

D'un large sourire accompagné d'un haussement d'épaules, leur visiteur avoua son geste.

— Ça alors ! s'exclama le garçon en s'essuyant le visage à même la courte manche de son tee-shirt. On devrait te nommer ingénieur des pompes à eau.

Guidor partagea l'euphorie du groupe tout en marchant vers eux. Steven perdit soudainement son sourire et lança, paniqué :

— Non ! Ne passe pas par là !

L'avertissement vint trop tard. Le guide de lumière fit un autre pas et son pied droit accrocha une ficelle dissimulée dans les hautes herbes. L'étirement de la cordelette déclencha une réaction en chaîne fort laborieuse qui se termina par l'érection du manche d'un vieux râteau. La longue perche de bois monta vers Guidor et l'atteignit de plein fouet.

Le trio osa à peine regarder les conséquences inévitables, mais ils en furent quittes pour une surprise de taille. Poursuivant sur sa lancée, le râteau ne rencontra aucune résistance. Il traversa le corps de Guidor d'un seul trait, ne laissant sur son passage qu'une fine traînée lumineuse.

Steven ne put contenir sa stupéfaction et s'écria :

— Eh ben, toi, t'es pas ordinaire !

Sans tenir compte de cette marque d'admiration, Guidor lui fit gentiment la leçon.

— Fais attention, Steven. Avec tous ces pièges, tu vas finir par blesser quelqu'un.

— Mais c'était pour attraper les méchants gris qu'on a vus dans tous nos rêves, se défendit-il.

Nadia, profitant de la brèche, demanda :

— À propos de ces fameux voyages… Dans nos rêves, il y avait des agresseurs portant tous le même symbole, mais tu étais aussi présent lors de ces événements ou je me trompe ?

— C'est vrai.

— Ma question va peut-être te sembler ridicule, mais est-ce que tu étais notre ange gardien ?

— Peuh ! Les anges gardiens ! lança le garçon avec ironie. Mariant le geste à la parole, il se mit à battre des bras et ajouta :

— Avec des grandes ailes à plumes, moi, j'crois pas à ça.

— Tu as bien raison, Steven, répondit Guidor sur un ton des plus sérieux.

— Pour vrai ?

— Bien sûr ! Imagine… Si tous les humains avaient près d'eux un ange gardien portant de grandes ailes, tu t'imagines le mélange de plumes que l'on retrouverait dans le métro, lorsque c'est la cohue en fin de journée ?

Des ricanements dans son dos le rendit suspicieux. Croisant les bras et plissant les yeux, il demanda pour la forme :

— Tu te paies ma tête… ?

— Pas du tout ! En fait, pour répondre à la question de Nadia, non, je ne suis pas votre ange gardien… Disons que je suis un guide, une entité qui n'a plus à se réincarner dans la matière dense et qui met ses connaissances au service des mortels.

Tout en ramassant le râteau, Steven lui jeta un regard en biais.

— Les mortels, c'est nous ?

Guidor acquiesça d'un simple haussement de sourcils.

— Ces guides, il y en a beaucoup ? s'enquit Caroline, tout en jetant négligemment une dernière serviette sur la corde.

— Énormément.

— Et d'où viennent-ils ?

— Entrons, proposa Guidor. Steven n'a pas encore réussi à communiquer avec le *deva* des insectes et il y a un peu trop de moustiques, ici.

***

Le garçon s'élança à travers la cuisine et atterrit sur le divan au velours usé en s'étirant sur toute sa longueur.

— Alors..., insista Steven. Y viennent d'où, les guides ?

L'intéressé laissa le temps aux jeunes femmes de prendre leurs aises. Caroline s'octroya la berceuse tandis que Nadia décida de partager le divan de velours après avoir fait signe au garçon d'en retirer ses pieds. Guidor s'appuya simplement au comptoir de la cuisine.

— À une époque, les guides étaient comme vous, des mortels qui se réincarnaient afin d'acquérir dans chacune de leurs vies, de nouvelles connaissances, une plus grande tolérance ainsi qu'une sagesse accrue. Lorsqu'ils avaient atteint cette étape, ils quittaient le monde physique et poursuivaient leur tâche sur différents plans de l'astral. Ils devenaient alors disponibles pour rendre service à des âmes qui n'avaient pas terminé leurs apprentissages sur la terre.

— J'ai rien compris, bougonna Steven en simulant de se désintéresser du sujet.

— J'avoue que je suis aussi un peu perdue, concéda Caroline.

— Tu n'aurais pas un exemple concret à nous proposer ? suggéra Nadia.

— Disons que chacune de vos vies est un peu comme une année scolaire. Durant l'année, vous apprenez des choses. Vous avez ensuite des vacances. Si vous avez bien travaillé durant l'année précédente, vous retournez à l'école afin d'acquérir de nouvelles compétences.

— Et si on manque trop de classe, on est recalé, précisa le garçon qui semblait bien connaître le sujet.

Guidor acquiesça à cette image en souriant.

— C'est également valable pour vos réincarnations. C'est ce que l'on appelle le karma. Si, dans une certaine vie, vous deviez apprendre à pardonner et que vous n'avez pas réussi à le faire, vous revivrez, dans une prochaine vie, des situations pénibles qui mettront votre sens du pardon à rude épreuve.

— Et les guides dans tout ça…, dit Caroline.

— Lorsqu'ils ont terminé leurs incarnations sur la terre, ils ont encore bien des choses à apprendre.

— Ce n'est pas terminé ? souligna Nadia.

— Disons que dans la matière dense de cette planète, vous vivez présentement vos classes du primaire.

— Et ensuite, il y a un secondaire ?

— En effet, Caroline, et même un cours universitaire, ajouta Guidor avec une pointe d'humour.

— Ça ne finit jamais… ! s'exclama Steven.

Tel un mollusque, il se laissa glisser sur le tissu usé avant de s'étendre de tout son long sur le plancher.

— La quête de la connaissance absolue est un très long voyage qui demande beaucoup de travail. C'est pourquoi les guides ont besoin de vous.

— Besoin de nous, mais je croyais qu'ils étaient à notre service ? vérifia Caroline.

— Ils ont justement besoin de vous afin d'apprendre à servir… de plusieurs façons.

— Pfff ! laissa échapper le garçon.

— Je vais vous donner un exemple.

— Ça fera pas d'tort, marmonna Steven en s'intéressant de plus en plus aux fissures du plancher.

— Supposons que vous êtes à Paris et que vous désiriez vous rendre à Pékin sans utiliser l'avion.

— Par voies terrestres, c'est tout un casse-tête, déclara Caroline, férue de voyages.

— Un casse-tête réalisable si vous utilisez les services d'un agent de voyage expérimenté. Il vous donnera les horaires des trains et des autobus, les correspondances à effectuer. Il réservera les hôtels où vous devrez loger, il vous renseignera sur les monnaies à utiliser et vous indiquera le nom des agents locaux à contacter. De plus, durant votre voyage, vous pourrez le rappeler afin de préciser des détails.

— C'est vrai qu'avec de l'aide, c'est plus facile, concéda la jeune fille.

— Ce conseiller devra posséder beaucoup d'expérience, acquise par des années de pratique.

Devant le mutisme de son auditoire, Guidor poursuivit :

— Certains de vos guides sont un peu comme des agents de voyage.

— Ils peuvent m'amener jusqu'au bout d'la terre ? s'informa Steven.

— La terre est ronde, Steven, souligna Caroline. Le bout de la terre est juste derrière toi.

Le garçon soupira bruyamment.

— Toi, tu compliques tout.

— La boutade de Caroline contient une vérité. Vous pouvez tout demander à vos guides, à la condition d'être très précis dans vos requêtes.

— Tu peux illustrer ton propos ?

— Bien sûr, Nadia. Une jeune femme s'appelant Sophie demanda un jour à son guide de rencontrer l'homme de ses rêves. Il serait grand, athlétique et en parfaite santé. Il serait généreux, posséderait un bon sens de l'humour ainsi qu'une bonne éducation. Très responsable, il aurait un bon emploi stable et un excellent salaire.

— Les guides peuvent trouver ça ? vérifia Steven, incrédule.

— Pourquoi pas ? Ils vous donnent tout ce que vous sollicitez. Évidemment, certaines demandes exigent du temps, des mois, peut-être des années. Dans certains cas, il faut une bonne dose de patience et savoir leur faire confiance.

— Pourquoi c'est si long ?

— Parce que les guides répondent à des demandes, mais ils ne font pas de miracles, mon garçon. Ils ne travaillent pas avec une baguette magique.

— Alors, comment y font ?

— Ils travaillent comme les agents de voyage, avec un itinéraire à suivre. Ils créent des incidents de parcours afin d'accélérer ou ralentir certains événements. Ils placent sur ton chemin des gens qui peuvent te renseigner ou t'aider à prendre des décisions. Ils peuvent même, à l'occasion te souffler la réponse.

— Et la Sophie, elle fait quoi dans tout ça ?

— Un peu de patience, Steven... Revenons donc à notre jeune femme cherchant à rencontrer l'homme de ses rêves.

— Si c'est valable pour tout le monde, j'ai hâte de connaître la suite, gloussa Caroline.

— Trois mois après avoir fait sa demande à son guide, un symposium international est annoncé à Mexico. Le patron de la jeune femme ne peut se rendre à cette convention, mais il lui vient à l'esprit de proposer à Sophie d'y aller à sa place. Celle-ci n'aime pas prendre l'avion. Elle hésite, mais finit par accepter comme sur un coup de tête, sans vraiment savoir pourquoi.

— Les guides… suggéra Caroline.

— Tu as tout deviné… Après avoir déballé ses affaires dans sa chambre d'hôtel, Sophie prend l'ascenseur afin de se rendre à la salle à dîner. Elle se dépêche, car la salle sera bientôt bondée. Durant la descente, elle pense à mettre ses verres afin de mieux lire le menu, mais elle se rend compte qu'elle les a oubliés dans sa chambre. Comment a-t-elle pu être aussi distraite ? Normalement, ses verres ne la quittent jamais ! Elle remonte à sa chambre et cherche partout, pas de lunettes. Elle finit par les retrouver cachées dans le fond de son sac à main sous l'étui de ton téléphone. Naturellement, lorsqu'elle arrive à la salle à dîner, il n'y a plus de table disponible. Le maître d'hôtel s'informe auprès d'un monsieur, seul à sa table, si la jeune femme peut y prendre place. L'homme accepte avec beaucoup de courtoisie.

— C'est l'homme de ses rêves ?

— Tu en doutes, Caroline ?

— Durant tout le dîner, ils échangent sur leur vie respective, leur travail, leurs goûts. La jeune femme est subjuguée. Cet homme est exactement celui dont elle rêve depuis des années... Et c'est alors qu'elle vit sa plus grande déception. L'homme si charmant lui annonce que c'est sa dernière soirée à Mexico. Il prend l'avion dans quelques heures. Il a bien hâte de retrouver son épouse qui lui manque beaucoup. De plus, il espère que son vol n'aura pas de retard, car il ne veut absolument pas manquer en soirée, la performance de sa petite fille jouant dans une pièce de théâtre de l'école, ni rater le premier match de base-ball de son garçon, le lendemain.

— Eh ben ! Le guide en a fait une belle, résuma Steven en se laissant rouler sur le dos, la tête reposant dans le creux de ses mains.

— Elle avait confiance en son guide. Pourquoi lui a-t-il fait une telle blague ? s'indigna Caroline.

— Ouais ! C'est tout ce qu'elle a eu ? renchérit Steven.

— C'est tout ce qu'elle a demandé, précisa Guidor dans un haussement d'épaules.

— Comment ça ?

— Souviens-toi, Steven. Elle désirait « rencontrer » l'homme de ses rêves. Son guide a bien travaillé. Il a inspiré le patron de Sophie qui l'a envoyée au Mexique. Il a suggéré à Sophie de dépasser ses craintes de l'avion. Il a même créé une distraction afin qu'elle égare ses lunettes…

— … afin de retarder son arrivée à la salle à dîner, compléta Caroline.

— Et l'homme à la table possédait toutes les qualités qu'elle avait en tête.

Devant le mutisme du trio, Guidor précisa :

— Elle avait simplement demandé de le rencontrer. Son souhait a été exaucé. Elle a bien échangé durant une heure en compagnie de l'homme de ses rêves, mais elle avait oublié un détail…

Du bout du pied, Caroline bloqua le balancement de la chaise. Elle réfléchit quelques secondes et tenta une réponse.

— Qu'il soit célibataire, libre et sans attache ?

— En effet.

— Les guides sont des drôles de rigolos, conclut le garçon.

— Ils te donnent toujours ce que tu demandes et ne posent pas de question.

— Il faut donc faire très attention à notre formulation, conclut Nadia.

— Précis dans votre énoncé et être très attentifs aux réponses que vous recevez.

— Parce qu'on a des réponses ? s'enquit la jeune fille.

— L'offre du patron de Sophie était une réponse. Du moins une partie de la réponse à la demande de Sophie. Dans un sens, son guide lui a offert indirectement un billet d'avion pour Mexico afin de rencontrer l'homme de ses rêves.

— Mais son dédain de l'avion… Elle aurait pu refuser d'y aller… s'objecta Caroline.

— L'être humain possède le libre arbitre, répondit Guidor. Rien ne lui est imposé. Suite à une demande, les guides proposent des avenues, des directions à prendre, à vous ensuite de reconnaître les signes qui vous mèneront à la réalisation de votre requête.

— Des signes, des signes. Ça ressemble à quoi ? dit Steven, à qui l'inaction commençait à peser.

— Lorsque vous ressentez, au plus profond de vous, que vous devez poser un certain geste inhabituel sans vraiment savoir où cela vous mènera, fiez-vous à votre intuition. Prenez le risque d'aller de l'avant.

Steven fit la moue.

— Et les guides dans tout ça ? Ça leur donne quoi ?

— Dans un premier temps, le plaisir et la satisfaction d'aider des gens. En second lieu, pour reprendre l'exemple de Sophie, il faut beaucoup d'amour et de don de soi pour créer cet enchaînement de circonstances qui ont amené Sophie et l'homme de ses rêves à se rencontrer, dans un lieu précis à un moment bien déterminé. Et tout ce travail mérite un petit mot…

— Dire merci ? risqua Steven.

— Ils n'en demandent pas davantage. Après chaque sollicitation, un merci sincère venant du fond du cœur, est un gage de reconnaissance très apprécié.

— Et nous pouvons leur faire plusieurs demandes ? s'informa Nadia.

— Il n'y a pas de limite. Plus vous les invitez à vous aider, plus vous les aidez à se réaliser sur le plan spirituel.

— Et ben, si j'avais su plus tôt, j'en aurais fait des tonnes de demandes… J'pense au gros Satoba…

Nadia fronça les sourcils.

— Steven… Ta demande aurait-elle bien été positive ?

— Euh... Ben sûr… répondit-il évasivement. J'aurais demandé à mes guides… de lui faire perdre du poids. Y'a rien de mal là-dedans, pas vrai ?

***

— Cette situation devient de plus en plus grotesque et j'exige des résultats !

Accompagné de la grande conseillère, Krash-Ka tentait d'en imposer à l'énorme cerveau sous verre. Les points sur les hanches, il poursuivit :

— Si d'ici une semaine, je n'ai pas...

Krash-Ka ne termina pas sa phrase. Il resta la bouche grande ouverte, incapable d'ajouter un mot. Une sourde vibration se fit sentir sous les pieds des deux dignitaires.

Devant eux, le volumineux cerveau du Globulus s'était mis à palpiter étrangement. L'éclairage des lieux vacilla à plusieurs reprises avant de se stabiliser. Retrouvant rapidement son aplomb, dame Haziella avança d'un pas et lança sur un ton autoritaire :

— Globulus, que faites-vous ?

Bien que moins importantes, les vibrations du sol continuèrent à se manifester tandis que le Globulus resta toujours aussi silencieux. La conseillère insista :

— Vous devez des explications à votre empereur. Que signifie cette ridicule démonstration de force ? Tenteriez-vous d'intimider votre souverain ?

Le Globulus sortit enfin de son mutisme.

— Toutes mes excuses, votre grandeur. Je vous rappelle que j'ai déjà entamé la première phase de mon val-thorik et que ce processus amène chez tous les Trogoliens des phénomènes physiques aux conséquences incontrôlables.

— Je sais, et alors ? répliqua le Krash-Ka, peu intéressé par les états d'âme de son hôte.

— Chez moi, cela provoque une sensibilité accrue aux manifestations psychiques. Je viens à l'instant de ressentir une très puissante pulsation mentale. Le plus étrange... J'ai l'impression qu'elle ne m'est pas inconnue.

À peine avait-il terminé de donner ses explications qu'autour du globe de verre, de grandes structures bardées de tubulures scintillantes émergèrent du sol en libérant des jets de vapeur exhalant des émanations d'ozone. Tout autour de la rotonde, des appareils s'activèrent, des écrans s'illuminèrent. Krash-Ka jeta un regard désapprobateur vers cette quincaillerie inusitée.

— Que faites-vous, Globulus ?

— J'active les pompes telluriques, mon seigneur, répondit-il. Grâce au réseau tellurique, je vais sonder les quatre coins de la planète et je pourrai ainsi identifier, d'ici quelques heures, l'origine de cette émanation.

Krash-Ka retrouva peu à peu son assurance. Pointant du doigt les tours de verre, il déclara avec autorité :

— Soyez prudent avec ces instruments. Ce genre d'exercice peut amener des bouleversements géologiques importants à la surface de la planète. De plus, cela pourrait perturber l'économie mondiale que je contrôle.

— Soyez sans crainte, votre grandeur, il n'y a aucun danger.

L'empereur contourna l'une des tours de verre en l'examinant d'un air critique.

— Sachez que je ne partage pas votre optimisme. Lors de la dernière utilisation de ces pompes telluriques, la moitié de la ville de Mexico fut détruite. Il y eut beaucoup de morts et des milliers de blessés.

— Je ne me doutais pas que vous vous intéressiez autant au sort de ces humains, votre grandeur.

— Les humains ? Ne soyez pas ridicule, Globulus ! s'exclama l'empereur. Je me fiche bien de cette population de surface et de leurs misères, mais une partie de ces victimes travaillaient dans mes usines. Nous avons dû fermer des entreprises, le temps de former du nouveau personnel compétent. Et tout ça coûte cher.

La grande conseillère murmura quelques mots à l'oreille de son maître. Celui précisa :

— Et c'est sans compter les dommages matériels. Nous avons subi des pertes financières énormes.

Une nouvelle vibration du sol mit les deux visiteurs aux aguets. Krash-Ka jeta un coup d'œil vers le globe et demeura à l'affût de toute nouvelle palpitation du cerveau.

— Est-il vraiment sage d'utiliser ces pompes durant votre val-thorik ?

— Soyez rassuré, votre grandeur, je serai très prudent.

— Je l'espère pour vous, Globulus, ou vous serez confiné à la dimension de ce bocal pour tout le prochain millénaire.

Sans attendre une réponse, il tourna les talons et, suivi de la conseillère, quitta la caverne. Le Globulus attendit la fermeture des portes étanches avant de répéter à haute voix, sur un ton ironique :

— Nous avons subi des pertes financières énormes.

Prenant un ton plus menaçant, il ajouta :

— Profite de ta puissance et de ta fortune dès à présent, empereur de carnaval, car un jour, tu n'auras plus rien et tu seras mon serviteur… Mon serviteur !

Soudain, le Globulus resta interdit en prenant conscience de ses propos. Avait-il vraiment proféré de telles menaces envers son souverain ? Était-ce une aberration, un délire conséquent à son val-thorik ? Était-il en train de perdre l'esprit ? Ou plutôt, était-ce au contraire l'émergence d'une nouvelle conscience, d'une nouvelle identité ?

— Et pourquoi pas ?

Le cordon d'argent

Un grand éclat de rire résonna dans l'immense caverne.

***

— Alors, Steven, qu'est-ce que tu fais ? On t'attend pour commencer, clama Caroline, impatiente.

— C'est pas de ma faute. Moi, les longues histoires, ça me donne faim.

Dans la salle de séjour du chalet, les deux femmes attendaient fébrilement les explications de Guidor. Cette fois-ci, Nadia monopolisait le divan tandis que Caroline, les jambes croisées, s'accaparait d'un petit tapis ovale placé devant le canapé. Steven, quant à lui, se réserva deux chaises droites. Sur la première, il déposa une assiette contenant une montagne de biscuits « faits maison ». Sur la deuxième, il s'installa à cheval, les bras pendants sur le dossier de la chaise. Après s'être assuré que chacun de ses balancements lui permettait d'atteindre son assiette, il donna le feu vert.

— Fous pouhez commencher, dit-il en postillonnant quelques miettes de biscuit.

Debout, près du poêle à bois, Guidor poursuivit son exposé.

— Je vous ai déjà expliqué que l'être humain ne peut atteindre un haut niveau de sagesse en une seule vie. Notre âme immortelle accumule cette sagesse d'une vie à l'autre, en se donnant un nouveau corps, à chaque fois.

— Alors c'est vraiment vrai ? On a vraiment passé plusieurs vies sur la terre ? demanda Steven, toujours pas convaincu.

— En effet, mon garçon. Et le voyage onirique que vous avez fait en est la preuve.

Caroline resta perplexe.

— Mais comment peut-on devenir plus sage d'une vie à l'autre ?

Puis elle ajouta rapidement sur un ton taquin :

— Surtout dans le cas de Steven !

Le garçon arrêta son geste au-dessus de son assiette.

— Ha ! Ha ! Ha… C'est à mourir de rire, laissa-t-il échapper en levant les bras au ciel, un biscuit dans chaque main.

Guidor échangea discrètement un sourire avec Nadia et reprit ses explications sans attendre.

— Dans une vie, vous pouvez avoir été centurion dans les armées romaines, un officier arrogant et sans pitié pour ses hommes. Dans une autre vie, vous vous retrouvez simple soldat dans l'armée de Napoléon et vous apprenez ce qu'est la souffrance, la privation et l'humiliation.

— Ch'est pas drôle, grimaça Steven la bouche pleine.

— C'est ce que l'on appelle la loi du karma, résuma le guide de lumière.

— La loi du karma, répéta Caroline. Ou le principe d'être recalé à la fin de l'année, ajouta-t-elle dans un regard en biais vers le jeune garçon.

— Grâce à un karma positif, dans une prochaine vie, vous profiterez de toutes les bonnes actions réalisées dans cette vie-ci. Par contre, toutes les mauvaises actions devront également se payer un jour ou l'autre, dans cette vie ou dans une autre.

Steven avala difficilement.

— Toutes les mauvaises actions, répéta-t-il, visiblement ennuyé.

— Toutes. Sans exception, déclara Guidor.

— Même les toutes petites mauvaises actions et les toutes petites bêtises ?

Guidor acquiesça de la tête en levant les sourcils. Steven perdit soudain son sourire. Nadia tenta de le rassurer en lui disant sur un ton optimiste :

— Ne prend pas ça au tragique. Ce n'étaient que de toutes petites bêtises. Ton karma ne sera peut-être pas si terrible.

Le garçon fit la moue et ne sembla pas très rassuré. Nadia décida alors d'orienter la discussion dans une autre direction.

— Et pourquoi sommes-nous ici, ensemble, aujourd'hui ?

— C'est une très longue histoire.

Sur ces paroles, Steven fit basculer sa chaise, prit deux biscuits, hésita un court instant et en ramassa un troisième.

— Dans un lointain passé, vos destins se sont croisés en différents lieux. Toi Nadia, Caroline et Steven, chacun de vous avez acquis, dans vos contrées respectives, un haut niveau de sagesse, mais les événements tragiques que vous avez vécus ont paralysé cette évolution.

— On devine à cause de qui, commenta Steven.

— Hum, hum, fit Guidor. Et il vous a fallu par la suite plusieurs vies pour retrouver une partie des connaissances acquises, car dans ces autres incarnations, je n'étais pas toujours présent pour accélérer votre transformation.

— Mais cette fois-ci, tu es bien là. Tu es avec nous. Pourquoi est-ce différent ? demanda Caroline.

— Parce que nous entrons dans l'ère du Verseau, confia Guidor. L'humanité doit se préparer à vivre de grands bouleversements et vous avez tous les trois un rôle important à jouer.

— Un rôle important, déclara le groupe à l'unisson.

— Dans cette vie-ci, vous vous êtes retrouvés, tous les trois, à la même époque, dans des endroits peu éloignés les uns des autres. Je vous ai réunis afin que vous recouvriez vos pouvoirs oubliés.

— Moi aussi, j'ai des pouvoirs ? s'exclama Steven, un morceau de biscuit pendant au coin de sa bouche.

— Bien sûr, mais ces dons sont en sommeil. Je suis là pour les éveiller. Toutefois, avant d'en arriver à cette étape, vous devrez re-créer une harmonie entre votre corps et votre esprit. Sans cette harmonie, vous ne pourrez pas maîtriser la puissance de la dague de cristal.

— La dague de cristal ? Cela a donc un rapport avec le rêve de Steven ? s'enquit Caroline.

— En effet, confirma Guidor. Mais il est encore un peu tôt pour vous en révéler tous les détails.

Nadia étira le bras et saisit une tablette de papier où figurait le symbole commun aux trois rêves, un triangle dans un carré.

— Mais ce symbole, tu peux nous l'expliquer ?

— Oui. Il est temps de vous donner des précisions sur le danger qu'il représente. Une menace qui pèse sur toute l'humanité.

Soudain, l'assiette aux biscuits se mit à danser sur la chaise. Une légère secousse sismique secoua la vallée et atteignit le chalet.

***

Dans le monde creux, les pompes telluriques fonctionnaient à plein régime, remplissant la caverne de sifflements assourdissants. Le Globulus exultait. Il avait enfin situé et identifié la source de la vibration psychique. Il pouvait enfin prononcer ce nom maudit qui le hantait depuis des siècles :

— Guidor ! Je t'ai enfin retrouvé, et bientôt… je te détruirai !

CHAPITRE VII

L'Ermite

Au centre-ville, l'agitation et le désarroi grandissaient dans les locaux de la sûreté municipale. La disparition de Caroline faisait toujours la « une » des journaux et les éditorialistes se gargarisaient des piètres résultats de la police. Dans la salle des enquêteurs, les inspecteurs subissaient en silence la mauvaise humeur de leur chef. Derrière la porte close du bureau vitré, on entendait clairement les rugissements entrecoupés de lourds silences.

— C'est tout ce que vous avez à me dire, coupa sèchement le lieutenant.

Contenant difficilement son impatience, Satoba écouta son interlocuteur en grimaçant avant de lâcher :

— Alors, faites votre rapport et indiquez que vous n'avez rien trouvé. Haussant les épaules, il ajouta sur un ton fataliste :

— Comme d'habitude !

L'officier raccrocha sèchement. Sa main n'eut pas le temps de quitter l'appareil. Le timbre du téléphone résonna de nouveau. D'un geste impatient, Satoba reprit nerveusement l'acoustique.

— Qu'est-ce qu'il y a encore ?

Reprenant un ton plus optimiste, il s'exclama :

— Comment ? Il est revenu !

D'une voiture garée près de l'entrée grillagée de la luxueuse demeure, l'inspecteur McGraw soumettait son rapport. Avec son physique juste dans la moyenne, son complet brun sable et ses lunettes rondes, il aurait passé plus facilement pour un fonctionnaire que pour un policier traquant des voyous.

— Heu…, oui, lieutenant, il vient tout juste d'entrer chez les tuteurs de Caroline.

— À sa sortie, mitraillé-le, prenez de nouvelles photos et tenez-moi au courant.

Après avoir raccroché, Satoba ajouta pour lui-même :

— Enfin, la première bonne nouvelle de la journée.

***

Depuis le grand salon, on pouvait entendre le vacarme provenant du premier étage. N'y tenant plus, la vieille dame quitta son fauteuil et marcha d'un pas ferme en direction du hall d'entrée.

— Emma ! Que fais-tu ? demanda l'homme, terrifié.

D'un signe de la main, il insista :

— Ne monte pas là-haut. Cet homme est le diable !

— Diable ou pas, je suis encore chez moi, Augustin, et j'ai le droit de savoir ce qui s'y passe.

N'ayant rien à ajouter, elle gravit nerveusement les larges marches de marbre menant à l'étage supérieur. Sur ses talons, l'homme se résolut à la suivre.

— Surtout, ne dis rien qui pourrait le contrarier, se permit-il de souffler à sa femme.

Dans la chambre de la jeune fille, Sygrill Trog était en plein travail. Les tiroirs de la commode, vidés de leur contenu gisaient déjà sur le sol. Sous-vêtements, blouses et jupes se retrouvaient pêle-mêle aux pieds du vieux couple.

Malgré son exaspération, la dame n'avait pas osé s'aventurer dans la pièce. Sur le seuil, une main appuyée à la poignée de la porte, elle était le témoin impuissant de la fureur de Sygrill.

L'oncle était resté dans le corridor, le plus loin possible de toute cette démonstration de violence, tout en risquant néanmoins, de temps à autre, un coup d'œil désolé sur le désordre grandissant.

— Si vous nous disiez ce que vous cherchez, nous pourrions peut-être vous aider, se hasarda la femme.

— Vous ne m'avez pas tout dit sur Caroline. L'autre soir, vous m'avez caché le plus important.

— Le plus important… au sujet de Caroline ?

La dame se retourna et chercha une réponse dans le regard de son mari, mais celui-ci demeurait interdit.

— Mais caché quoi, monsieur Trog ? finit-elle par demander.

— Je ne sais pas. C'était à vous de me le dire. À présent, nous travaillons selon ma méthode.

Un procédé des plus expéditifs, jugea la tante. L'agent arracha le tiroir supérieur du petit bureau d'étude et le déposa sans ménagement sur le meuble en balayant tout ce qui s'y trouvait. Une petite fiole tournoya à sa surface en progressant dangereusement vers le rebord du meuble. L'agent la ramassa au vol et l'examina.

— Qu'est-ce que c'est ?

— C'est son médicament, répondit la dame.

— Un médicament ? Pourquoi ? Elle est malade ?

— Pas exactement... dit-elle.

— Mais si, très malade, affirma son mari qui s'était aventuré dans l'ombre de son épouse.

Fixant le couple de plus en plus mal à l'aise, Sygrill suggéra sur un ton cassant :

— Il faudrait vous mettre d'accord... sur la vérité.

Se donnant une certaine constance, la femme reprit la parole :

— C'est son psychiatre qui lui a prescrit ce médicament. Et du bout des lèvres, elle confessa :

— Pour contrôler ses crises.

— Ses crises ? Elle est folle ?

— Oh ! Non, non, rassura l'oncle qui devenait de plus en plus nerveux. Seulement, elle voit des choses. Enfin, elle le prétend.

Le pauvre homme accusa le poids du regard de l'agent posé sur lui. Pour combler un silence qui devenait de plus en plus oppressant, sa femme ajouta d'un seul souffle :

— Elle est comme ça depuis son tout jeune âge. Cette enfant a toujours eu beaucoup d'imagination.

— Et avec les années, ça devenait de plus en plus inquiétant, renchérit l'homme.

Sygrill sentit intuitivement qu'il tenait enfin une piste valable. Calmement, il s'assit au bout du lit, croisa les bras et présenta un sourire presque rassurant en demandant :

— Parlez-moi un peu plus de ces crises.

***

Le téléphone sonna de nouveau. Le lieutenant délaissa négligemment un épais dossier sur le coin de son bureau et répondit rapidement, mais cette fois-ci, sur un ton moins agressif :

— Allô ?

De sa voiture banalisée, l'enquêteur résuma :

— C'est McGraw, lieutenant. Notre homme vient tout juste de quitter la résidence et vous allez être satisfait. Nous avons d'excellentes photographies. Que fait-on maintenant ?

— Vous le suivez et vous ne le perdez pas de vue sous aucun prétexte. Je veux tout savoir de ce type et surtout, connaître ses intentions.

***

En ce milieu d'avant-midi, un air chaud et humide enveloppait la Vallée du silence. Assise sur une grosse bûche, les mains posées sur ses cuisses et les yeux fermés, Nadia, enfin seule, profitait du soleil… et du silence. Cette douce quiétude lui permettait notamment de réfléchir aux événements insolites qui l'avaient amenée dans ce lieu paisible. Depuis des semaines, une foule de questions se bousculaient dans sa tête. Depuis des jours, elle tentait sans succès d'expliquer son comportement étrange, pour ne pas dire irrationnel.

Et il y avait eu cette dernière discussion avec Guidor. Cette histoire de guide qui vous balise le chemin tel un agent de voyage. Se pouvait-il qu'inconsciemment, elle ait demandé à un « guide » de la sortir de son laboratoire afin de vivre une aventure exaltante ? Si tel était le cas, il avait sérieusement bien travaillé.

« Rien n'arrive pour rien », un dicton que Nadia connaissait bien et dont elle partageait la prémisse. Si son patron ne l'avait pas congédiée, elle n'aurait pas eu la liberté de fuir avec Caroline et Steve. Et il y avait cette autre phrase de Guidor : « Lorsque vous ressentez, au plus profond de vous, que vous devez poser un certain geste inhabituel sans vraiment savoir où cela vous mènera, fiez-vous à votre intuition. Prenez le risque d'aller de l'avant. »

« Un geste inhabituel sans vraiment savoir où cela nous mènera ». Nadia fit la moue, un sourire pincé sur les lèvres. Des gestes inhabituels… Elle n'avait que l'embarras du choix. Malgré la fatigue, elle avait accepté l'invitation de Satoba. Elle avait insisté pour « adopter » le garçon. Elle l'avait même incité et aidé à sauter le mur d'une propriété privée. Elle avait aussi pris la fuite lors de l'arrivée de la police. Tant de gestes illogiques en si peu de temps…

Et pourtant, sans cette kyrielle de décisions insolites, elle ne se serait pas retrouvée ici aujourd'hui.

Ici… En vue de faire quoi, au juste ?

Il était question d'une « mission », sans parler de la fameuse dague de cristal. Nadia eut soudain le sentiment d'être loin du compte concernant les gestes inhabituels qu'elle devrait poser dans un proche avenir. Malgré tout, sa confiance en Guidor restait indéfectible. Cela aussi n'était pas très cartésien.

Une silhouette se glissa près d'elle. Sans ouvrir les yeux, elle sourit.

— Bonjour, Guidor. Tu peux constater que même les yeux fermés, je sens et reconnais ta présence.

Elle ouvrit les yeux. Le guide de lumière lui rendit son sourire et dit :

— J'ai croisé Caroline et Steven près du ruisseau. Il faut croire qu'ils se tolèrent un peu plus, depuis quelques jours.

— Il était temps, soupira la jeune femme. Se retrouver dans un endroit aussi calme et subir leurs chamailleries incessantes, ça devenait intolérable.

Prenant une grande bouffée d'air pur, détendue, elle ajouta :

— Je commence à peine à apprécier la nature.

Guidor remarqua le seau renversé traînant près de la pompe à eau. Il fit quelques pas, le poussa du bout du pied et vint s'asseoir près de la jeune femme.

Nadia prit une nouvelle inspiration.

— Tout est si calme dans cette vallée…

— Caroline et Steven ne semblent pas trop s'ennuyer de la pollution et du bruit de la ville, souligna l'homme.

— C'est vrai. Ils font des excursions de plus en plus longues en forêt, mais je ne suis tout de même pas rassurée.

— Il n'y a aucun animal menaçant en ces lieux.

— Oh ! Je ne pensais pas aux dangers de la forêt, mais plutôt à ceux qui proviennent de la ville.

— Tu fais allusion à la police ?

Songeuse, Nadia acquiesça d'un signe de tête.

— Les jeunes ne doivent pas trop s'éloigner. Nous sommes tout de même recherchés par les policiers de tout le pays.

Guidor se fit rassurant.

— Tu n'as rien à craindre. Aucun humain ne peut vous débusquer dans la Vallée du silence.

***

Le véhicule de filature s'immobilisa à moins de cinquante mètres de l'immeuble. Le mystérieux inconnu venait d'y pénétrer. Sans quitter la porte des yeux, l'inspecteur décrocha son cellulaire.

— Allô, lieutenant, c'est McGraw. Notre homme vient d'entrer dans un édifice à logements. Devinez qui y habite. Ou du moins, qui y habitait… Votre bonne amie Nadia.

— Nadia ! Mais quel est le rapport ?

— Aucune idée, lieutenant. Qu'est-ce que je fais à présent ?

L'officier s'octroya quelques secondes de réflexion et déclara :

— Surveillez les issues. Je veux cet homme et j'ai des questions à lui poser. Ne prenez pas d'initiatives. Attendez-moi. Je vous rejoins dans moins de dix minutes et je vous envoie également des renforts. Ce type ne doit pas nous échapper.

***

Il n'avait fallu que quelques minutes à l'agent pour mettre l'appartement de Nadia sens dessus dessous. Sygrill ragea. Il n'avait rien trouvé d'intéressant. Son attention fut tout de même attirée par un bruit intrigant : le claquement de deux portières de voiture que l'on ferme violemment. Il se rendit à la fenêtre et vit le véhicule banalisé. Deux hommes, visiblement des policiers en civil en étaient descendus et marchaient maintenant vers l'entrée principale de l'édifice. Dans les secondes qui suivirent, trois voitures de patrouille arrivèrent sur les lieux. L'agent regarda vers le plafond et eut un sourire amusé. Il quitta hâtivement l'appartement.

Utilisant l'escalier intérieur, l'inspecteur McGraw atteignit rapidement le troisième étage. Derrière la porte vitrée isolant la cage de l'escalier, le corridor était vide. McGraw avança à pas feutrés. À cinq mètres du logis de Nadia, il remarqua la porte entrebâillée. Il dégaina son arme, longea le mur et avança lentement dans la direction de l'appartement. Son attention dirigée vers l'ouverture, l'inspecteur ne vit pas l'ombre qui gravissait en silence les marches de l'escalier de service. Atteignant le seuil, McGraw tendit le bras et ouvrit la porte toute grande. Tenant son arme à deux mains, il prit une grande respiration. Il se préparait à foncer lorsqu'une voix, au bout du corridor l'interpella.

— Inspecteur ! Votre homme, on l'a repéré sur le toit, lança fièrement un policier en uniforme.

— Alors, il ne peut plus nous échapper, pensa l'enquêteur.

Sygrill, debout près du rebord de la toiture, examina les terrains adjacents à l'immeuble et parut satisfait de son observation. Il ouvrit son manteau et d'une pochette accrochée à sa ceinture, déroula l'extrémité d'un filin qu'il attacha à une fléchette. Il inséra celle-ci dans le canon de son pistolet et visa à deux mètres du sol, la base d'un poteau téléphonique planté loin derrière une haute clôture grillagée.

Après avoir attaché l'autre extrémité à une bouche de ventilation, il modifia légèrement sa projection holographique. Sa main droite céda la place à quatre longues griffes arquées. Emprisonnant ainsi le filin tel un anneau, il s'élança dans le vide et glissa par-dessus la clôture jusqu'au niveau de la rue.

L'inspecteur McGraw à bout de souffle, atteignit l'ouverture du portique donnant accès au toit juste au moment où l'agent sauta dans le vide. Le temps que le policier se rende au bord de la corniche, le fugitif avait atteint le sol et s'était déjà libéré de son filin. McGraw ne put qu'observer l'homme quittant le terrain de stationnement par une étroite ruelle.

Prenant un air de chien battu, l'inspecteur déclara pour lui-même :
— Le chef, il ne sera pas content.

***

Les grandes portes d'acier de la caverne s'ouvrirent silencieusement. L'agent entra. Derrière lui, celles-ci se refermèrent avec la même discrétion. Le maître des lieux déclara alors avec une pointe d'ironic :
— Je me demande parfois si vous pouvez lire dans mes pensées.
— Je n'ai pas ce don, seigneur. Et si c'était le cas, je ne me permettrais pas une telle intrusion.
— Vous m'en voyez rassuré.

Sur un ton plus sérieux, il poursuivit :
— J'étais justement sur le point de vous convoquer, mais puisque vous n'êtes pas télépathe, je suppose que vous avez une très bonne raison motivant votre visite.
— En effet, Globulus. J'ai d'excellentes nouvelles pour vous. Les Terriens contactés par l'entité extraterrestre sont une femme et deux enfants.

— Bravo, agent Sygrill. C'est du bon travail… et j'en ai fait tout autant ! Vous connaissez leur identité et je sais à présent où se cache ce trio.

Une ouverture se dessina dans le support métallique soutenant le volumineux cerveau. L'agent y découvrit une plaquette translucide qu'il retira délicatement de son logis.

— Vous trouverez dans ce dossier tout ce qu'il vous faut savoir sur votre prochaine mission.

— Qui consiste en quoi, au juste ?

— En apprendre davantage sur ce groupe, évaluer sa puissance et découvrir son objectif.

L'agent acquiesça d'un signe de la tête, soupesa la plaquette et la glissa dans la poche intérieure de son uniforme. Il marchait résolument vers la sortie lorsqu'une dernière intervention de son hôte se fit entendre.

— Agent Sygrill !

L'interpellé se retourna.

— Puisqu'il y a de jeunes Terriens en cause, je vous suggère de modifier votre apparence humaine. Prenez une allure plus sympathique avant d'approcher ces enfants.

***

— Y'a vraiment des cerises par ici ? demanda le garçon en balançant négligemment son seau de fer blanc.

— À la condition que les oiseaux ne les aient pas déjà toutes dévorées.

Steven et Caroline atteignirent une clairière où poussaient çà et là quelques arbrisseaux. Le garçon écarta au hasard un buisson et demeura ébahi. D'une voix étouffée, il murmura :

— Caroline, viens ici… lentement.

Intriguée par son ton mystérieux, elle le rejoignit doucement. Le garçon pointa du menton une direction. Caroline chercha du regard et prit subitement un air attendri. Caché sous le couvert des épinettes, une magnifique chevrette et son petit broutaient de jeunes pousses tendres. Le changement de direction des vents les ayant peut-être trahis, la mère sentit la présence des enfants. En compagnie de son faon, elle quitta l'endroit sans toutefois se presser.

Steven sortit du buisson et suggéra :

— On va la suivre.

Sans attendre l'avis de Caroline, il s'élança sur les traces de l'animal. La jeune fille, oubliant toute prudence, accepta la suggestion et le suivit.

Dévalant des côtes, sautant un ruisseau, se frayant un chemin dans un sous-bois, les deux explorateurs en herbe perdirent rapidement la trace du cervidé. Caroline s'arrêta, reprit son souffle et déclara, visiblement fatiguée par cette poursuite :

— C'est inutile. Nous ne les retrouverons jamais.

Sourd à tout commentaire, le garçon scruta attentivement chaque repli du terrain.

— Je crois qu'ils sont partis… par là.

Steven fit quelques pas dans la direction désignée, mais Caroline ne bougea pas. Sur un ton ne présumant aucune concession, elle annonça :

— Je suis épuisée. Retournons à la maison.

À regret, Steven jeta un dernier coup d'œil vers le sous-bois.

— D'accord, concéda-t-il, un peu penaud.

Regardant autour de lui, il chercha un point de repère. L'adolescente perçut son indécision et devint nerveuse.

— J'espère que tu connais le chemin pour retourner au chalet.

Le garçon se mordit les lèvres. Après une hésitation, il avoua piteusement :

— Pas vraiment.

— Alors, nous sommes perdus ! gémit Caroline.

Laissant tomber son panier, elle ajouta :

— Nadia ne sait même pas dans quelle direction nous sommes partis.

Steven devint songeur un court instant. Un sourire apparut soudain sur son visage. Prenant un air mystérieux, il déclara :

— Mais peut-être que Nadia peut l'apprendre.

— Comment ? demanda Caroline, peu intéressée à jouer aux devinettes.

— Par tes dons de télépathie. Tu sais… Elle pense à ce que tu penses. Concentre-toi sur Nadia. Elle va sûrement t'entendre.

Caroline ne fut pas très impressionnée par l'idée, mais n'ayant rien d'autre à proposer, elle haussa les épaules.

— Pourquoi pas ?

Elle secoua ses bras pour se détendre, prit deux grandes inspirations, ferma les yeux, inclina légèrement la tête et se concentra sur l'image de son amie.

— Alors, ça marche ?

Caroline releva la tête en dévisageant le garçon.

— Je ne suis pas une cabine téléphonique. Donne-moi un peu de temps.

Elle reprit sa position de méditation.

Se croisant et se décroisant les bras, mettant son poids sur une jambe, puis sur l'autre, se grattant la tête à travers sa casquette, Steven patienta encore quelques secondes. N'y tenant plus, il risqua un commentaire :

— On dirait que la ligne est occupée.

Cette fois, Caroline ne prit pas la peine d'ouvrir les yeux. Les dents serrées, elle grogna :

— Steven, c'est toi qui devrais t'occuper. Tu m'énerves et je ne réussis pas à me concentrer.

En désespoir de cause, le garçon alla s'asseoir sur une grosse roche. Du coin de l'œil, il surveilla la jeune fille tout en se culpabilisant de s'être laissé piéger par ce coin de forêt. Constatant le peu de succès apparent de Caroline, il décida de participer à l'exercice. Fermant les yeux à son tour, il se prit la tête à deux mains. Une série de grimaces, plus loufoques les unes que les autres, témoignèrent de ses tentatives infructueuses.

Tout à leurs efforts de transmission de pensée, les enfants n'avaient pas remarqué l'arrivée d'un singulier personnage. L'homme se pencha vers Steven et d'une voix calme, s'informa :

— Tu t'es blessé à la tête, mon garçon ?

Surpris par cette apparition, les deux jeunes sursautèrent en même temps. Grâce à un certain recul, Caroline pouvait plus aisément se représenter l'étranger. C'était un homme à la peau froissée, les cheveux en broussailles. Au premier coup d'œil, on aurait pu le croire très vieux, mais ses gestes précis et sa voix ferme corrigeaient partiellement cette impression. Il portait un pantalon de travail usé et de toute évidence trop large pour lui. Sous un coupe-vent tout aussi vieux, on devinait un chandail défraîchi. En bandoulière, un sac de jute rapiécé retenu par une sangle de cuir devait contenir tous les trésors de cet inconnu.

Malgré son air négligé, le regard de l'homme dégageait une grande paix intérieure. Ils inspiraient même la confiance. Satisfaite de son évaluation, Caroline entreprit d'expliquer leur situation.

— Nous sommes perdus, monsieur.

— Et nous tentons de communiquer avec notre amie Nadia, dit candidement Steven.

— Par la pensée ! s'exclama le vieil homme.

— Nous essayons, répondit humblement Caroline en baissant les yeux.

— Est-ce que vous pouvez nous aider à retrouver notre chemin ? s'enquit le garçon, revenu à une attitude plus modeste.

L'homme étudia les deux enfants quelques instants et finit par suggérer :

— Pourquoi ne pas utiliser votre intuition ?

— Notre quoi ? demandèrent les enfants à l'unisson.

— Votre intuition, répéta-t-il. Ce merveilleux pouvoir intérieur qui nous permet à tous de deviner ou de ressentir ce qui est vraiment bon pour nous.

— Vous voulez parler de l'intuition féminine ? suggéra Steven.

L'inconnu dodelina de la tête.

— On dit que les femmes sont plus sensibles et prédisposées à utiliser ce don, concéda le vieil homme, mais il est accessible à tous, homme ou femme. Il faut juste le vouloir.

— Et comment y arrive-t-on ?

— En faisant le vide dans votre esprit, mademoiselle, en créant le silence en vous.

Les deux jeunes fermèrent les yeux.

Mis à part une image de pizza, une assiette de poulet et une pointe de tarte à la crème, l'esprit de Steven, selon ce dernier, semblait désert.

— Mais j'entends rien. Y'a rien dans ma tête.

Caroline fut sur le point de passer un commentaire, mais s'abstint de mentionner qu'à son avis, elle avait toujours été inoccupée.

— Y'a rien de rien, confirma Steven, malgré le passage d'un nouveau flash de pizza.

— Il est relativement facile de créer un vide de deux ou trois secondes et c'est souvent suffisant. Par contre, dans certaines situations particulières, une écoute plus longue peut devenir nécessaire.

— Vous pouvez nous montrer comment ? s'enquit Caroline.

L'homme prit le temps de s'accroupir et se libéra de son sac avant de poursuivre.

— Éliminez toutes les petites idées qui vous passent dans la tête et restez à l'écoute. Vous pourrez alors vous fier au message que vous recevrez. Vous voulez essayer ?

Excités par la nouveauté, le duo accepta de tenter l'expérience.

— Alors, levez-vous.

Steven ayant quitté sa roche, l'homme profita de la place libérée.

— Merci, mon garçon.

Puis, il leur fit quelques recommandations. Ceux-ci, debout, les yeux fermés, tournèrent lentement sur eux-mêmes. Caroline, déçue de sa performance, fit la moue.

— Il y a toujours des idées qui bourdonnent !

— Afin de les déloger, imagine un nuage bleu lumineux qui envahit ton esprit et qui repousse au loin toutes les autres idées.

Après le troisième tour, les jeunes s'arrêtèrent et ouvrirent les yeux. Tous deux regardaient dans la même direction. Ils étaient unanimes sur la voie à suivre.

— Notre chalet est vraiment par là ? vérifia Caroline, stupéfaite.

— Si vous avez bien fait l'exercice, il n'y a pas à en douter, déclara l'étrange personnage.

— Merci beaucoup, monsieur, dit Steven.

— Y'a pas de quoi, les enfants.

Sur ces paroles, le vieil homme examina le ciel.

— Comme il fait beau ce matin, si vous n'y voyez pas d'objection, je vais faire un bout de chemin avec vous.

— Oh ! Ce serait formidable, n'est-ce pas, Steven ?

— Oui, c'est certain, répondit-il. Après avoir fait quelques pas, il demanda :

— Vous en connaissez beaucoup d'autres trucs comme ça ?

***

Le lieutenant Satoba retira un gobelet de papier du distributeur et pressa le robinet de la fontaine réfrigérée. Tout près, la porte de l'ascenseur s'ouvrit. L'inspecteur McGraw en sortit. Avec un sourire en coin, il interpella son supérieur.

— Dure journée, hein, mon lieutenant ?

— Pas si fort, McGraw, grogna Satoba en se tenant le front. J'ai un mal de tête épouvantable.

Sur ce, il avala deux comprimés d'aspirine et prit une grande gorgée d'eau. Négligemment, il écrasa son cornet de cellulose, le lança vers le panier de recyclage et le rata de peu. D'un air déprimé, il dévisagea l'inspecteur. McGraw en profita pour annoncer sa trouvaille.

— J'ai peut-être mieux que des cachets pour vous aider à oublier votre migraine.

Offrant au lieutenant une chemise de carton, il poursuivit.

— J'ai fait ma petite enquête sur l'oncle de Caroline. Avant de devenir son tuteur légal, ce type affichait déjà quatre faillites à son ardoise.

— Hum, un monsieur très actif, lâcha le lieutenant en feuilletant rapidement le dossier.

— Des faillites suspectes, mais aucune condamnation, précisa McGraw en pointant du doigt une liasse de feuilles brochées. Faute de preuves en béton, Augustin Lamarre s'en est toujours tiré.

Le lieutenant Satoba fronça les sourcils.

— Actif et brillant. De plus, il semble en très bon terme avec notre mystérieux inconnu qui joue les Batman.

— Ce n'est pas tout, patron. Devinez où devait se rendre la petite Caroline, le jour de l'enlèvement.

Le lieutenant haussa les épaules. Triomphalement, McGraw détacha une note épinglée au dossier et la tendit à son supérieur.

Ce dernier ne cacha pas son étonnement en lisant le mémo et oublia complètement son mal lancinant. Absorbé par sa lecture, il ne remarqua pas non plus le geste discret de l'inspecteur lorsque celui-ci ramassa le gobelet froissé et le jeta dans la poubelle.

— Je crois qu'une nouvelle visite s'impose chez ce tuteur très particulier.

— Je peux vous accompagner, lieutenant ? demanda McGraw, revenu à ses fonctions officielles. J'ai rarement visité des maisons de riches… Je veux dire, de vraiment très riches.

— Je crois que vous l'avez bien mérité, répondit le lieutenant en affichant maintenant un large sourire.

***

Sur le chemin du retour, Caroline et Steven furent étonnés par les connaissances de leur nouveau compagnon de randonnée. Celui-ci pouvait identifier toutes les plantes, tous les oiseaux qui trouvaient refuge dans la Vallée du silence. En peu de temps, les deux enfants s'étaient fait un nouvel ami.

— Et où habitez-vous ? demanda Caroline. Je ne savais pas qu'il y avait d'autres chalets dans la vallée.

— Je n'ai pas de chalet, déclara l'homme. J'habite dans une grotte sur l'autre versant de la montagne.

— Dans une grotte ! s'exclama le garçon.

— Hum, hum, confirma l'homme.

— Une vraie grotte ! Comme les hommes préhistoriques ? précisa Steven en imitant un déplacement simiesque.

— Steven ! s'écria Caroline qui tentait, sans grand succès, de ramener le garçon à l'ordre.

— C'est à peu près ça, répondit l'homme, amusé par les mimiques de Steven.

— Et vous vivez seul, comme les ermites ? demanda Caroline.

— On peut dire que je suis un ermite.

— Mais pourquoi avoir choisi un tel mode de vie ?

— Pour méditer et réfléchir dans la tranquillité. Ce n'est pas sans raison que l'on appelle cet endroit la Vallée du silence.

— Et c'est tout ? insista Steven, toujours aussi curieux.

— C'est déjà une très bonne raison, mais je peux ajouter que c'est également afin de vivre en harmonie avec la nature, de communiquer avec les animaux et les plantes.

— Par l'entremise des *devas* ? suggéra Caroline.

— Vous connaissez l'existence des *devas* ?

Steven prit un air suffisant et fier en acquiesçant d'un vigoureux signe de tête.

— Je suis fort impressionné, avoua l'ermite. Très peu de gens connaissent les *devas* et savent discuter avec eux.

— Nous connaissons leur existence… Discuter, c'est autre chose, avoua Caroline. Hein, Steven ?

— Et vous, vous faites comment ? s'informa Steven en n'insistant pas sur ses propres déboires.

Tout en poursuivant la marche, l'homme précisa :

— Lorsque l'on communique avec un *deva*, on communique avec l'esprit régissant les actions de toute une espèce animale et ça devient parfois même dangereux. Ce sont des esprits très puissants qui ont souvent des priorités bien différentes des nôtres. Moi, je préfère échanger avec un seul animal à la fois.

— Et ce n'est pas pareil ?

— Lorsque l'on veut aborder un animal, la méthode la plus agréable et la plus efficace est celle des sentiments.

— Peuh ! Les animaux, y'ont pas de sentiments. C'est bon pour les humains ça.

— La joie, la honte, la jalousie, la gourmandise, la peur, le besoin d'affection et même la tristesse, tous ces sentiments, beaucoup de chiens les expriment clairement envers leur maître. Même un canari dans sa cage peut démontrer de la tristesse ou de la jalousie.

— Mais une vache avec ses grands yeux... de vache, c'est différent, affirma Steven qui n'acceptait pas de s'avouer vaincu.

Amusé par autant de candeur, l'homme sourit.

— Et pourquoi dis-tu ça ? Il ne faut pas se fier à l'apparence extérieure de l'animal. La vache fait confiance au fermier et aime celui qui la nourrit et la soigne généreusement. Elle le lui rend bien par une abondance de lait. Par contre, lorsqu'elle est triste ou qu'elle s'ennuie, elle donne moins de lait.

S'adressant aux deux jeunes, il dit :

— Retenez bien ceci : tout ce qui vit possède une certaine forme de conscience.

Le trio venait d'atteindre une clairière ensoleillée. Caroline en profita et pivota de cent quatre-vingt degrés, ce qui lui permit de faire face à leur nouvel ami, mais l'obligea à marcher à reculons.

— Tout ce qui vit ? Les plantes sont vivantes. Alors, vous croyez vraiment que c'est également valable pour tout ce qui pousse ? Vous prétendez qu'elles aussi ont des sentiments ?

Afin d'éviter un accident malheureux, l'hôte de la montagne s'arrêta et déclara :

— C'est également valable pour les plantes.

— Pas possible ! lança Steven, toujours réfractaire à cette idée.

Il se pencha et dans un geste brusque, arracha machinalement une poignée de marguerites parsemant le terrain. L'homme ferma les yeux de désolation.

— Moi, j'ai jamais entendu parler d'une fleur qui était triste, dit-il en examinant les quelques tiges coincées entre ses doigts.

— Connaissez-vous la technique du détecteur de mensonge ?

— Oh ! Oui. J'en ai vu souvent dans les films policiers, répondit le garçon tout excité.

Dans un enchaînement de grands gestes théâtraux, il poursuivit :

— On branche une super machine très spéciale à un sale individu suspect et si la personne raconte des histoires, des aiguilles dessinent des zigzags sur du papier.

— Tu sais vraiment beaucoup de choses, dit l'ermite.

Ce qui eut pour effet d'enfler de nouveau l'ego de Steven. L'homme au sac de jute fit quelques pas en direction d'un gros arbre couché sur le sol.

— Venez vous asseoir, je vais vous relater un fait étrange.

Les deux jeunes ne purent résister à l'invitation. Ils se précipitèrent sur le banc improvisé et s'installèrent de chaque côté du vieillard. Après avoir déposé sa besace sur le sol, l'homme commença son récit.

— Un jour, un chercheur travaillant dans une université eut l'idée de brancher un détecteur de mensonge à la tige d'une plante. Il demanda ensuite à son assistant de craquer une allumette et de brûler le bout d'une feuille.

— Et l'appareil a réagi, présuma Caroline.

— Oui, la plante a vraiment souffert de cette brûlure. Mais ce n'est pas encore le plus extraordinaire. Le chercheur suggéra ensuite à son assistant de s'approcher de la plante avec une allumette éteinte, mais de penser très fort qu'il allait la brûler. Vous devinez la suite ?

Devant le mutisme des enfants, il ajouta :

— L'appareil a de nouveau réagi.

— Mais la plante n'a même pas été touchée, s'objecta Steven.

— C'est vrai. Cette fois-ci, la plante avait eu PEUR d'être brûlée.

— Et comment elle a pu savoir ça ? Elle n'avait pas des yeux pour voir l'assistant.

— Il n'y a pas que par nos yeux que nous pouvons voir. Notre cerveau émet continuellement des ondes, des vibrations positives ou négatives et les plantes savent reconnaître ces vibrations. La plupart des gens ne se rendent pas compte qu'elles sont conscientes de notre présence. Elles reconnaissent leur environnement et peuvent même, dans un sens, lire nos pensées. Ce n'est pas sans raison que l'on dit que les personnes qui aiment et parlent à leurs plantes ont le pouce vert.

Sur un ton morose et sans démontrer aucune trace de malice, Caroline déclara :

— Je me demande si les marguerites de Steven ont beaucoup souffert.

Le garçon baissa les yeux vers sa main serrant les fleurs et fit une grimace gênée. Comme pour s'excuser, il murmura à voix basse :

— Je ne savais pas.

***

McGraw choisit un coin à l'écart du grand salon comme poste d'observation. Étant plus familier avec les bas quartiers de la ville, tout était nouveau pour lui dans ce vaste décor de la résidence de Caroline. Debout près du grand piano à queue, il effleura négligemment les dents d'ivoire du clavier en restant attentif au duel qui se préparait.

Un peu plus loin au centre de la pièce, le lieutenant Satoba avait pris ses aises dans un confortable fauteuil capitonné. Afin de laisser monter la tension, il feuilleta lentement son petit calepin. En face de lui, dans un fauteuil similaire, Augustin Lamarre pianotait du bout des doigts, le cuir souple de ses accoudoirs. Sans grand succès, il tentait de se donner une contenance acceptable. Le lieutenant brisa enfin le silence.

— Parlez-moi des crises de Caroline.

— Les crises de Caroline ?

— Oui, les crises de Caroline, répéta Satoba avec insistance.

L'homme sembla chercher une explication et soudain il dit :

— Oh ! Vous voulez sans doute parler de ses petits vertiges passagers.

— Ce n'est pas plus grave que ça ?

— De simples migraines qui vont et viennent, se risqua l'oncle sur un ton qui se voulait banal.

Le lieutenant de police resserra lentement la vis.

— Des migraines qui nécessitent toutefois des médicaments plutôt inhabituels, selon les dires de votre pharmacien.

— Certains médicaments peuvent être administrés pour différents malaises plus ou moins graves. C'est sûrement une simple question de dosage, suggéra l'oncle.

— La situation de Caroline n'est donc pas critique...

— Absolument pas, assura l'homme.

— Alors expliquez-moi la raison de ce document.

Le lieutenant sortit de la poche intérieure de son veston une enveloppe blanche qu'il tendit à son vis-à-vis. Il précisa :

— Une demande d'admission dans une clinique privée traitant exclusivement les maladies mentales.

Connaissant déjà le contenu du document, l'homme prit l'enveloppe, mais ne l'ouvrit pas. L'inspecteur se cala un peu plus dans son fauteuil et croisa les jambes.

— Monsieur, je n'aime pas beaucoup les petites cachotteries. Dans mon métier, secret rime avec suspect. Vous en savez plus que vous le prétendez et j'ai bien l'intention de sortir d'ici avec des réponses.

***

Le boisé s'éclaircit. À travers les hautes herbes, on commençait à discerner, au loin, la ligne fluide d'un sentier. Rapidement, le trio poursuivit sa marche dans un environnement laissant deviner des repères de plus en plus familiers.

L'ermite remarqua l'excitation grandissante des enfants.

— Alors ? Vous vous y retrouvez ?

— Oh ! Oui, on est tout près du chalet, déclara le garçon tout heureux. Sur ce, il partit en courant sur la piste de terre battue.

— Accepteriez-vous de nous accompagner jusqu'à… notre pavillon d'été ? proposa Caroline avec une pointe d'humour. Je souhaiterais vous présenter à notre amie Nadia… et vous pourriez en profiter pour vous reposer un peu.

— C'est très gentil, merci beaucoup, ma belle enfant. Je serai très heureux de faire sa connaissance.

***

Tout en observant Nadia du coin de l'œil, Guidor, appuyé à un bouleau, flattait le ramage d'un chardonneret perché sur son index. La jeune femme, inquiète, les bras croisés, faisait les cent pas tout en cherchant du regard la silhouette des enfants à travers les épais fourrés.

Soudain, telle une fusée, Steven apparut dans le sentier. Sautant par-dessus une pile de bûches, il atterrit bruyamment à quelques pas de Nadia. Son arrêt brusque souleva un épais nuage de poussière, effrayant du même coup l'oiseau posé sur le doigt de Guidor qui s'envola aussitôt.

— Nadia, c'est nous ! On est de retour ! Qu'est-ce qu'on mange ? demanda-t-il en chantonnant.

— Vous voilà, enfin ! Où étiez-vous passés ? s'écria Nadia qui dissimulait avec peine ses émotions.

Sur un ton candide et joyeux, Steven résuma leur aventure.

— On s'était perdus en forêt, mais un vieux monsieur super cool nous a aidés à retrouver le chalet.

— Êtes-vous sérieux ? Vous avez amené un étranger jusqu'ici, s'alarma la jeune femme.

Elle jeta un coup d'œil inquiet dans la direction de Guidor qui se contenta d'afficher un sourire rassurant.

— C'est pas un étranger, Nadia. C'est un ami. Je peux lui faire visiter la cabane ?

— Mais à quoi avez-vous pensé ? demanda-t-elle d'un air découragé.

Nadia n'eut pas le temps d'attendre une réponse. Derrière une touffe de conifères s'élevèrent des rumeurs. Elle reconnut immédiatement la voix claire de Caroline. La jeune fille apparut au tournant du chemin, accompagnée du vieil homme.

Steven s'accrocha au bras de Nadia et la tira sans ménagement vers les nouveaux arrivants. Caroline s'empressa de faire les civilités d'usage.

— Je vous présente notre amie Nadia.

— Enchanté de vous connaître, déclara l'homme.

— Et voici... commença Caroline, confuse.

— Appelez-moi simplement l'Ermite, dit-il en souriant.

— Alors, bienvenue... l'Ermite.

Nadia offrit une main qu'elle tenta de rendre la plus amicale possible.

L'Ermite se tourna ensuite vers un personnage resté discret. Nadia se sentit obligée de souligner sa présence.

— Voici un ami...

Guidor sortit de l'ombre du bouleau et marcha vers le nouveau venu. Ce dernier ouvrit tout grand les bras. Nadia, Caroline et Steven furent alors témoins de grandes retrouvailles. Après une chaleureuse accolade, Guidor donna des explications au trio ébahi.

— L'Ermite est un ami, un très vieil ami.

— Alors, vous connaissiez déjà l'existence du chalet ! s'exclama Steven.

— Avec la permission de Guidor, j'utilise assez souvent le chalet, surtout l'hiver, avoua le vieil homme, mais sachant que des visiteurs arriveraient bientôt, j'ai préféré retourner dans ma grotte et continuer à vivre dans mon monde de silence.

Steven prit un air offusqué.

— Ben alors, pourquoi nous avoir fait le coup de l'intuition ? Il était bien plus simple de nous indiquer le chemin. Pas besoin de jouer à la toupie pour ça, reprocha le garçon.

— Tu ne m'as jamais demandé de t'indiquer le chemin du chalet.

Prenant Caroline à témoin, il poursuivit :

— Vous m'aviez seulement demandé de vous aider à retrouver votre chemin et c'est ce que j'ai fait. De plus, je vous ai accompagnés jusqu'ici afin de m'assurer que vous seriez tous les deux sains et saufs et de retour à temps au chalet.

— Moi, j'appelle ça tricher, déclara Steven sur un ton boudeur en se croisant les bras.

— Steven ! lança Caroline.

L'Ermite, franchement amusé par l'attitude du garçon, précisa :

— Sans cette petite tricherie, vous n'auriez pas eu l'occasion d'expérimenter et d'apprécier la puissance de cette faculté extraordinaire que l'on nomme l'intuition.

— Il a raison, Steven, concéda Caroline. C'est bien grâce à cette approche que nous avons retrouvé le chalet.

— D'accord… Je vous en veux pas... Mais c'est quand même triché, insista Steven qui ne put retenir un éclat de rire.

***

Une à une, les étoiles piquèrent le grand velours noir. Autour d'un feu de camp, on profitait d'une brise légère tout en se remémorant les grandes émotions de la journée.

— C'est vraiment prodigieux d'avoir pu retrouver notre chemin par notre intuition, rappela Caroline.

— Remarquez, précisa l'Ermite, que ce n'est pas la façon d'agir la plus prudente lorsque l'on est perdu en forêt. Il est plus sage de rester sur place et d'attendre du secours. Cet après-midi, vous pouviez vous permettre d'utiliser votre intuition. Il n'y avait aucun danger puisque je connaissais votre destination.

— Mais alors, pourquoi leur avoir fait pratiquer cet exercice ? s'enquit Nadia.

L'homme ne put réprimer un sourire coupable et avoua :

— Connaissant la raison de votre présence au chalet, j'étais curieux de mettre à l'épreuve les facultés de Caroline et de Steven.

Se tournant vers les enfants, il ajouta :

— Je vous suggère fortement de poursuivre vos exercices de méditation et d'améliorer, tous les jours, votre pouvoir d'intuition.

— Et comment peut-on y arriver ? demanda Caroline.

— Je vais vous proposer deux exercices. Voici le premier.

Tous les participants devinrent très attentifs.

— Quand vous désirez connaître l'heure, au lieu de regarder immédiatement votre montre ou une horloge, vous devriez tenter de la deviner.

— Et ça marche ? dit Steven, incrédule.

— Avec le temps, vous parviendrez à percevoir l'heure exacte à quelques minutes, voire à quelques secondes près.

— Et l'autre exercice, qu'est-ce que c'est ? s'informa Caroline, de plus en plus intéressée.

— Lorsque le téléphone sonne, prenez une seconde ou deux pour deviner qui peut bien appeler et à qui l'appel est destiné.

— On pourra pas pratiquer ça avant un certain temps, ironisa Steven.

— C'est vrai, concéda l'Ermite. Mais attention, il faut faire ces exercices sans essayer de réfléchir, sans calculer ou faire des déductions logiques. L'intuition ne fait pas travailler le cerveau. Elle vient du fond de l'âme.

Il marqua un court arrêt puis il précisa :

— Ces apprentissages sont plus faciles et plus prudents à réaliser que de tenter de retrouver son chemin, mais ils vous amèneront peut-être, un jour, à utiliser votre intuition dans des situations beaucoup plus dramatiques.

Une pause se fit, chacun méditant les sages paroles de l'Ermite. Au bout de quelques secondes, Guidor rompit le silence :

— Il se fait tard. Je suggère à tous d'aller se reposer. Pour cette nuit, l'Ermite a accepté notre hospitalité.

— Super ! s'exclama Steven.

— C'est formidable, j'ai encore tellement de questions à vous poser, avoua Caroline.

— Il te faudra alors te lever tôt, car je vais partir au lever du soleil.

Une à une, les lampes s'éteignirent dans le chalet. Tous se préparèrent à dormir, sauf peut-être cette ombre bizarre qui rôdait dans le sentier serpentant sur le flanc de la colline.

Le cordon d'argent

CHAPITRE VIII

Le traquenard

Le soleil égrenait des parcelles de lumière dans les sous-bois de la vallée. En ce mitan de l'avant-midi, malgré l'ombre généreuse des conifères, on pouvait presque deviner à l'odeur que cette journée de la mi-juillet serait chaude et humide.

Dans ses sandales artisanales, l'Ermite foulait d'un pas alerte la piste sinueuse de terre battue. Son vieux sac de toile usé en bandoulière, il écartait d'un geste délicat les quelques branches traversant le chemin. On aurait pu le croire seul dans cette forêt, n'eût été du martèlement sourd qui s'amplifiait à chaque tournant du sentier.

L'homme apparut derrière un bouquet de fougères tout près de la véranda du chalet. Il aperçut la jeune femme sur le seuil de la porte, secouant la nappe du petit déjeuner. Afin de ne pas la surprendre, il s'annonça doucement.

— Bonjour, Nadia.

— Oh ! Bonjour, l'Ermite, lui répondit-elle en poursuivant sa besogne.

Agenouillée devant un seau d'eau, les cheveux encore humides, Caroline releva la tête en terminant de s'essuyer le visage.

— Allô, Caroline.

— Bonjour, l'Ermite. La journée s'annonce magnifique.

L'homme de la montagne acquiesça d'un léger signe de tête et se tourna vers le garçon qui semblait livrer un combat de titans. Concentré sur la tâche, Steven avait fait peu de cas des civilités amorcées.

Pour l'heure, il se débattait avec acharnement contre sa hache solidement coincée dans une bûche récalcitrante. Malgré plusieurs cognées énergiques, la bûche refusait toujours de se fendre. À bout de souffle, Steven profita de cet intermède pour lâcher l'outil.

— Salut, comment vas-tu, Steven ?

— Ouf, ouf… Très bien l'Ermite... Ouf... Hé, dites... l'Ermite ?

— Oui, Steven ?

— Pourquoi on vous appelle toujours l'Ermite ? Vous n'avez pas un vrai nom comme tout le monde ?

— Si, j'en ai déjà eu un.

— Et pourquoi vous ne vous en servez pas ?

— Steven, intervint calmement Nadia. Tu sauras que certaines insistances peuvent dénoter un manque de savoir-vivre.

— Ben quoi, je voulais juste savoir, bougonna Steven en haussant les épaules.

Nullement offensé et même plutôt amusé, l'Ermite répondit :

— Aujourd'hui, mon nom n'a plus beaucoup d'importance. Pour mes amis les cerfs de la forêt, le vent et les oiseaux, l'Ermite est un nom bien suffisant.

— Mais nous, on n'est pas des oiseaux.

— Tu n'en as pas le plumage, mais je crois bien que tu en as la cervelle, répliqua sèchement Nadia en déposant sa nappe sur la rampe de la galerie.

Sans se soucier de cette dernière intervention, l'Ermite répondit sur un ton méditatif :

— Peut-être qu'un jour, si tu le mérites, je répondrai à ta question.

— Ah oui ! Quel jour ?

— Steven ! s'exclama la jeune femme, sur le point de perdre patience, les poings sur les hanches.

— Bon d'accord. J'ai compris.

Steven empoigna le manche de sa hache. Prenant un air de chien battu, il se lamenta à voix haute :

— À moi, on dit jamais rien. À part : va chercher de l'eau, va couper du bois, va chercher de l'eau, va couper du bois.

Tous lui reconnaissaient un grand talent de comédien. Les jérémiades du garçon s'envolèrent avec la brise. L'Ermite marcha vers le petit escalier tout en soulevant le rabat de son grand sac de toile. Il en sortit un paquet enveloppé de papier brun qu'il tendit à Nadia.

— Voilà les aiguilles et les autres petits articles que tu désirais.

— Oh ! Merci. C'est vraiment gentil de votre part de faire ce long trajet jusqu'au village. C'est tout de même une bonne marche.

Plaçant sa main libre près de sa bouche, il lui confia dans un murmure :

— Près de la grand-route, j'ai une vieille bicyclette cachée dans un fourré.

Nadia ne put retenir un éclat de rire.

— Vous en avez encore beaucoup, des secrets de ce genre ?

— Quelques-uns… Mais je les dévoile un à la fois, pour faire durer le plaisir.

— Je suis curieuse de connaître le prochain.

— C'est pour bientôt…, répondit l'apprenti commissionnaire sur un ton taquin.

Nadia n'insista pas, prit le colis d'une main et le posa près de la nappe. Elle l'ouvrit machinalement, y jeta un coup d'œil rapide et demanda distraitement :

— Alors, quoi de neuf dans le monde extérieur ?

— Beaucoup de choses, mais pas vraiment intéressantes...

Prenant un air espiègle, il ajouta en sortant de sa poche de toile le quotidien du matin :

— Sauf peut-être ceci.

La jeune femme, intriguée, accepta le journal. En le dépliant, elle s'arrêta sur la première page.

— Ça alors ! Chemptek. C'est l'entreprise où je travaillais... et lui, c'est mon ancien patron.

— Hein ! Ton patron ! répéta le garçon qui avait l'oreille fine pour tout ce qui ne le concernait pas. Et est-ce qu'on parle de toi ?

Abandonnant sa hache, il rejoignit les deux adultes, suivi de près par Caroline, les cheveux cachés dans un turban de ratine.

— J'espère bien que non, soupira la jeune femme. Chemptek est poursuivi pour cent millions de dollars, ajouta-t-elle en retournant le journal vers le groupe.

Tous pouvaient lire sous le titre principal : « Chemptek : une menace planétaire ? »

Nadia marmonna quelques phrases.

— Tu peux articuler un peu plus, s'il te plaît ? demanda Steven.

Pour le bénéfice de tous, elle poursuivit à haute voix :

— « Présent sur les cinq continents, le consortium gère vingt-deux usines… » « … Il n'en faut pas plus… » Ah ! Voilà. « L'accusation du ministère souligne la contamination de l'environnement par un nouveau produit toxique aux effets inconnus jusqu'à ce jour. Le directeur de l'usine a offert sa démission tard dans la nuit. »

— Bon débarras ! s'exclama le garçon.

— Chacun son tour de perdre son emploi, ajouta Caroline.

— Il a vraiment une sale gueule, fut le verdict de Steven.

Le garçon se désintéressa soudain de l'affreux personnage.

— Oh ! Regardez, derrière le bonhomme.

Tout excité, Steven pointa du doigt un coin de la photo où l'on reconnaissait derrière le directeur, une partie des installations de la Chemptek. On devinait le coin d'un bâtiment et plus loin, des citernes énormes portant l'emblème de la compagnie.

— Et alors ? demanda Nadia. C'est le logo de l'entreprise.

— Un triangle noir sur un carré rouge, précisa le garçon.

— Ça par exemple ! s'exclama Nadia, médusée. J'avoue que je n'avais jamais fait le rapprochement.

— Parce que les couleurs sont inversées, souligna Caroline.

— Mais c'est quand même la même image. Alors, ça veut dire que tu travaillais pour les envahisseurs !

— Steven, ne sois pas ridicule, lança Nadia, offusquée par une telle accusation.

— Mais ce dessin sur la citerne, s'écria Steven de plus en plus excité, on le connaît bien. C'est le symbole des ennemis, celui des assassins !

— Steven, s'écria Caroline. Tu dérailles complètement. Les envahisseurs, c'était, il y a huit mille ans. C'est une menace qui n'existe plus. Il n'y a rien qui peut survivre durant huit mille ans.

Prenant l'Ermite à témoin, elle ajouta :

— N'est-ce pas, l'Ermite ?

Malgré le mutisme de celui-ci, elle insista :

— Tu sembles oublier, mon cher petit génie, que Nadia a été congédiée justement parce qu'elle ne voulait pas obéir à ses employeurs.

Steven connut alors un passage à vide. Quelques secondes seulement, le temps de s'assurer que deux et deux font quatre.

— Euh… C'est vrai… Excuse-moi, Nadia.

D'un air penaud, il ajouta en quittant le groupe :

— J'devrais peut-être retourner couper du bois.

Cette fois, tous savaient qu'il ne jouait pas la comédie. Caroline, un peu honteuse de sa brusquerie, proposa :

— Attends-moi. À deux, ça ira plus vite.

Nadia regarda les deux enfants s'éloigner.

— Pauvre Steven. Il en est tout retourné et malheureux.

— Malheureux, mais observateur, admit l'Ermite encore quelque peu ébranlé. Steven a raison, c'est bien le symbole gris, celui des Trogs. Je ne croyais pas les petits gris si près de nous. Il devient vraiment urgent d'agir.

— Agir ? Mais comment ? Et en premier lieu, les petits gris, c'est quoi ou qui au juste ?

— Tout est relié à ce symbole, dit l'Ermite en pointant du doigt la photo du journal. Entrons dans le chalet. Je crois qu'il est temps de te dévoiler un autre de mes petits secrets.

***

— Vous en êtes certain ? demanda Satoba en laissant retomber le journal.

— J'en mettrais ma main au feu, chef, confirma McGraw en sortant une pile de photos d'une grosse enveloppe grise.

Le lieutenant sortit d'un tiroir sa puissante loupe et se mit à examiner les photos et plus précisément le ceinturon du mystérieux visiteur.

— Incroyable, s'exclama-t-il tout en glissant la loupe vers la photo du journal. Le dessin de la boucle est identique au logo de cette entreprise... Mais quel rapport peut-il bien exister entre une boucle de ceinture et une entreprise de produits chimiques ? marmonna le lieutenant en déposant sa loupe sur le bureau.

— Vous permettez que je fouille l'affaire, lieutenant ? s'enquit McGraw, fier de sa découverte.

— Et comment ! Je veux tout savoir sur les origines et la signification de ce fameux symbole.

***

Vêtu d'une veste de flanelle aux larges carreaux cachant partiellement un ceinturon au motif étrange, l'individu n'avait rien du touriste en quête d'un havre de paix.

Malgré son lourd sac à dos, il progressait rapidement dans le sous-bois lorsque soudain, par mégarde, le bout de sa botte en peau de crocodile se coinça sous une racine. Surpris et déséquilibré, l'homme eut juste le temps de s'agripper à un vieux tronc vermoulu pour retrouver son aplomb. Durant quelques secondes au plus, son visage se déforma, mais reprit rapidement son apparence d'origine.

— Sale planète ! rumina-il. Un jour, il faudra penser à raser tous ces arbres inutiles.

Oubliant sa mésaventure, il poursuivit sa marche et atteignit un ruisseau qu'il traversa en trois enjambées, puis s'arrêta. De la poche intérieure de son blouson, il retira une mince plaquette qu'il consulta avec intérêt. Satisfait, il pressa quelques touches. Portant ensuite son poignet gauche à la hauteur de sa bouche, à voix basse, il articula :

— Je demande une confirmation de ma localisation.

La réponse ne se fit pas attendre.

— Votre position est détectée. Corrigez de deux degrés virgule cinq vers l'est.

Très loin sous terre, sur un grand écran s'affichaient deux points lumineux dont l'un, plus brillant, attirait l'attention. Face à l'écran panoramique, le Globulus compléta la demande d'information.

— Vous êtes à moins d'un kilomètre de la source d'émission. Soyez prudent, agent Sygrill. Bonne chance… et bonne chasse.

***

Caroline lança un dernier morceau de bois sur le tas devenu imposant. Avec un certain dédain, elle examina son maillot souillé de résidus d'écorce. Du revers de la main, elle brossa délicatement son vêtement ainsi que ses avant-bras. Levant les yeux, elle ne put s'empêcher d'exprimer sur un ton réprobateur :

— Franchement, Steven, ne trouves-tu pas que tu exagères ?

Le garçon, accroupi, n'avait cure des commentaires de la jeune fille. Il tentait désespérément de prendre une huitième bûche sur le bras.

— J'ai pas l'intention de passer tout mon avant-midi à transporter du bois.

Ayant réussi son exploit, il se releva lentement. Avec peine, il fit quelques pas hésitants. La vue partiellement bouchée, le garçon ne vit pas la grosse racine sortant de terre tout juste devant lui. Fatalement, il s'y accrocha le pied, perdit l'équilibre et se retrouva de tout son long sur le sol, le nez dans la mousse, tandis que ses bûches s'éparpillèrent allègrement dans toutes les directions.

Hargneux, Steven se releva brusquement. Du coin de l'œil, il découvrit sa hache plantée dans une souche. Accompagné d'un grand cri vengeur, il sauta sur l'instrument, le ramassa à deux mains et courut vers la racine provocatrice.

Il avait déjà pris son élan et se préparait à faire un massacre lorsqu'il sentit, avec stupéfaction, une résistance à son élan. Il se retourna et vit l'Ermite lui prendre délicatement l'outil des mains.

— Redonnez-moi ma hache, j'ai un compte à régler, hurla-t-il, hors de lui.

— À régler avec qui ? s'informa l'Ermite calmement.

— Avec cette stupide racine, s'écria Steven, rouge de colère.

Toujours aussi serein, l'Ermite demanda :

— Et pourquoi cette racine est-elle stupide ?

— Parce qu'elle m'a fait tomber.

— Elle t'a fait trébucher ou est-ce que tu t'es pris le pied dedans ?

— C'est la même chose, marmonna le garçon.

— Tu t'es coincé le pied parce que tu n'as pas regardé devant toi.

Steven balaya le sol du pied et fit lever un nuage de poussière dans la direction de sa source de frustration. Sur un ton bourru, il répondit :

— Si elle n'avait pas été là, cette stupide racine, je ne serais pas tombé.

— Elle est à cet endroit depuis plus de cinquante ans et c'est bien la première fois qu'on la traite de stupide.

Après avoir déposé l'outil de mutilation près d'un arbre, l'Ermite suggéra :

— Si tu tiens absolument à marcher sur un terrain plat exempt d'obstacles, tu n'as qu'à te rendre dans le stationnement d'un centre commercial.

Avec une touche d'ironie, le vieil homme ajouta :

— Avec la permission du gérant, tu pourras peut-être même y planter ta tente.

Steven, devenu un peu plus calme, ne trouva rien d'emballant dans la suggestion de l'Ermite. Il se croisa les bras, fit la moue et resta songeur.

— Alors, comment trouves-tu mon idée ?

— Pas super, finit-il pas avouer. Sur les terrains de stationnement, y'a que des bruits de moteur et des gaz puants… pas de fleurs, pas de chants d'oiseaux.

— C'est vrai, concéda l'homme. Chaque lieu possède ses particularités. Sans les arbres, il n'y a pas d'oiseaux sur les branches ni de parfums sauvages. Et sans les racines, il n'y a pas d'arbres. La forêt peut nous donner beaucoup, à la condition de l'accepter telle qu'elle est.

L'Ermite fit une pause et laissa aux enfants le temps de bien apprécier et d'enregistrer ces sages paroles. Sur un ton de quasi-conspirateur, il poursuivit :

— Après le repas, je vous ferai découvrir un trésor.

— Un trésor ! s'exclamèrent-ils en chœur.

— Oui, un véritable trésor. Un endroit magnifique caché dans la forêt. En attendant, allez vous laver et ensuite, promenez-vous dans le sentier près du chalet. Prenez le temps de découvrir les beautés qui vous entourent. Mais attention...

— Oui je sais, en regardant où je mets les pieds, dit Steven en souriant.

***

Une grosse botte en peau de crocodile écrasa un bouquet de fougères. Sygrill s'arrêta de nouveau. Une consultation rapide de sa plaquette de guidage confirma sa position. Prestement, il se délesta de son sac à dos.

Étendu sur un rocher plat, il balaya à l'aide de ses jumelles les abords du lac longeant le pied de la colline. En quelques secondes, il entrevit le filet de fumée s'échappant du chalet, masqué partiellement par un bouquet de conifères. D'un œil expert, il apprécia sa position.

— Ici, ce sera parfait, déclara-t-il avec un sourire méchant.

***

Derrière un bosquet, l'agent terminait de camoufler son havresac sous des branches de sapin lorsque son attention fut attirée par de claires et joyeuses exclamations.

— Regarde, y'en a un autre par là ! s'écria Steven.

Malgré la faible inclinaison du terrain, l'humus rendait le sol glissant et la descente hasardeuse. Caroline contourna prudemment un vieux tronc pourri et se retrouva face à une grande mare d'eau stagnante. Elle laissa échapper un soupir, étudia l'obstacle quelques secondes et estima qu'il représentait la fin de son périple exploratoire.

— Tu ne vas tout de même pas faire l'inventaire de tous les terriers de la vallée, protesta Caroline.

Sygrill s'étendit précipitamment sur le lit de fougères tapissant le sous-bois. En bordure du sentier, à une centaine de mètres de sa cachette apparurent les deux enfants, émergeant d'une dénivellation de terrain.

Steven venait de dénicher un nouveau refuge prometteur et marchait, tout excité, dans sa direction.

— Je te parie qu'il y a des renards cachés dans ce trou.

— Sois prudent. Je te rappelle que ce sont des animaux sauvages.

À quatre pattes, la tête plongée dans la petite ouverture, Steven s'offrit un brin de philosophie.

— Bah ! Une p'tite bête ne peut pas en manger une grosse.

Sortant la tête du terrier, il ajouta :

— Les renards ont toujours plusieurs sorties à leur tanière. Viens, on va les chercher.

Le garçon se releva, mais Caroline ne bougea pas. Elle croisa les bras afin de marquer son objection.

— Moi, je ne vais pas plus loin.

— Pourquoi ? demanda-il tout surpris.

— Parce qu'il sera bientôt l'heure de retourner au chalet. Nous devrons aider Nadia à préparer le repas.

— Préparer le repas. Y'a pas de quoi se presser. On va encore brouter des herbes et manger des légumes, bougonna le garçon.

— Mais c'est très bon pour la santé. De quoi te plains-tu ?

— Y'a pas de viande. Y'a jamais de viande ! précisa-t-il avec insistance.

— Et alors ?

— Avant de connaître Nadia, j'ai déjà couché en prison, moi.

— Il n'y a pas de quoi pavoiser, souligna la jeune fille.

— C'est vrai que... c'était pas très confortable, mais au moins, au poste de police, y'avait du poulet au menu... surtout la fin de semaine, ajouta-t-il d'un ton morose.

De son poste d'observation, l'agent du continent creux grimaça un sourire.

— Du poulet...

Un plan diabolique venait de germer dans son esprit tortueux. Après le départ des enfants, il quitta sa cachette sans laisser de trace et s'éloigna discrètement.

***

Une famille de lièvres gambadait autour de l'Ermite accroupi à même le sol. Nadia sortit sur la galerie et referma doucement la porte à moustiquaire. L'Ermite la gratifia d'un grand sourire et l'encouragea à le rejoindre auprès ses visiteurs. Nadia répondit par un sourire tiède, mais ne quitta pas son perchoir.

La devinant préoccupée, l'homme se releva lentement et se faufila entre les petites bêtes. Maintenant, tout près d'elle, il tenta de la rassurer.

— Tu sais, Nadia, ici tu es en sécurité. Aucune police au monde ne vous trouvera dans la Vallée du silence.

— Ce n'est pas notre sécurité qui me préoccupe en ce moment. Après une hésitation, elle ajouta :

— C'est Steven.

— Steven ? Mais qu'est-ce qu'il a fait ?

— Il n'a rien fait. C'est simplement que je ne sais pas... je ne sais plus comment composer avec lui.

La jeune femme descendit les quelques marches et se laissa choir sur une vieille chaise longue en bois.

— Depuis des semaines, il ne parle que de manger du poulet ou de la viande comme du bœuf et du porc. Tous nos menus sont composés de fruits et de légumes, accompagnés de noix et de céréales. Je me sens un peu coupable de ne pas lui offrir ce qu'il désire.

— Tes menus végétariens sont délicieux et très bons pour la santé. Je ne peux que t'encourager à éliminer la consommation de viande, et en premier lieu les viandes rouges et le porc.

Nadia fronça les sourcils.

— Vous êtes très catégorique, il me semble.

— Les animaux ont des sentiments tout comme nous, Nadia. Si tu observes bien un chien, tu te rendras compte qu'il connaît la joie, la tristesse, l'ennui et la peur.

— C'est vrai, admit-elle. Certains chiens semblent presque humains. On dit même parfois qu'il ne leur manque que la parole.

L'Ermite acquiesça de la tête.

— Selon certaines théories, les animaux que l'on amène à l'abattoir vivent un stress important et ressentent la peur. Cette peur se propage dans tout le corps de l'animal et reste figée dans les cellules lorsque l'on abat la bête.

— Vous prétendez que lorsque nous mangeons cette viande, nous consommons également cette peur ? en conclut Nadia.

— C'est bien possible.

La jeune femme fit la moue.

— Ça ne doit pas nous aider à passer une bonne journée.

— Ce n'est peut-être qu'une théorie, déclara l'Ermite sur un ton évasif, mais pour ma part, je préfère m'abstenir et ne pas prendre le risque de la vérifier.

— Il faudra que vous répétiez tout ça à Steven.

***

Le retour vers le chalet s'annonçait sans surprise lorsque les deux enfants entendirent le sifflement rythmé d'une chanson populaire.

— Tiens, l'Ermite vient nous voir, annonça Steven qui cherchait déjà la silhouette à travers les buissons.

— L'Ermite ne connaît sûrement pas ce genre de chanson, jugea Caroline.

— Alors c'est Guidor !

— Je n'ai jamais entendu Guidor siffler une ritournelle, répliqua la jeune fille en ralentissant le pas.

À bout de ressource, le garçon ne put que dire :

— Alors c'est qui ?

Caroline haussa les épaules.

— Je ne sais pas. Il est préférable de se faire discret, répondit-elle d'une voix feutrée. Par prudence, piquons à travers le sous-bois.

Les enfants esquissèrent à peine leur geste qu'une voix chantante leur coupa toute idée de retraite.

— Oh ! Bonjour, les enfants.

À travers un enchevêtrement d'arbrisseaux, les deux jeunes devinèrent la silhouette du nouveau venu. Celui-ci se pencha quelques secondes et réapparut en exhibant entre ses doigts, tel un trophée, une curieuse masse jaune orangé.

— Ah... Regardez-moi cette magnifique chanterelle.

L'homme au visage rondelet, voyant les deux enfants peu impressionnés par sa découverte, précisa sur un ton enjoué.

— Évidemment, on ne mange pas un champignon tout seul dans une assiette. Par contre, c'est un accompagnement exquis pour une belle poitrine de poulet tendre ou de dindon, nappée d'une généreuse sauce brune onctueuse.

Au mot « poulet », les yeux de Steven devinrent deux grandes lunes blanches. Sa bouche s'ouvrit et se referma pour déglutir sans discrétion. Au mot « dindon », le garçon avança d'un pas sans s'en rendre compte.

Attentif aux moindres réactions des enfants, Sygrill se prépara à refermer son filet. Il ajouta sur un ton innocent :

— Ma femme n'a pas son pareil pour préparer les poulets en sauce.

Faisant tourner sa découverte du bout des doigts, il dit d'un air gourmand :

— Et avec ces champignons, nous aurons un repas délicieux.

Steven était sur le point de défaillir lorsque l'inconnu lui donna le coup de grâce.

— Tu aimes le poulet, mon garçon ?

À demi comateux, celui-ci ne réussit à répondre que par un signe de tête. L'homme, s'adressant toujours à lui, annonça :

— Moi, je les adore. C'est pourquoi j'en élève des centaines en plus des dindes et des moutons.

— Des dindes et des moutons, répéta Steven.

— Oui, les gigots, c'est la spécialité de ma femme.

Conscient de son pouvoir sur le garçon, l'agent exécuta la seconde partie de son plan. Se donnant un air détaché, il prit le temps de ramasser son sac de champignons avant de déclarer :

— C'est la première fois que je rencontre des jeunes sur ce versant de la montagne. Je suppose que vous habitez le chalet isolé dans la vallée ?

Steven, qui avait perdu tout sens de la discrétion, confirma d'un hochement de la tête. L'homme reprit :

— Et bien ! Je suis très heureux d'avoir de nouveaux voisins. Je possède une ferme à l'autre bout de la vallée, de l'autre côté du lac. Ce n'est pas bien loin d'ici.

Prenant l'allure de celui qui vient d'avoir une subite inspiration, il ajouta sur un ton enjoué :

— Tenez, demain c'est samedi. Afin de fêter dignement notre rencontre, je vous invite à venir dîner chez moi demain soir. Il y aura de la dinde, du gigot d'agneau... et des champignons. Mais j'y pense, vous n'êtes sûrement pas seuls à habiter le chalet ?

— Oh ! Non, y'a également Nadia et notre ami Guid...

Steven n'eut pas l'occasion de terminer sa phrase. Caroline, qui avait conservé tous ses esprits, bouscula l'épaule de son ami en donnant l'illusion de perdre l'équilibre. Steven, se rendit compte de son imprudence et corrigea rapidement :

— ... Nadia et notre ami Guy. C'est notre oncle. Il vient nous voir de temps à autre.

— Alors vous serez tous les bienvenus demain soir. Et soyez sans crainte, il y en aura pour tout le monde.

***

Tout était calme aux abords du chalet. L'Ermite, assis sur une souche, pelait des carottes. Nadia, un peu plus loin, lavait une pomme de laitue sous la pompe à eau. Tout était tranquille, du moins jusqu'à l'arrivée de Steven. Le garçon apparut comme une tornade en dansant et en chantant :

— Du poulet, du poulet...

Dans son euphorie, il grimpa sur un amas de bûches et se mit à danser. Son poids et ses pitreries déstabilisèrent l'amoncellement de rondins, mais Steven n'en avait cure. Dans un élan, il s'élança vers une branche et fit quelques balancements avant de sauter vers le sol. Son pied droit atterrit dans un seau et y resta coincé. Sans se préoccuper de ce détail, Steven continua ses bouffonneries en clopinant et en chantant :

— On va manger du poulet, on va manger du poulet, samedi...

L'Ermite laissa s'éloigner la tempête et attendit le passage de Caroline. Avec une pointe d'humour, il s'informa :

— J'espère que la maladie de ce jeune garçon n'est pas contagieuse ?

— Si vous n'êtes pas fou du poulet, il n'y a aucun danger, répondit-elle sur le même ton.

Constatant son commentaire peu explicite, elle ajouta :

— Nous avons rencontré un fermier dans le bois et il nous a tous invités à souper chez lui demain soir.

Considérant cette fois-ci son information complète, Caroline rejoignit Nadia.

— Un fermier ? répéta l'Ermite pour lui-même.

Dans une suite de pirouettes, son pied toujours coincé dans le seau, Steven s'arrêta devant le vieil homme.

— Oui. Il est super sympa. Il possède une ferme à l'autre bout de la vallée. Il élève des moutons, des dindons et des poulets, des poulets, des poulets..., fredonna Steven en s'éloignant.

Toujours assis sur la souche, l'Ermite fronça les sourcils.

***

Le joyeux fermier avait depuis longtemps oublié ses champignons. À grands coups de hachette, il coupait à présent une série de pieux en bois dur. Un à un, il les aiguisa soigneusement, transformant chaque tige en un dard meurtrier.

***

L'Ermite ouvrait la marche. Sur ses traces, Caroline suivait d'un pas léger. Steven, toujours prêt à râler, ne laissa pas passer l'occasion.

— Il est encore loin, ce trésor ?

— Steven, souffla Caroline, cesse donc de te plaindre. Pour un trésor, tu peux faire un effort.

L'homme coupa court aux récriminations. Il fit encore quelques pas, s'arrêta et céda le passage aux enfants.

— Nous sommes presque rendus et le coup d'œil vaut le déplacement.

Le sentier déboucha soudain sur un promontoire offrant une vue imprenable sur le lac et son environnement.

— Le voilà, mon trésor.

— Oh ! C'est à couper le souffle ! s'exclama Caroline.

— C'est plus beau que sur les cartes postales, admit Steven.

— Et sur ces cartes, tu ne peux pas sentir les délicieux parfums de la forêt, dit l'Ermite.

— Ou entendre tous ces chants d'oiseaux, renchérit la jeune fille.

— Suivez-moi.

L'homme emprunta un sentier sablonneux et tous les trois descendirent jusqu'aux berges du lac. L'Ermite se dirigea vers un arbre couché.

— Venez vous asseoir. J'ai une petite histoire pour vous.

Les enfants ayant pris place, il leur dit :

— Imaginez que vous avez une jolie maison, avec un beau salon et des meubles magnifiques. Tout est propre et paisible au sein de votre foyer. Vous êtes heureux dans votre résidence et appréciez vivre dans cette belle tranquillité. Soudain, sans s'annoncer, des étrangers entrent dans votre logis, s'installent sans invitation dans votre salon, mettent les pieds sur les tables, renversent le contenu de leur verre sur vos beaux tapis et font jouer de la musique à tue-tête. Que feriez-vous dans une telle situation ?

— Je les mettrais dehors, déclara Steven sans hésitation.

— Et s'ils ne veulent pas partir et déclarent qu'ils sont très bien ainsi et qu'ils vont continuer à faire ce qui leur plaît aussi longtemps qu'ils le voudront ?

— Mais c'est pas juste ! s'écria le garçon. Ils n'ont pas le droit de tout briser chez moi.

— Et de nuire à notre quiétude, ajouta Caroline.

Satisfait des réponses, l'homme poursuivit :

— Chacun a donc le droit à la sérénité chez soi et au respect de ceux qui y viennent. Cette clairière, ce boisé, ce lac, ne sont-ils pas les demeures de ceux qui y habitent ? Le chevreuil que vous avez suivi, l'oiseau qui est sur cette branche et même l'arbre à qui appartient cette branche vivent dans cette forêt depuis des années. Ils y sont heureux car tout y est calme et harmonie. Ils sont de plus généreux, puisqu'ils nous acceptent dans leur monde et nous invitent à le partager.

Comprenant la leçon, Steven ajouta :

— À la condition de ne pas mettre les pieds sur leur table de salon et de la briser.

L'Ermite répondit par un triste sourire. Honteux, Steven baissa les yeux.

— C'est ce que j'aurais fait hier en coupant la racine.

L'homme compléta en disant :

— Et pour démontrer notre gratitude, nous devrions toujours remercier l'ensemble des arbres et des animaux de la forêt lorsque nous quittons leur domaine. Malheureusement, tous les humains ne pensent pas ainsi.

L'Ermite fit une légère pause et poursuivit :

— Ce printemps, des campeurs sont passés par ici et, tout comme vous, ils ont apprécié ce même décor.

— Et c'est normal, déclara Caroline. La beauté des arbres, la pureté du lac, le chant des oiseaux. Tant de belles choses loin de la pollution. Qui pourrait rester insensible ?

Sur ce, l'homme perdit son sourire et se leva. Il écarta un arbuste et fit découvrir un coin du décor, caché aux yeux des jeunes. Un tas de déchets laissés par les campeurs jonchaient la plage.

— Oh ! Quel gâchis ! On ne peut pas laisser le terrain dans un tel état, déclara Caroline, horrifiée par le spectacle.

— Caroline a raison, renchérit Steven. Y faut faire quelque chose.

— Et si je retournais immédiatement au chalet ? Je pourrais revenir avec des sacs à déchets et nous pourrions tout nettoyer cet après-midi, proposa Caroline.

Avec un léger sourire, l'Ermite calma les ardeurs de la jeune fille.

— Il ne sera pas nécessaire de retourner au chalet. Je me doutais que vous ne seriez pas indifférents devant un tel désastre et j'ai apporté ceci.

De sa poche de toile, il sortit trois grands sacs de plastique.

***

Sygrill inséra un dernier pieu aiguisé sur le support artisanal. Il recula ensuite d'un pas et évalua l'ensemble de son œuvre. Masqué par le feuillage, à l'ombre d'un imposant rocher, le piège à fléchettes était pratiquement invisible. Tenant compte de la largeur du sentier, il avait planté en son centre une cible rudimentaire : une perche à laquelle était attaché un morceau d'étoffe à un mètre du sol. À l'aide d'un bout de branche, il fouilla les hautes herbes et retrouva le filin tendu en travers du chemin. Délicatement, du bout de sa baguette, il provoqua une tension sur le filin. Dans un sifflement aigu, une dizaine de dards traversèrent la piste et transpercèrent le bout de tissu suspendu. Satisfait de son essai, il s'activa à tout remettre en place.

***

Arpentant la plage sablonneuse, Steven ramassa une dernière canette d'aluminium et la déposa dans un grand sac orange. Caroline le secoua vigoureusement et le referma à l'aide d'une attache.

— Voilà, c'est fini, déclara le garçon.

— Vous avez vraiment fait du beau travail et je suis très fier de vous, dit l'Ermite.

— Il ne nous reste plus qu'à rapporter tout cela au chalet, conclut Caroline.

Pour toute réponse, l'homme grimaça et se laissa choir mollement sur une grosse pierre ronde en se frottant les hanches.

— Y'a un problème ?

— Rien de grave, mon garçon. Partez devant, suggéra-t-il. Je me fais vieux et je suis un peu fatigué.

— Nous pouvons vous attendre, proposa la jeune fille.

— Non, non, c'est inutile. Nous nous retrouverons au chalet un peu plus tard. Allez-y immédiatement. Avec ces sacs, vous ne pourrez pas marcher très vite.

Les épaules tombantes, l'homme, devenu soudainement très vieux, observa le jeune duo disparaître dans les broussailles. Il attendit quelques secondes et se releva brusquement, toute fatigue ayant disparu comme par enchantement. Il jeta un dernier coup d'œil vers le sentier emprunté par les enfants. Rassuré, il quitta l'endroit en longeant la plage.

***

De la poche intérieure de sa veste à carreaux, Sygrill extirpa sa plaquette numérique. Il pianota deux touches sur l'instrument et se préparait à prendre contact avec le Globulus lorsqu'une exclamation retentit derrière lui.

— Belle journée, aujourd'hui ! N'est-ce pas ?

Mine de rien, l'agent glissa discrètement l'instrument dans sa veste. Se composant un visage innocent, il se retourna vers le nouveau venu. Personne ! Il n'y avait personne derrière lui. Il n'avait pourtant pas rêvé.

— Ici, plus haut, suggéra une voix toujours invisible.

Sur un rocher haut de trois mètres, se tenait l'Ermite. Affichant un large sourire, il entama la conversation.

— J'ai croisé deux enfants qui m'ont dit qu'un fermier, habitant à l'autre bout de la vallée, les avait invités à dîner.

Ne sachant trop quoi répondre, Sygrill confirma l'histoire des jeunes sans prendre l'initiative de la discussion :

— C'est bien ce que je leur ai dit. À qui ai-je l'honneur ?

— On m'appelle l'Ermite.

Sygrill maudissait intérieurement l'arrivée de cet inconnu. Vu la nature de sa mission, il lui fallait se débarrasser rapidement de ce témoin gênant. Du coin de l'œil, il vérifia la position de son piège. Le tout était prêt à fonctionner et ce visiteur imprévu se trouvait à moins de trois mètres du filin déclencheur. Il suffisait maintenant de le faire descendre de son perchoir. Regardant de nouveau le sommet de la grosse pierre, il demanda innocemment :

— Et vous venez souvent dans ce coin de la forêt ?

Mais l'homme n'y était plus... Sur sa gauche, il entendit :

— Très souvent.

Sygrill afficha un air perplexe. Comment le vieillard était-il descendu si rapidement de ce rocher ? L'agent ne chercha pas longtemps la réponse, trop heureux de constater que le nouveau venu se tenait maintenant à moins d'un mètre du piège mortel.

L'Ermite effaça son sourire et ses yeux perdirent toute trace de douceur.

— J'habite cette vallée depuis plus de quinze ans, dit-il en avançant d'un pas, se rapprochant ainsi dangereusement du filin.

L'agent se rendit compte alors de la fragilité de son plan. Il devait liquider cet importun. Il avança également d'un pas et tendit la main en espérant que son interlocuteur ferait le reste du chemin.

— Ça alors ! Nous étions donc voisins sans le savoir, se contenta-t-il de répondre.

Mais l'Ermite ne bougea pas et sur un ton ironique, il répliqua :

— J'ai beau me faire vieux et avoir moins de mémoire, je ne me souviens pas de l'existence d'une ferme au bout de la vallée.

— Voilà une situation bien étrange, se contenta de répondre Sygrill qui attendit la suite.

— Il y a encore plus étrange… Comment pouvez-vous supporter une veste si épaisse par une si chaude journée ? Vous devez suffoquer, mon pauvre ami ! À moins que votre métabolisme soit bien différent du mien.

L'agent se savait à présent démasqué. Il était trop tard pour jouer au chat et à la souris. Sygrill perdit à son tour son sourire. Il saisit sa hachette plantée dans un arbre et se tourna en direction de l'Ermite.

— Tu es un vieillard curieux. Trop de curiosité est mauvais pour la santé.

Sur ce, il avança vers l'Ermite d'un pas menaçant. Sa main libre glissa le long de son ceinturon et atteignit la boucle gravée au motif de l'empire. Depuis le temps qu'il en rêvait… Il allait enfin se montrer au grand jour devant un misérable Terrien. Dans un instant, cet humain pitoyable s'écroulerait à ses pieds, terrorisé, en prenant conscience de la véritable nature des maîtres de cette planète. Un simple déclic et l'illusion holographique s'estomperait. L'agent savoura cette minute de vérité. Encore quelques secondes et le vieux gâteux bondirait dans un grand cri d'effroi. Sygrill pressa le bouton.

Le cri d'effroi ne vint pas et le saut tant attendu dépassa les prévisions les plus optimistes de l'agent.

L'Ermite se redressa. D'un seul élan, il se retrouva à nouveau debout sur le rocher, à la stupéfaction de Sygrill.

— Comment…?

L'agent ne put rien ajouter. L'Ermite leva les bras au ciel et déclama d'une voix vibrante :

— *Devas* des abeilles, des guêpes et des brûlots, venez à mon aide au nom de l'harmonie universelle.

— C'est ça, mon bonhomme. Fais tes prières.

Avec un sourire sadique, il ajouta :

— Je vais t'aider à t'harmoniser.

À peine audible au début, une clameur sourde s'éleva de la forêt. Sygrill s'arrêta, interdit. Le bourdonnement s'amplifia de seconde en seconde et devint assourdissant. Soudain, ce fut l'assaut. Provenant de toutes les directions, des nuées d'insectes se ruèrent sur l'agent du continent creux. Dans ce nuage mouvant, des centaines de brûlots et moustiques s'accrochèrent à la peau de l'agresseur.

— Des mouches, ce ne sont que des mouches. Vieillard, que tentes-tu de prouver ?

— Sache, vile créature, que les humains bénéficient de la protection cosmique. Jamais, au grand jamais, ils ne seront asservis par ton empire issu des ténèbres profondes.

Sygrill n'écoutait plus. De nouvelles cohortes de moucherons arrivèrent de partout. Cette fois, elles s'engouffrèrent dans ses narines, ses oreilles et lui voilèrent la vue.

Avec ténacité, elles se frayèrent un chemin sous ses écailles et atteignirent des zones plus sensibles. À moitié aveuglé, l'agent abandonna sa hachette. Devinant à peine le sentier, il n'eut d'autre choix que de quitter l'endroit en courant, tout en battant des bras dans l'espoir d'éloigner ses poursuivants.

L'Ermite regarda, avec amusement, le trog trébucher dans un repli de terrain et murmura, un petit sourire en coin :

— Mon pauvre Steven, pour le poulet, il te faudra encore patienter quelques temps.

CHAPITRE IX

Telle une bulle de savon

Nadia appréciait grandement la paix et la tranquillité enveloppant la Vallée du silence. Un nom qui lui allait d'autant mieux que les enfants brillaient par leur absence en ce bel avant-midi de juillet. Près du chalet, à l'ombre d'un bosquet de bouleaux, la jeune femme pratiquait silencieusement ses cent huit mouvements de Tai-Chi.

Un éclat lumineux ensoleilla brièvement un coin ombragé. Dans le halo de lumière apparut la silhouette de Guidor. Sans interrompre sa séquence de mouvements, Nadia dit doucement :

— Bonjour, Guidor.

Son mouvement terminé, elle ajouta en prenant un air faussement guindé :

— Comment se porte le monde invisible dans les hautes sphères inaccessibles aux communs des mortels ?

— L'univers astral se porte bien. Enfin, mieux que ce pauvre monde terrestre.

Guidor et Nadia échangèrent un sourire complice. Celle-ci ramassa sa serviette accrochée à une branche et marcha vers le chalet. Désignant de la main la table à pique-nique improvisée, elle dit :

— Tu arrives juste à temps pour assister au déjeuner.

Jetant un regard aux couverts déjà disposés, Guidor constata :

— Je vois en effet qu'il y a quatre assiettes. Serais-je invité à partager votre menu ?

Sur le ton de la plaisanterie, Nadia répondit :

— J'ai dit « assister au déjeuner » et non pas nécessairement de t'y joindre. Je sais pertinemment que tu n'as pas besoin de manger. Je suis également consciente que tu as créé ton corps physique dans le seul but d'être vu des humains. Mais tu es tout de même le bienvenu à notre table.

— Alors, pourquoi quatre assiettes ? insista-t-il malicieusement.

— Pour notre ami l'Ermite. Dans sa grotte, ce brave homme n'a pas le téléphone. Il est donc difficile de savoir à quel moment il descendra au chalet. Alors je place une assiette au cas où... De plus, c'est notre façon de lui démontrer que c'est toujours un plaisir de l'accueillir.

— C'est une excellente idée.

Replaçant machinalement un coin de la nappe soulevé par le vent, elle soupira bruyamment. Poursuivant la taquinerie, elle ajouta :

— Il est bien dommage que tu ne puisses pas y participer, car tu rateras un délicieux dessert.

Guidor se contenta de l'interroger du regard.

— Les enfants ont découvert une belle talle de baies sauvages. Ils sont partis en chercher pour la fin du repas.

Les yeux mi-clos, Guidor se frotta l'estomac. Il avoua d'un air gourmand :

— Je n'ai pas goûté à un tel fruit depuis ma dernière traversée en compagnie du navigateur Jacques Cartier.

Après une courte réflexion, il précisa :

— C'était lors de son deuxième voyage en Nouvelle-France. Ce qui représente au moins... 350 ans.

— Es-tu sérieux ?

— Il est vrai que mon corps n'a pas besoin de consommer des aliments, mais je peux tout de même apprécier le goût des bonnes choses, souligna-t-il.

D'un ton songeur, Nadia laissa échapper :

— Je n'avais jamais imaginé que les « êtres de lumière » pouvaient être gourmands.

Après réflexion, elle annonça :

— Je vais ajouter une assiette.

***

La petite corbeille d'osier de Caroline se remplissait lentement, trop lentement à son goût. D'un air maussade, elle jeta un regard morne à son compagnon de cueillette.

— Steven, cesse de manger les baies et mets-les dans le panier, clama-t-elle.

Le garçon recula lentement à genoux et sortit la tête du buisson. La bouche pleine de fruits sauvages, il eut bien de la difficulté à se défendre. Il marmonna quelques mots incompréhensibles et s'empressa d'apporter son maigre butin. Il réussit enfin à avaler. Fixant toujours le contenu du panier, il avança la main.

— Steven !

Le garçon n'insista pas. D'un œil aguerri, il examina le terrain et trouva rapidement ce qu'il cherchait : d'autres baies bien mûres. Accroupi au ras du sol, il fit rapidement une razzia dans l'arbuste. Faisant dos à Caroline, il en profita pour en avaler trois ou quatre discrètement. Fermant les yeux, il les dégusta en connaisseur.

— C'est vraiment super. Pas facile de résister… Toi aussi, tu en manges, pas vrai ?

Celle-ci ne répondit pas. Silencieuse, les yeux fixant l'horizon, la jeune fille semblait bien loin de la clairière.

— Eh ! Caroline, ça va ? s'enquit Steven, inquiet.

— Oui, ça va très bien.

— T'es certaine ?

— Je vois l'Ermite, répondit-elle tout bonnement, un sourire attendri sur les lèvres.

— L'Ermite est ici ? Où ça ? s'informa le garçon en se relevant précipitamment.

— Pas ici, là-bas… dans sa grotte, précisa l'adolescente, toujours aussi rêveuse.

Puis, clignant des yeux, elle retrouva soudain tous ses esprits. Devant l'air hébété de son ami, Caroline se contenta de hausser les épaules et crut bon d'ajouter sur un ton amusé :

— C'est fini !

Méfiant, Steven s'approcha et ne put s'empêcher de passer une main rapide devant ses yeux.

— T'es certaine que tout va bien ?

— Calme-toi. Ce n'était qu'une vision fugitive, comme un flash. Avec l'aide de Nadia et les conseils de Guidor, je contrôle beaucoup mieux mes visions. Tout s'est passé dans ma tête, mais l'image est maintenant disparue.

Steven fit tourbillonner dans sa paume les quelques fruits restés coincés entre ses doigts. Malgré les paroles rassurantes de Caroline, il ne put s'empêcher de marmonner sur un ton boudeur :

— C'est pas normal d'avoir un don pareil pis de voir les gens à distance... Et à quoi ça sert, d'avoir un don ? Tu peux me le dire ? Moi, j'en ai pas. Je suis très bien comme ça et j'en ai pas besoin.

Se tournant vers la jeune fille et son panier afin d'y déposer ses baies, il lui demanda :

— Alors, à quoi y peut te servir?

Une réponse qui se fit attendre. Caroline voguait déjà dans un autre monde. Le regard fixe, un grand sourire sur les lèvres, elle semblait rêver tout éveillée. Libéré de ses fruits, le garçon passa de nouveau sa main devant les yeux de son amie. Caroline resta immobile et ne bougea pas un cil. Ne pouvant rien y faire, Steven accepta la situation dans un grand soupir. En désespoir de cause, il demanda, tout en lorgnant le panier :

— Bon alors, qu'est-ce que tu vois cette fois-ci ?

Toujours aussi souriante, Caroline décrivit la scène.

— L'Ermite est à l'extérieur, près de sa grotte. Un petit écureuil vient de grimper sur son épaule. Il est trop mignon !

D'un coup de pied battant les hautes herbes, Steven exprima ouvertement sa frustration :

— C'est pas juste, tu sais à quoi ressemble la grotte de l'Ermite et pas moi. Moi aussi, je veux la voir.

Profitant de l'absence passagère de Caroline, Steven glissa sa main dans le panier et ramassa discrètement quelques baies sauvages. Après un court moment de réflexion, il conclut :

— La meilleure façon de voir la grotte, c'est de s'y rendre. Tu viens avec moi ?

Le sourire figé de la jeune fille ainsi que son silence l'exaspérèrent.

— You-ou ! Caroline ! Steven téléphone maison.

— Hein ? Quoi ? Tu veux déjà retourner à la maison ? s'enquit Caroline, revenue à la réalité.

— Pas à la maison, à la grotte.

Sans attendre son avis, Steven entreprit de traverser la clairière. Au bout de cinq mètres, il ralentit la cadence et demanda :

— Tu viens avec moi ?

— Où ?

— À la grotte !

— Comme ça ? Mais nous n'avons pas été invités. Ce n'est pas poli de s'imposer chez les gens, s'objecta-t-elle.

— Bah ! La montagne est grande. Elle est à tout le monde après tout.

— Évidemment, avec la vie que tu as menée, tu n'attends pas d'invitation pour aller chez des étrangers.

— Mais l'Ermite n'est pas un étranger, on le connaît. C'est un ami.

Inflexible, Caroline croisa les bras et resta sur sa position.

— Nous serons en retard pour le dîner. De toute façon, maintenant, il a été convenu de toujours prévenir Nadia de nos déplacements.

— C'est perdre son temps, la grotte n'est sûrement pas bien loin.

Steven se mit lentement en marche, tout en surveillant du coin de l'œil la réaction de Caroline. Après une hésitation, celle-ci accepta à contrecœur de le suivre, son panier de fruits sauvages sous le bras. Avec un sourire de satisfaction, Steven accéléra légèrement le pas.

***

Tout était dans la délicatesse et le souci du détail. Globulus suivait enfin une piste. Il ne fallait surtout pas briser le fil conducteur. Cet empereur mégalomane, Vardok le sixième, s'était donné bien du mal pour égarer d'éventuels chercheurs trop curieux, mais comme le disaient si bien les policiers de la surface : « Le crime parfait n'existe pas, on laisse toujours une trace, aussi infime soit-elle ».

Et cette trace s'affichait à présent sur le grand écran panoramique, une empreinte qui couvrait l'ensemble de l'image.

— Un astrocroiseur impérial de conception révolutionnaire ! Jamais je n'aurais imaginé une pareille merveille ! s'exclama le Globulus.

Des écrans secondaires étalaient les paramètres d'ingénierie, des détails de construction ainsi que les caractéristiques de performances de propulsion.

Plus d'une fois, le Globulus avait eu l'occasion de consulter les archives de l'amirauté et c'est avec une certaine fierté qu'il avait admiré l'armada qui, jadis, avait permis la conquête de la Terre. Mais comparé à l'astrocroiseur qui se déployait sous tous ses angles, l'ensemble des vieux vaisseaux de l'empire faisait figure de simples charrettes spatiales.

Le Globulus plongea à nouveau dans les données.

Cette fois-ci, il était bien servi. Le document consulté avait appartenu à l'un des chefs ingénieurs du projet. Le vaisseau était le prototype d'une toute nouvelle génération de croiseurs galactiques qui devait compter quarante-deux navires au total.

Toutefois, les ambitions personnelles d'un dirigeant égocentrique en avaient décidé autrement. Les travaux complétés à plus de quatre-vingt-cinq pour cent sur ce premier navire furent abandonnés en 1312 du calendrier Trogolien, année où l'empereur Vardok émit le décret annonçant la fermeture définitive du chantier et par voie de conséquence, le changement de vocation des fonds publics. Un projet si grandiose laissé en plan, si près du but… Ce Vardok, le Globulus le maudissait pour son manque d'envergure. Si, depuis huit mille ans, tous les empereurs avaient su perpétuer le grand rêve de Krasner 1er, qui sait si aujourd'hui, lui, le Globulus, ne serait pas aux commandes d'un tel chef-d'œuvre…

Mais à propos, ce sublime navire n'existait-il que dans les archives ? Y avait-il encore un vaisseau attendant d'être terminé ? Et si oui, où pouvait-il bien se cacher ? Le Globulus se préparait à replonger dans les archives de la première dynastie lorsqu'un signal interrompit sa quête. Du coup, tous les écrans s'éteignirent.

****

Les lourdes portes d'acier de la caverne se refermèrent derrière Sygrill. L'agent s'avança en se présentant, comme à l'accoutumer devant le Globulus, dans son uniforme du continent creux. En d'autres circonstances, la tenue de l'officier aurait inspiré le respect et l'autorité, mais dans le moment présent, l'ensemble de l'habillement faisait sourire.

L'agent de surface portait des pansements sur le front ainsi que dans le cou. En plus d'une main emmaillotée, on discernait également des renflements à divers endroits sous son costume. Oui, le tout pouvait faire sourire, mais faute d'appendice buccal, le Globulus, était incapable de s'offrir cette fantaisie. Il ouvrit donc la discussion sans attendre.

— Je vous suis reconnaissant, agent Sygrill, d'avoir bien voulu vous présenter en ces lieux malgré votre état de santé qui laisse quelque peu à désirer.

— Plus vite je vous aurai fait mon rapport, plus vite je pourrai retourner dans mon secteur et me venger de ce maudit sorcier, maugréa l'officier.

— Patience, mon ami, la vengeance est un plat qui se mange froid et faites-moi confiance, je m'y connais dans ce domaine. Assoyez-vous et commencez par m'exposer les faits.

Sygrill s'exécuta prudemment en évitant de s'appuyer au dossier du siège. Une fois assis, il retrouva partiellement son calme et dit :

— J'ai rencontré deux jeunes Terriens, un petit garçon et une jeune fille, Steven et Caroline. Mais ils ne sont pas seuls, il y aurait également une certaine Nadia ainsi qu'un quatrième personnage qui se présente au chalet de temps à autre. Je ne suis pas certain du nom, mais je crois que c'est Guy ou Gid...

— Guidor ! Guidor, ça ne peut être que lui ! s'exclama le Globulus.

— C'est possible, supputa Sygrill, dubitatif.

— Et moi, j'en suis convaincu. Depuis quelques jours déjà, je sentais sa présence. Ses vibrations de haut niveau le trahissaient.

L'agent haussa les épaules et poursuivit son histoire.

— J'ai ensuite été attaqué par des milliers d'insectes qui répondaient aux ordres d'un vieillard.

— Les insectes obéissaient à cet homme ? En êtes-vous certain ?

Bien qu'il ne fût pas habitué à ce qu'on mette sa parole en doute, en présence du Globulus, Sygrill s'abstint de toutes remarques désobligeantes.

— Cela semble incroyable, j'en conviens, mais il avait invoqué l'aide des *devas*... ou quelque chose du genre.

— Les *devas*, bien sûr...

— Les *devas*... Qu'est-ce que c'est ?

— Cela ne vous dit rien ?

D'un haussement d'épaule, l'agent avoua son ignorance. Le Globulus, n'étant pas prêt à élaborer sur le sujet, donna congé à l'officier.

— Prenez le temps de vous reposer et revenez en fin de journée. Vous avez fait un excellent travail. Je dois maintenant réfléchir. Si vous m'aidez efficacement et me prouvez votre fidélité, je ferai de vous l'être le plus puissant de la planète, après moi, naturellement.

Cette perspective enchanta l'agent et lui fit oublier quelque peu sa douloureuse mésaventure. Compte tenu de ses blessures, il se leva tout aussi prudemment et réaffirma son allégeance.

— Ma fidélité et ma loyauté vous sont acquises. Je reviendrai plus tard afin de recevoir vos instructions.

Les portes s'ouvrirent et se refermèrent. Enfin seul, le Globulus savoura déjà sa riposte.

— Guidor, depuis près de sept cents ans, j'attends ce moment. Je te tiens enfin.

Tous les écrans de contrôle s'illuminèrent à nouveau.

— Mais en attendant, j'ai un vaisseau exceptionnel à retrouver…

***

Allongée sur une chaise en bois datant d'une autre époque, Nadia s'amusait follement. Un tamia rayé, confortablement installé sur l'accoudoir acceptait avec gratitude les graines de tournesol qu'elle lui offrait généreusement. À quelques mètres, assis sur une chaise droite, les pieds appuyés sur un rondin, Guidor observait la scène avec plaisir.

Soudain, il perdit son sourire et s'intéressa à un nouveau centre d'intérêt. Invisible aux yeux de la jeune femme, une entité aux contours fluides apparut auprès d'elle. Une communication silencieuse s'établit alors entre cette présence inattendue et le guide de lumière. Nadia leva les yeux et remarqua l'attitude étrange de Guidor. Celui-ci semblait regarder derrière son épaule droite. Nadia se retourna, s'attendant voir apparaître les deux enfants, marchant à pas feutrés afin de la surprendre, mais il n'en fut rien. Revenant à Guidor, intriguée par ses mimiques, elle eut l'impression qu'il dialoguait avec le néant.

Son étonnement grandit lorsque celui-ci fixa son regard plus haut, au-dessus de son épaule gauche. Encore une fois, Nadia ne put se retenir et jeta un coup d'œil du même côté. Aucune présence ne se manifesta, ni les enfants ni l'Ermite n'apparurent dans le sentier. Faute d'une explication rationnelle, elle porta son attention vers le petit rongeur qui manifestement attendait de nouvelles friandises à grignoter.

L'échange dura à peine une minute. Une fois terminé, Guidor se leva lentement et s'approcha de Nadia.

— Je dois te laisser pour quelques heures.

— Mais tu viens à peine d'arriver, s'étonna la jeune femme.

— Je serai de retour en fin d'après-midi, rassura Guidor.

Il recula de quelques pas et se préparait à quitter lorsque Nadia intervint :

— Guidor !

— Oui, Nadia ?

Après une courte hésitation, elle demanda :

— Durant les dernières minutes, est-ce que nous étions seuls près du chalet ?

— Pas tout à fait, répondit le guide de lumière en s'autorisant un sourire.

— Et je peux savoir qui nous épiait ?

— Tu te trompes, Nadia. J'ai simplement reçu un message m'enjoignant de me rendre en un autre lieu de la planète.

— Je croyais que tu communiquais par la pensée sur de longues distances, fit-elle remarquer. Pourquoi cette visite si proche ?

— Disons qu'on désirait voir l'endroit où vous étiez hébergés.

Nadia examina la peinture écaillée des murs du chalet et fit la moue.

— Alors ce… commença-t-elle en cherchant ses mots.

— Ce guide, précisa Guidor.

— Il n'a pas dû être très impressionné par nos installations.

— Au contraire, il a beaucoup apprécié les énergies qui se dégagent de cet endroit. À ses yeux, l'aspect physique de l'habitation n'a aucune importance.

Guidor s'avança vers la jeune femme et ajouta :

— Ce n'est pas l'argent investi dans la décoration de son logis qui compte le plus, mais bien l'amour qu'on y apporte et les vibrations harmonieuses qu'on y laisse. Caroline en est la preuve vivante. Elle est beaucoup plus heureuse ici que dans son grand domaine.

Nadia dut en convenir. Prenant cette fois-ci un air de petite fille faussement gênée, elle demanda :

— Tu me trouveras peut-être trop curieuse, mais est-ce indiscret de te demander où tu te rends lorsque tu disparais soudainement ainsi dans les airs ?

Sur un ton conciliant, Guidor expliqua :

— Je vais dans un endroit que l'on appelle Shangrila, mais que l'on nomme également quelques fois Shamballa.

— Shangrila ? Qu'est-ce que c'est ? Une ville, un pays ?

— Cet endroit n'est pas indiqué sur les cartes géographiques de la terre, car il existe dans une autre dimension, sur un plan vibratoire différent.

— Et ce lieu est réservé aux êtres de lumière ?

— Certains humains peuvent s'y rendre lorsqu'ils sont en sommeil ou en méditation profonde, mais ils ne peuvent en trouver le chemin que s'ils sont invités ou attendus par ses dirigeants.

Avant de disparaître sous les yeux de Nadia, il lança en souriant :

— Gardez-moi quelques baies sauvages.

***

Caroline commençait à montrer des signes évidents d'impatience. Les épaules voûtées, tenant négligemment son panier d'osier par son anse, elle se traînait les pieds sur le semblant de sentier envahi par les hautes herbes. C'était à son tour de bougonner et elle ne s'en privait pas.

— Tu es peut-être très fort dans les ruelles du centre-ville, mais à la campagne, tu es nul.

— Ça va, ça va… La grotte n'est sûrement plus très loin.

— C'est la troisième fois que tu me répètes cette même litanie.

— Et c'est la troisième fois que tu chiales depuis dix minutes.

Steven n'osait se l'avouer, mais lui aussi commençait à trouver la randonnée épuisante. Il s'arrêta quelques secondes afin de reprendre son souffle et d'attendre Caroline qui le suivait à trois mètres derrière lui.

Il en profita pour évaluer leur situation, cherchant dans les méandres de la piste un petit signe d'espoir. Caroline arriva à sa hauteur et tenta de calculer, à son tour, l'énergie nécessaire pour gravir la longue pente qui s'étirait devant eux.

— Cette côte grimpe durant au moins un demi-kilomètre et elle doit contourner toute la colline, lança Caroline. À présent, je comprends l'Ermite de ne pas venir nous voir tous les jours.

— Après tout ce qu'on a fait comme chemin, ce serait idiot d'abandonner maintenant.

La jeune fille ne répondit pas. Elle se contenta de lever les yeux et d'étudier l'escarpement rocheux bordant le sentier.

— Si on pouvait couper par la falaise, on gagnerait sûrement du temps.

— Tu veux grimper ce mur ?

— C'était juste une idée stupide comme ça, répondit-elle nonchalamment en reprenant la marche. De toute façon, tu es beaucoup trop petit pour escalader cette paroi.

— Quoi ? Moi, trop petit ! Dis plutôt que tu te dégonfles. C'est facile de parler… Mais on est loin de ses draps de satin, hein ?

— Je te rappelle que nous avions un chalet dans les Alpes françaises. Avec mon père, j'ai escaladé des falaises plus impressionnantes que ce tas de roches.

Prenant un air hautain, elle déclara :

— Bien sûr… Pour un garçon de la ville, ça peut te sembler gigantesque mais…

— Y'a rien qui me fait peur et surtout pas ce gros caillou, coupa Steven.

Caroline quitta brusquement le sentier, se fraya un chemin à travers les broussailles et s'arrêta au pied de l'escarpement.

— Alors, qu'est-ce que tu attends pour me suivre ? lança-t-elle sur un ton de défi.

— Te suivre ! s'exclama le garçon en sautant à son tour dans les fourrés.

Prenant appui sur une première pierre, il lâcha fièrement :

— Tu me le dis si je suis trop rapide pour toi !

Le début de l'ascension se fit sans trop de difficultés. S'accrochant à des racines et à de jeunes arbustes, le duo progressa rapidement sur une dizaine de mètres. Ouvrant le chemin, Steven fut le premier à se rendre compte des difficultés à venir. Les points d'ancrage s'amenuisaient au fur et à mesure que la végétation disparaissait pour faire place au pan rocheux.

Sur ses traces, Caroline n'avait pas la tâche plus facile. Gênée par son panier de fruits, elle grimpait lentement, s'arrêtait à chaque pas et s'assurait d'une prise solide.

Ayant atteint à son tour la partie rocailleuse, elle remarqua la tangente empruntée par le garçon.

— Steven, qu'est-ce que tu fais ? Où vas-tu ?

— Je cherche un raccourci.

— C'est inutile, la cassure est de ce côté-ci, il faut la suivre vers le haut… Steven, tu m'écoutes ?

Ne recevant pas de réponse, elle hurla sur un ton railleur :

— Bon, d'accord. Je t'attends au sommet et je t'enverrai une corde.

Sans plus attendre, elle étudia la direction de la faille et d'un geste sûr, elle cala son soulier dans une fracture rocheuse.

***

Les bras croisés, debout derrière la porte à moustiquaire, Nadia commençait à se faire du souci. Elle scrutait inlassablement le chemin de terre battue plongeant dans la forêt. La jeune femme relâcha sa surveillance, le temps de consulter la vieille pendule accrochée au mur de la cuisine.

— 13 h 15. Mais que font-ils ?

Sans réponse, Nadia reprit son travail de sentinelle.

***

À son air défait, il était évident que Steven n'avait pas découvert ce qu'il cherchait. Au bout de quinze minutes, il se retrouva à son point de départ. Mais cette fois-ci, aucun sarcasme ne résonna à ses oreilles. Il était seul sur la paroi rocheuse. Imaginant le pire, il scruta le pied de la falaise, mais ne discerna aucune trace de son amie. À moitié rassuré seulement, il cria :

— Caroline, où es-tu ?

— Ici, Steven.

Surpris, le garçon leva la tête. Juste au-dessus de lui à une dizaine de mètres, Caroline lui faisait des signes de la main en cachant à peine sa satisfaction. Steven se pinça les lèvres. Malgré son orgueil, il ne put s'empêcher de lui demander :

— Mais comment t'es montée là-haut ?

— Simplement en suivant la ligne de faille. Sur ta gauche, tu vas trouver une fissure. Elle est petite et à peine visible, mais c'est un bon point d'appui.

Suivant docilement ses instructions, le garçon progressa rapidement sur plus de quatre mètres. Malheureusement, le prochain point d'ancrage se situait bien au-delà de ses capacités physiques. Il eut beau tenter une série de contorsions acrobatiques, la prise dans le rocher restait hors de sa portée.

— Attends, Steven, je vais redescendre et tu pourras attraper mon bras.

Afin de s'assurer une assise solide sur une arête rocheuse, elle n'eut pas d'autre choix que de déposer son panier sur un bloc de pierre. Se donnant un élan, elle atteignit aisément un nouveau point d'appui, mais son coude accrocha l'anse du panier qui se mit à vaciller dangereusement.

Par réflexe, elle lâcha sa prise et tenta de rattraper son panier. Un geste malheureux qui lui fit perdre l'équilibre. Basculant en arrière, elle sentit soudain le sol se dérober sous ses pieds et ce fut la chute. Dans un grand cri d'effroi, elle plongea dans le vide.

Steven leva les yeux. Horrifié, il vit Caroline passer à moins d'un mètre de lui, allant inéluctablement vers la mort. Dans un geste instinctif, il tendit la main vers la jeune fille déjà inaccessible. C'est alors que se produisit un événement ahurissant.

Durant quelques secondes, le temps sembla s'arrêter. Steven, sur sa falaise, demeurait immobile. Il en était de même de Caroline, suspendue dans le vide. Elle ne tombait plus et flottait maintenant entre ciel et terre.

Celle-ci se mit soudain à remonter doucement, telle une bulle de savon. Elle se dirigea lentement vers la main du garçon toujours tendue dans sa direction. Revenue de sa surprise, elle tendit la sienne à son tour. Steven l'agrippa fermement et l'aida à retrouver une certaine stabilité sur sa minuscule corniche.

Caroline se colla à la paroi, le visage déformé par la pierre. Les yeux fermés et encore sous le choc, toute tremblante, elle demanda :

— Que s'est-il passé ?

— T'as perdu l'équilibre, murmura le garçon d'une voix éteinte.

— Je ne te parle pas de la chute, mais de...

— La remontée ? se risqua Steven.

Caroline, tentant de retrouver son souffle, répondit par un bref signe de tête.

— J'sais pas, mais c'est pas ordinaire. Y faudra demander à Guidor. Il aura sûrement une explication.

— En tous les cas, une chose est certaine : ce que tu as fait est génial.

— Ouais, fit le garçon. Plus génial que d'avoir décidé de grimper jusqu'ici.

Fixant toujours le gouffre, Steven retrouva lentement ses esprits. Incrédule, il insista :

— Tu crois vraiment que j'ai fait ça ?

— ...

— Eh ! Tu m'écoutes ?

Celle-ci fut sur le point de répondre. Elle ouvrit la bouche, mais ne dit mot.

— Caroline, ça va ? Tu es blanche comme un drap. Viens vers moi, c'est plus large, ici.

La jeune fille tenta un pas de côté, mais s'arrêta, haletante.

— C'est inutile. Je n'irai pas plus loin.

Levant timidement la tête, elle jeta un coup d'œil vers le sommet de la falaise.

— C'est de plus en plus abrupt et j'ai les jambes comme du coton.

À peine avait-elle terminé sa phrase qu'elle sentit ses forces l'abandonner. Une légère défaillance lui fit plier les genoux. Steven fit un saut de côté et lui serra fermement le bras.

— Caroline, ne lâche pas ! Y faut que tu tiennes le coup ! On va s'en sortir, hurla-t-il, paniqué.

À court d'encouragements, il se permit tout de même une suggestion :

— Bon, on se repose un peu. Ensuite… On trouvera une solution.

***

La vieille pendule de la cuisine fit sursauter Nadia lorsqu'elle sonna les deux coups annonçant 14 heures.

— Un retard pareil n'est pas normal.

Nerveusement, la jeune femme se passa la main dans les cheveux.

— Si au moins Guidor était là, il saurait quoi faire, songea-t-elle. Il connaît bien la vallée et les montagnes environnantes. Cette forêt n'a plus de secret pour lui.

Soudain, une idée lui traversa l'esprit.

— L'Ermite ! Il vit dans cette vallée depuis des années. Si je parvenais à communiquer avec lui… Peut-être… Un message télépathique ? osa-t-elle évoquer.

N'ayant rien à perdre, Nadia ferma les yeux, prit trois grandes inspirations et se concentra sur l'image de leur ami de la montagne.

— « L'Ermite, les enfants ont besoin de toi… »

***

À l'entrée de la grotte, l'homme à la chemise défraîchie partageait avec plaisir son repas en compagnie de son plus fidèle compagnon, un petit écureuil roux. De ses deux petites pattes agiles, l'animal s'empara de la noisette qu'on lui tendit. Il la cala dans sa bajoue gauche et attendit la prochaine offrande.

— Mais dis donc, Pomme de Pin, tu es vraiment en appétit aujourd'hui. Je te trouve même un peu gourmand.

Insensible aux reproches, le rongeur se contenta de lustrer les poils de son museau de quelques coups de pattes rapides.

L'Ermite n'en dit pas davantage et arrêta son geste. Dans sa tête déferlèrent des images inquiétantes. Fermant les yeux, il fronça les sourcils.

— Les enfants…

***

Une faible brise fit dévier la goutte de sueur coulant le long de la tempe du garçon. Après la fatigue et l'excitation des derniers moments, Steven tentait, sans grand succès, de conserver son calme. Malgré les tremblements sporadiques de son amie, d'une voix presque rassurante, il s'informa avec douceur :

— Caroline, ça va mieux ?

— Non, ça ne va pas mieux, marmonna-t-elle entre les dents, les yeux fermés, un sanglot dans la gorge.

— Y'a même pas dix mètres pour atteindre le sommet. Tu vas voir. On va y arriver.

Plaquée contre la falaise, Caroline resta immobile. Lentement, elle ouvrit les yeux et jeta un regard autour d'elle. Lorsqu'elle vit le gouffre à ses pieds, le souvenir d'une sensation horrible la fit frémir. Incapable de se maîtriser, elle se sentit à nouveau défaillir.

— Je ne bougerai pas d'ici, bredouilla-t-elle.

— Mais c'est pas possible, Caroline. Avec le soleil qui se pointe, on va sécher sur place. Y faut partir d'ici.

— Alors vas-y… et tu ramèneras du secours.

— Te laisser ici ? Pas question !

Voûtant les épaules, Caroline conclut :

— Il ne nous reste plus qu'une solution.

— Ah oui ? Laquelle ?

— Crier très fort et demander de l'aide.

Le garçon avait tout envisagé sauf ça. Il faillit en perdre pied.

— Hein ! Demander de l'aide ? Mais on va avoir l'air de quoi ?

— Steven, mets ton orgueil de côté et pense à notre sécurité. Tu sais, moi non plus, je n'ai pas l'intention de coucher ici cette nuit.

Sans attendre son assentiment, elle prit une grande inspiration et lança d'une voix brisée :

— À l'aiiiiiide !

Auquel répondit un faible écho. Sans se décourager, elle recommença.

— À l'aiiiiiide !

Ce qui produisit de nouveau un écho timide. Caroline fixa Steven, prostré dans son mutisme.

— Si nous voulons avoir une chance d'être entendus, il faut s'y mettre à deux.

À contrecœur, Steven accepta cette évidence par un simple signe de tête. Synchronisant leur respiration, ils s'élancèrent à l'unisson !

— À l'aiiiiiiiide !

Ils n'eurent pas le temps d'apprécier l'écho de leurs efforts. Au-dessus d'eux tomba une réprimande de l'Ermite.

— Pas si fort, s'il vous plaît. Vous allez effrayer les oiseaux. Je ne suis plus tout jeune, mais je ne suis pas sourd pour autant.

Les deux enfants levèrent la tête et virent apparaître sur la frange rocheuse, le visage rassurant de l'Ermite.

— Steven, nous sommes sauvés ! s'exclama Caroline soulagée. Tu vois, ça valait la peine de faire un effort ensemble.

La mort dans l'âme, le garçon grimaça :

— Ouais. Ça valait vraiment la peine.

Une corde tomba du ciel. Steven aida Caroline à la glisser sous ses aisselles. Durant ce temps, tout là-haut, l'Ermite passa l'autre extrémité de la corde autour du tronc lisse d'un bouleau avant de la lancer dans le vide en direction des enfants. Ce fut ensuite la première remontée. Les pieds arc-boutés sur le tronc de l'arbre, l'Ermite tirait tandis que Steven reprenait le mou en assurant un contrepoids.

Une fois Caroline saine et sauve, l'homme se pencha vers Steven.

— C'est à ton tour mon garçon. Sois sans crainte, je vais t'aider et tout se passera bien.

Steven redressa fièrement les épaules.

— Pas besoin d'aide l'Ermite, cria-t-il en mettant tout l'emphase possible sur le mot « aide ». Envoyez la corde. Je peux grimper sans problème, lança le garçon avec arrogance. Et en son for intérieur, il ajouta :

— Moi, j'ai besoin de personne.

Steven saisit la corde et fit une boucle autour de son poignet. Avec une certaine insolence dans le regard, il remonta rapidement la pente abrupte en prenant appui sur les rochers.

***

Sur le chemin du retour, Caroline, enfin revenue de ses émotions, en avait long à raconter :

— C'est ce qui arrive quand on se rend chez les gens sans y être invité.

Steven riposta avec énergie :

— T'étais pas si bavarde quand j'ai grimpé jusqu'à ta chambre. J'ai risqué ma vie sur une corniche large comme ça, ajouta-t-il en minimisant la distance entre ses deux mains. J'avais pas d'invitation, mais je t'ai pourtant presque sauvé la vie.

— Oh ! Ça, ce n'est pas pareil, tu mélanges tout.

***

Suite aux révélations de sa grande conseillère, Krash-Ka ne cachait pas son irritation. Assis négligemment sur la chaise impériale de la salle du conseil, l'empereur restait indifférent aux multiples tableaux lumineux incrustés dans sa table de travail.

— Et c'est leur seconde rencontre de la journée ? vérifia-t-il.

— Un deuxième échange, et toujours à huis clos, confirma dame Haziella.

Exaspéré, l'empereur se leva brusquement.

— Que peut bien manigancer le Globulus avec cet agent ?

— Sa caverne est malheureusement très bien protégée. Difficile de savoir ce qui s'y trame.

— Cette situation devient de plus en plus inconfortable et d'autant plus suspecte. Il doit tout de même exister un moyen de connaître la raison de ces entretiens secrets, s'impatienta l'empereur qui en était réduit à faire les cent pas autour de son bureau.

Il s'arrêta brusquement. Sur un ton sournois, il suggéra :

— Peut-être en plaçant un microphone dans la caverne.

D'un haussement d'épaules, la conseillère réduisit ses espoirs.

— Impossible de placer tout dispositif d'écoute dans son repère, votre grandeur. Grâce aux ondes émises par le micro espion, Globulus détecterait l'émetteur en quelques heures.

— Vous avez raison.

— Et c'est sans compter ses réactions imprévisibles, surtout durant son val-thorik, précisa la conseillère. Sa colère pourrait l'inciter à réveiller dix volcans endormis tout autour de la planète.

Krash-Ka laissa échapper un long grognement de frustration. Après s'être laissé choir lourdement dans son fauteuil, il leva brusquement le bras et du poing, frappa violemment la table.

— Je veux savoir ce que mijote ce cerveau d'aquarium ! Vous êtes responsable de l'information, alors trouvez-moi une solution.

L'empereur n'eut rien à ajouter. Dame Haziella salua son maître et sortit. Elle savait ce qu'il lui restait à faire.

***

Dans la tanière du Globulus, Sygrill manifestait une excitation sans borne. L'agent tournait autour de son fauteuil, mais ne parvenait pas à s'y asseoir. Les confidences du Globulus se révélaient tout simplement trop fantastiques.

— C'est vraiment fascinant, lança-t-il. C'est la première fois que j'entends parler de ces cristaux sacrés. Comment pouvez-vous posséder de telles informations ? Ces données ne sont même pas répertoriées dans l'ordinateur central de l'empire.

— Oui, je sais. Disons qu'il lui manque quelques pages… les premières pages.

Toujours aussi agité, Sygrill demanda :

— Et ces cristaux, ils sont vraiment si impressionnants, si puissants ?

— Il y a huit mille ans, grâce à ces cristaux, les Terriens ont failli mettre en déroute la plus puissante des armées, la nôtre.

— Les Terriens ? Battre l'empire ? Mais dans ces temps reculés, il n'y avait que des sauvages sur cette planète. Remarquez que cela n'a pas vraiment changé.

— Il y a huit mille ans, existait l'Atlantide.

— L'Atlantide…, marmonna l'agent. Je croyais que ce n'était qu'une légende, un bon sujet de film ou de roman.

— Alors laissez-moi mettre à jour vos connaissances. Certains chapitres méritent votre attention.

L'écran panoramique s'activa, laissant apparaître l'océan Atlantique. En surimpression, se dessinèrent les contours d'une masse solide.

— Sur ce continent maintenant disparu, régnait sur Terre un peuple à la technologie fort avancée pour son époque, les Atlantes. Cette civilisation, dirigée par une souveraine, la reine Hasba-Lola, conservait jalousement ses connaissances scientifiques et gardait dans l'ignorance les autres royaumes de la planète, au grand déplaisir de leur monarque respectif. Par contre, tous ces peuples barbares profitaient tout de même d'une puissante source énergétique provenant des cristaux sacrés. L'ensemble de ces cristaux disséminés sur les continents habités était sous la responsabilité et la protection de la grande prêtresse de l'Atlantide, une femme très appréciée et respectée par tous les dirigeants de la planète.

C'est dans un tel contexte que débarqua sur Terre l'amiral Krasner, appuyé de ses troupes d'élite. Ce militaire d'exception, qui devait devenir notre premier empereur, je vous le rappelle, réussit en un temps record à établir vingt-sept colonies sur l'ensemble de la planète. Il ne restait plus qu'à faire connaître aux quelques millions d'autochtones peuplant les différents continents qui était le maître de ce nouvel empire.

C'est à ce moment que les problèmes commencèrent. Pour des raisons inconnues, que les plus grands stratèges ne parvinrent pas à comprendre, deux vagues d'assauts aériens ne réussirent à conquérir aucun territoire. Des centaines d'appareils furent détruits sans infliger le moindre dommage à l'ennemi.

— À cause des cristaux ? suggéra Sygrill qui ne perdait pas une parole de son nouveau maître.

— J'y arrive, un peu de patience, je vous prie. Souvenez-vous qu'à cette époque, la souveraine de l'Atlantide était loin de connaître la popularité de sa grande prêtresse. Suite aux deux échecs de notre armée impériale, la reine Hasba-Lola, dans un excès de confiance, tenta de s'allier à Krasner, dans le but manifeste de déloger sa rivale, la grande prêtresse. Avec arrogance, elle abattit ses cartes maîtresses et dévoila l'existence des cristaux sacrés. Il n'en fallut pas plus à notre premier empereur pour s'attaquer à ce nouvel objectif militaire. Pratiquement tous les cristaux furent détruits. Privés de leur source d'énergie, ces peuples furent asservis et l'amiral fit disparaître à jamais le continent de l'Atlantide. Aujourd'hui, il n'en reste que quelques vestiges dans les Açores, dont le plus connu est le mont Pico.

— Vous avez dit : pratiquement tous les cristaux…, souligna Sygrill.

— Un des cristaux fut désactivé avant l'attaque de l'amiral et on en perdit la trace… Celui qui retrouvera ce cristal aura un pouvoir inimaginable.

L'agent de surface, revenant à des considérations plus concrètes, rappela la promesse faite par le Globulus.

— Vous m'avez promis de me donner une emprise sur tous les humains et les Trogoliens en échange de la tête de Guidor.

— En effet.

— Comment le cristal sacré pourra-t-il contribuer à me donner une telle puissance ?

Le Globulus avoua son ignorance.

— Il n'existe aucun document complet et précis sur ce cristal. Tout ce que je possède, ce ne sont que des bribes d'information glanées, durant plus d'un siècle, ici et là dans des notes de services de l'époque.

— C'est bien dommage, laissa tomber l'agent.

— Par contre, je sais que dans ces temps anciens, notre gouvernement en avait fait une priorité absolue : la possession ou la destruction de ce cristal devint une affaire de sécurité d'état.

— C'est faire beaucoup d'histoires pour un simple caillou, aussi précieux soit-il.

— Le cristal sacré est plus qu'une pierre précieuse, corrigea le Globulus. Il est sûrement une clé.

— Reste à découvrir quel coffre aux trésors elle permet d'ouvrir, conclut Sygrill.

— Souvenez-vous que mon offre tient toujours, rappela le Globulus. Vous m'aidez à débusquer Guidor et à assouvir ma vengeance. En retour, je vous ouvre le chemin menant au cristal sacré et au contrôle absolu de la planète.

Arborant un sourire méchant, l'agent répondit :

— Il est difficile d'oublier une telle proposition. Je vous servirai ce Guidor sur un plateau d'argent.

***

Tous s'étaient réunis dans le modeste salon attenant à la cuisine. Guidor, Nadia et l'Ermite écoutaient attentivement la narration de l'aventure, version Steven, bien calé dans le divan.

— … Et j'ai remonté le long de la corde sans l'aide de personne.

Guidor lança un regard vers Caroline et résuma sur une note d'humour :

— Alors, c'est bien ainsi que ça s'est passé ?

Caroline acquiesça mollement.

— Oui c'est à peu près ça, à quelques détails près, finit-elle par concéder en jetant un œil discret en direction de Steven.

Une confirmation qui amena un sourire de soulagement chez le garçon. L'Ermite toussota doucement avant d'énoncer :

— Ce que je remarque et qui m'enchante d'autant plus, c'est que dans cette histoire, tous les trois, vous avez utilisé un don qui vous est propre.

— Tous les trois ? s'enquit Steven, incrédule.

— Hum, hum, fit l'Ermite en hochant la tête. Caroline a utilisé son don de vision afin d'explorer à distance l'environnement de ma grotte. Nadia a profité de sa puissance de transmission pour m'informer de l'urgence de la situation. Et toi, Steven...

— Oui, moi ?

— Tu as sauvé la vie de Caroline en la retenant dans le vide.

— C'est vraiment moi qui ai fait ça ? Ça aussi c'est un don ?

— Oui, mon garçon, c'est bien toi. Grâce à un don très précieux et surtout très rare, ajouta l'Ermite.

— C'est ce qui expliquerait le phénomène de lévitation vécu par Caroline ? suggéra Nadia.

L'Ermite confirma :

— Une grande émotion a éveillé chez lui un pouvoir particulier : le déplacement des objets à distance. C'est-à-dire la télékinésie.

Une énergie soudaine sembla électriser le postérieur de Steven et le propulsa hors du canapé.

— Je peux déplacer des objets sans y toucher ! s'exclama-t-il. Et depuis quand ?

Guidor prit le temps d'expliquer :

— Depuis fort longtemps, mon ami. Disons... depuis quelques millénaires.

— Mais j'ai jamais fait ça avant.

— Lorsque Caroline fit sa chute, tu as pensé intensément à la retenir. Tu as alors fait ressurgir de très vieux souvenirs d'une vie antérieure et tu as utilisé ton savoir, un peu malgré toi.

— Eh ! C'est super ! Moi aussi, j'ai un don ! s'écria le garçon.

Subjugué par cette révélation inattendue, il se mit à rêvasser tout en arpentant le centre de la pièce :

— Je peux déplacer des personnes, je peux déplacer des rochers, des arbres. Je peux déplacer des montagnes !

— Holà ! dit l'Ermite en agitant les deux bras. Un peu de patience et modérez vos ardeurs, jeune homme. Tu ne feras pas tout ça du jour au lendemain. Je puis te l'assurer. En premier, tu devras apprendre à contrôler ton pouvoir. Sinon, nous risquons de retrouver le chalet dans les arbres.

Tous se mirent à rire sauf Guidor, qui affichait un air sérieux, presque taciturne, ce qui fit tomber à plat l'enthousiasme du groupe.

Guidor, ayant enfin capté l'attention de tous, déclara :

— C'est bien beau de fêter les dons de chacun, mais vous semblez avoir oublié un élément important.

Le groupe retint son souffle et attendit. Guidor toujours aussi posé, lança comme une bombe :

— Dans cette aventure, Caroline a perdu son panier et ses délicieuses baies sauvages. Et moi qui me faisais une telle joie d'y goûter… après une privation de plus de trois cents ans.

Ne pouvant se retenir plus longtemps, Guidor éclata de rire, ce qui entraîna une nouvelle explosion d'hilarité dans le chalet.

CHAPITRE X

Les secrets de la grotte

Debout sur le perron du chalet, Nadia observait le versant Est de la montagne à l'aide de puissantes lunettes d'approche. À une telle distance, il n'était pas facile de discerner les détails, mais les vêtements colorés des enfants permettaient de les distinguer de la végétation et ainsi, de les suivre dans leur périple. Entre ces deux nuages de couleur, une tache plus sombre soulignait la présence de l'Ermite. Après un long soupir, elle baissa les jumelles et avoua :

— Je ne suis toujours pas convaincue que cela soit bien prudent de leur avoir permis de monter à la grotte. Ils ont déjà eu bien assez d'aventures.

À moins d'un mètre de la jeune femme, Guidor surveillait également la progression du trio, mais contrairement à celle-ci, l'être de lumière n'utilisait aucun accessoire. Sa vision de la scène, quoique parfaite, était quelque peu différente. En plus d'une image très claire des trois compagnons de route, Guidor observait les ondulations lumineuses des trois cocons d'énergie aux reflets azurs enveloppant l'Ermite et les deux enfants. Quittant la scène des yeux, il se tourna vers Nadia et la rassura :

— Tu n'as rien à craindre. En compagnie de l'Ermite, ce n'est plus une aventure, mais une simple balade en montagne.

— Hum, répondit-elle laconiquement en reprenant ses jumelles.

Voulant chasser son inquiétude, Guidor ajouta :

— L'Ermite utilise ce chemin tous les jours. C'est un sentier très sécuritaire. Ils n'ont rien à craindre, ni toi d'ailleurs.

Nadia délaissa de nouveau ses lunettes d'approche.

— Parce que c'est toi qui le dis, je le crois, soupira-t-elle en esquissant un timide sourire.

Heureux de ce changement d'attitude, Guidor en profita pour orienter les pensées de la jeune femme dans une toute autre direction.

— De toute façon, l'absence des jeunes est une bonne chose. Je désire profiter de ce moment de tranquillité pour t'amener à explorer un nouveau monde. Je vais t'enseigner une nouvelle technique de visualisation.

***

— Vous ne voyez rien ? Et vous vous prétendez des spécialistes de la finance. De la haute finance ! précisa Krash-Ka avec ironie.

Debout face à la tribune impériale, osant à peine respirer, la demi-douzaine de bureaucrates n'en menait pas large. Gesticulant devant une mosaïque d'écrans garnissant un mur de la pièce, l'empereur poursuivit sur sa lancée. D'une griffe acérée, il pointa les bandes lumineuses défilant à vive allure sur les tableaux numériques :

— Regardez ces chiffres ! À Londres, Paris, Tokyo, Montréal et New York, dans les plus importantes bourses de la planète, nos actions sont à la baisse.

Se tournant vers ses subordonnés, il s'écria :

— Je veux des explications, maintenant !

Bardés de dossiers et de calculatrices sophistiquées, ceux-ci ne disposaient que d'un bien mince bouclier les protégeant du courroux de leur souverain.

À contrecœur, mais se sentant toutefois obligé de formuler une raison ou du moins une excuse valable, le doyen du groupe prit une grande inspiration et timidement, risqua une hypothèse :

— Il faut peut-être tenir compte du contexte économique... votre grandeur. Tous les pays industrialisés subissent actuellement un creux financier et nous pensons…

— Foutaise ! coupa brutalement Krash-Ka. Le rendement des entreprises que nous contrôlons s'amenuise plus rapidement que celui de l'ensemble de l'industrie mondiale. Comment expliquez-vous pareille situation ?

Discrètement, sur la droite de l'empereur, une porte glissa et laissa place à la grande conseillère. L'accès se referma derrière elle. Immobile et silencieuse, Haziella se contenta d'observer la scène.

— Ce n'est sûrement que temporaire, tenta d'expliquer le fonctionnaire, qui regrettait de plus en plus sa fâcheuse initiative.

L'empereur pianota rageusement un clavier intégré à son bureau.

— Et ceci, c'est temporaire ? Aboya-t-il, en montrant de nouveaux tableaux de statistiques.

Fusillant du regard ses comptables tétanisés, il hurla :

— Nos usines ferment pendant que la concurrence prend de l'expansion. C'est normal à votre avis ?

Dame Haziella devina rapidement le sujet de la controverse. Elle était arrivée à un bien mauvais moment. Désireuse de se soustraire à cette démonstration orageuse, elle actionna le mécanisme d'ouverture assurant sa retraite. Bien que léger, le chuintement de la porte atteignit l'oreille de son maître. Celui-ci pointa la conseillère et ordonna :

— Dame Haziella, restez avec nous.

— Je ne voudrais pas m'imposer, dit-elle humblement. Je peux revenir, suggéra la conseillère qui déjà reculait d'un pas.

— Ne bougez pas, insista Krash-Ka. Ces incapables vont nous quitter car ils ont du travail… beaucoup de travail.

Et sur un ton menaçant, il ajouta :

— S'ils ne trouvent pas rapidement de solution à notre problème, le seul chiffre qu'ils auront à calculer sera le nombre de jours qu'ils auront encore à vivre.

D'un geste dédaigneux de la main, il chassa ses fonctionnaires. Le dernier bureaucrate venait tout juste de fuir les lieux quand l'empereur éclata de nouveau :

— Depuis l'apparition des sphères lumineuses, sur toute la surface de la Terre, mes entreprises sont en perte de vitesse et personne ne peut me donner une explication.

Haziella marcha calmement vers l'empereur et apporta une précision :

— Personne ne peut ou ne veut vous donner des réponses.

— Soyez plus claire, grogna impatiemment Krash-Ka.

— Il y a toujours ces rencontres secrètes entre notre agent de surface et le Globulus.

— Conciliabules dont nous ne pouvons découvrir la teneur puisqu'un microphone serait détecté rapidement. Sur ce point, nous ne sommes toujours pas très avancés.

— Peut-être plus que vous ne le croyez, annonça fièrement la conseillère.

Dame Haziella sortit d'un repli de sa robe un petit disque mat.

— Voici un microphone en cristal soluble. C'est tout nouveau, votre majesté.

Joignant le geste à la parole, elle l'offrit à l'empereur et poursuivit :

— Une fois activé, il transmet des informations claires durant une heure et se dissout ensuite en poussière sans laisser de trace.

L'empereur, un peu plus détendu, soupesa le dispositif.

— Et le Globulus ne pourra pas le détecter ?

La conseillère fit la moue.

— Le signal étant encodé, il est possible que le Globulus perçoive quelques interférences dans ses circuits neuronaux, comme il en décèle d'ailleurs occasionnellement. De plus, le phénomène sera temporaire. Il n'aura aucun soupçon.

— Vous avez donc réglé le problème.

— En partie, votre grandeur. La question consiste, maintenant, à déterminer quand nous devrons placer l'émetteur puisque sa durée de vie est très limitée.

— Et vous avez déjà une idée en tête ? s'enquit l'empereur sur un ton complice.

— Je le crois en effet. D'ici peu de temps, vous en saurez beaucoup plus sur les projets du Globulus.

***

Confortablement assis sur les marches du perron, Guidor s'empara du pichet de limonade et en versa un verre à Nadia. Tout en remplissant son propre gobelet, l'être de lumière demanda :

— As-tu déjà essayé de voir tes corps ?

Nadia, surprise par la question, cessa de boire.

— Mon corps ? Mais bien sûr que je le vois !

— Je ne parle pas de ton corps, mais bien de TES corps, précisa Guidor.

Tenant toujours son verre, mais sans prendre le temps de goûter son contenu, Nadia s'interrogea :

— Mes corps ? J'en ai donc plusieurs ?

Guidor prit une gorgée de limonade, souligna le bon goût du breuvage d'un léger mouvement des sourcils et répondit :

— Nous avons trois corps principaux. Le corps physique que tu peux regarder dans une glace tous les jours, le corps éthérique et le corps astral.

Nadia fit la moue.

— Je connais le premier, mais les deux autres me semblent quelque peu mystérieux.

— Il n'y a pourtant pas de mystère, rassura Guidor.

Après avoir déposé son verre sur le perron, il se pencha vers Nadia, plaça ses pouces sur le front de la jeune femme, ses index et ses majeurs sur les tempes.

— Je vais augmenter ta capacité de vision intérieure. Tu pourras ainsi voir et mieux comprendre mes explications.

Nadia sentit une douce chaleur envahir sa tête et ferma les yeux. Le traitement ne dura que quelques secondes. Guidor retira ses mains, se leva et recula de quelques pas. Nadia ouvrit les yeux et ne put retenir une exclamation de surprise.

— Oh ! Ton corps est enveloppé d'un grand nuage jaune doré très éclatant.

— Ce que tu vois présentement est le plus important des trois corps. C'est le corps astral, expliqua Guidor.

Sans quitter la nuée des yeux, Nadia demanda :

— Et nous avons tous un corps de ce genre ?

— Si tu observes un être vivant à l'aide de ta vision intérieure, tu découvriras toujours un halo de lumière autour de la personne. Il délimite l'aura d'un individu. Mais celle-ci ne sera pas nécessairement jaune.

— Parce qu'il y a différentes couleurs d'aura ?

— Elle se présente sous diverses teintes selon l'état de santé physique de la personne ainsi que de son état émotionnel. Plus le sujet est négatif, c'est-à-dire qu'il exprime de très mauvais sentiments envers autrui ou de la haine et plus la couleur de l'aura sera foncée. À la limite, elle s'approchera du noir.

— Il faut sûrement être très méchant pour posséder une aura noire, suggéra Nadia tout en portant son verre à ses lèvres.

— C'est vrai. C'est pourquoi, pour ta sécurité et celle des enfants, il est très important que tu maîtrises rapidement la visualisation de l'aura.

La jeune femme accusa le coup et avala difficilement sa gorgée de limonade.

— Pour notre sécurité ?

Revenant près de Nadia, Guidor, appuyé sur ses talons, ramassa son verre et poursuivit :

— En compagnie des enfants, tu auras bientôt une tâche importante à accomplir. Il est probable que tu aies à affronter les « petits gris ». En utilisant la vision de l'aura, tu pourras détecter leur présence car leurs pensées de destruction et de méchanceté rendent leur aura très noire ou du moins très sombre.

***

Deux ombres furtives s'étirèrent sur la paroi de la navette.

Le réseau de transport public du monde creux bourdonnait d'activité. Pourtant, il n'y avait pas foule sur le débarcadère. Il fallait avouer que la station desservant la grotte du Globulus n'attirait jamais beaucoup de monde. Des techniciens ou surveillants y transitaient occasionnellement. Mais leur séjour ne dépassait jamais quelques heures. Leur tâche terminée, ils s'empressaient de quitter cet endroit occulte présidé par le mystérieux et puissant cerveau sous globe. Le quai restait donc relativement désert et en ce moment, seuls deux vigiles de la sécurité paraissaient y attendre la prochaine navette.

En réalité, ils n'étaient pas si pressés de quitter le lieu. Du moins pas avant d'avoir repéré l'individu décrit sur leur scryptobloc. Le brigadier tenant l'appareil appuya sur quelques touches et la physionomie de Sygrill se dessina successivement sous différents angles. Tout en manipulant son bloc, il marmonna à son collègue :

— Je me demande bien pourquoi nous devons surveiller cet agent. C'est tout de même un officier de haut rang.

— La santé et la curiosité ne font pas bon ménage, répliqua l'autre. La grande conseillère elle-même nous a ordonné de repérer l'individu et de la prévenir de son arrivée. Si tu tiens à conserver ta tête sur tes épaules, obéis et ne pose pas de questions. Tiens-toi prêt à transmettre le signal.

Machinalement, le gardien caressa un petit bouton rouge.

***

Sous la voûte de la caverne du Globulus, dame Haziella vérifia discrètement l'avertisseur attaché à son poignet. Jusqu'à présent l'appareil était resté muet. La grande conseillère recommença à faire les cent pas, très agitée. Son excitation n'était pas vraiment feinte, tout au plus légèrement exagérée. Pour quelques minutes encore, elle devait donner le change et, par tous les prétextes, demeurer dans la grotte du super cerveau, du moins jusqu'à l'arrivée de Sygrill. Il fallait avouer que les sujets de conversation ne manquaient pas. Cette comédie offrait donc une odeur de vérité. À l'aide de grands gestes quasi théâtraux, elle reprit ses récriminations.

— L'empereur est très mécontent. L'étude de ces sphères lumineuses et l'enquête concernant les envahisseurs potentiels n'avance pas assez rapidement.

Le Globulus fut peu impressionné par les esclandres de la dame. C'est donc sur un ton très calme qu'il déclara :

— Ces sphères de lumière sont un phénomène nouveau. Nous n'avons aucune référence nous permettant de discerner leur nature. La recherche s'avère longue et laborieuse.

— Et pendant ce temps nos industries de surface prennent du recul tous les jours, coupa la conseillère.

Toujours aussi posé, le cerveau sous globe répondit placidement :

— Vous m'en voyez désolé, dame Haziella, mais l'économie n'est pas mon domaine. Vous avez des spécialistes dans le secteur des affaires.

Haziella crut détecter une certaine ironie dans la réponse du cerveau.

— Si la chute de nos entreprises est reliée à l'arrivée des sphères, nos plus grands analystes ne pourront rien y changer.

— C'est possible, supposa laconiquement le cerveau.

— Et si cette situation s'aggrave, vous en porterez seul la responsabilité.

La grande conseillère jeta un nouveau coup d'œil discret à son poignet. Son communicateur restait désespérément muet. Conscient qu'elle devait encore gagner du temps, elle ajouta une nouvelle perle à son collier de blâmes.

— Et il y a cette vieille affaire de fuite de capitaux. Elles ont débuté bien avant l'apparition des mystérieuses sphères. L'empereur n'a reçu aucun rapport encourageant sur cette enquête. Que faites-vous, Globulus ? Votre maître devient impatient.

Le cordon d'argent

***

La navette longea le monorail et s'arrêta silencieusement devant le débarcadère. Elle n'était occupée que par un seul passager. La porte vitrée bascula, un officier en descendit et une paire de bottes en peau de crocodile claqua sur la surface dure du quai. Le garde ayant les mains libres jeta un coup d'œil au scryptobloc tenu par son collègue, compara les physionomies et déclara :

— C'est bien lui. Active le signal et quittons cet endroit sinistre.

***

Le Globulus était las de toutes ces requêtes impériales, les jugeant de plus en plus insignifiantes comparées à ses propres projets. Malheureusement, il avait beau revendiquer le titre du plus puissant cerveau de la planète, il n'en était pas moins tributaire des caprices de l'empereur, du moins pour quelque temps encore. Un temps le plus court possible, espérait-il. C'est donc sur un ton se voulant le plus respectueux qu'il annonça :

— En ce qui concerne la fuite des capitaux, je puis vous assurer que mes recherches progressent. J'espère être en mesure de vous donner très bientôt des réponses satisfaisantes.

Une discrète vibration se fit sentir sur le poignet de la conseillère. Du coin de l'œil, elle observa le léger cercle rouge scintillant sur son communicateur. Toujours impassible, elle laissa le Globulus poursuivre.

— ... Et vous pouvez assurer notre souverain que je réussirai à mettre bon ordre à cette situation.

Dame Haziella devait maintenant manœuvrer rapidement. Prenant un air de fonctionnaire satisfait de son travail, elle lissa un pan de sa robe, puis abrégea sa sortie.

— L'empereur sera heureux d'apprendre cette bonne nouvelle. Mais attention, ne le décevez pas. Au revoir, Globulus.

Sans attendre de réponse, elle marcha vers les imposantes portes d'acier qui s'ouvrirent à son approche.

Les cloisons venaient tout juste de se refermer derrière elle lorsque l'agent apparut sur le seuil d'un ascenseur. Ne prenant pas le temps de retrouver son souffle, la conseillère reprit son air de fonctionnaire agitée.

Sygrill reconnut immédiatement la dame, bras droit de Krash-Ka. Ne sachant trop comment interpréter sa présence dans un tel endroit, si près du domaine du Globulus, il déclara prudemment :

— Mes respects, grande conseillère Haziella.

— À votre respect, je préférerais un rapport écrit annonçant des résultats concrets et positifs.

L'agent s'abstint de tout commentaire. La conseillère attaqua :

— Sachez que l'empereur est très mécontent. L'enquête sur les sphères lumineuses n'avance pas assez rapidement.

Sygrill, prenant un air de victime, déclara :

— La nature de ce phénomène nous est totalement inconnue. Faute de données pertinentes pouvant alimenter nos ordinateurs, mes agents de surface progressent très difficilement dans ce dossier.

— Et dans celui concernant la fuite des capitaux ? Notre seigneur et maître devient très impatient et exige des résultats.

L'agent tenta de se faire rassurant.

— Cette enquête évolue rapidement et nous avons même une piste intéressante, répondit-il sur un ton optimiste.

— Il vaudrait mieux que cette piste soit plus qu'intéressante, car l'empereur n'attendra plus bien longtemps. D'ici peu, des têtes vont tomber.

Accentuant son jeu de comédienne, la conseillère devint alors davantage agitée.

— Il sait récompenser les bons éléments, mais rappelez-vous qu'il est sans pitié envers ceux qui se risquent à l'irriter.

Simulant un faux pas, la conseillère bouscula l'agent tout en s'accrochant à son uniforme. Sygrill l'aida à retrouver son équilibre, mais ne se rendit pas compte qu'un disque mat se logeait maintenant sur l'envers de son ceinturon.

Afin de la calmer, il claqua des talons, leva la tête et déclama fièrement :

— Je suis un fidèle serviteur de l'empire et ma plus grande joie est de satisfaire notre auguste souverain. Très bientôt, je vous l'assure, l'empereur connaîtra tous les dessous de cette histoire.

Jouant à la perfection son rôle de fonctionnaire, Haziella acquiesça d'un mouvement sec de la tête et parut satisfaite d'une telle promesse. De nouveau, elle lissa sa robe. Après une salutation à peine perceptible, elle s'engouffra dans l'ascenseur. Les portes venaient à peine de se refermer derrière elle que déjà, Sygrill marmonna :

— Soyez sans crainte, grande conseillère. L'empereur entendra bientôt parler de moi.

S'étant assuré qu'il était seul dans le couloir, l'agent se présenta dans le cercle de détection situé devant les portes d'acier. Les volets blindés s'ouvrirent et lui cédèrent le passage rapidement.

Un peu en retrait dans le corridor, deux portes s'ouvrirent de nouveau, mais cette fois-ci, c'était celles de l'ascenseur que la conseillère quitta en douce. Une oreillette accrochée à sa tempe droite, un sourire narquois se dessina sur son faciès écailleux.

Dans le refuge du Globulus, l'agent marcha d'un pas ferme et s'arrêta droit devant l'impressionnante coupole de verre.

— Mes respects, Globulus. J'ai peut-être une solution à vous proposer concernant votre épineux problème.

— Tant mieux…

À l'extérieur de la caverne, le visage de dame Haziella rayonnait. La réception était parfaite et les répliques des deux conspirateurs s'avéraient fortes et claires.

***

L'Ermite connaissait bien sa montagne. Il savait économiser ses forces en utilisant judicieusement les pentes douces menant à son domaine. Les enfants et l'Ermite atteignirent donc frais et dispos le plateau rocheux servant de terrasse à la grotte.

Prête pour de nouvelles découvertes, Caroline arpenta le terrain à la recherche d'un élément visiblement absent. Fronçant les sourcils, les mains appuyées sur les hanches, elle dit candidement :

— C'est exactement comme dans ma vision. Tout est identique, à un détail près.

— Ah oui ? Et quel est ce détail ? s'enquit l'Ermite.

— Dans ma vision, il y avait un petit écureuil.

— Oh ! Tu veux sûrement parler de Pomme de pin. Mon ami n'est sûrement pas très loin. Je ne serais pas étonné qu'il soit dans un de ces arbres en train de nous épier.

Les enfants levèrent la tête et tentèrent sans succès de deviner la présence du rongeur à la queue touffue.

— Vous souhaitez vous reposer un peu ou commencer la visite dès à présent ? demanda l'homme sur un ton innocent.

— Nous voulons visiter, annonça joyeusement Caroline.

— On peut vraiment entrer ? s'assura Steven.

— Naturellement ! Vous êtes bien venus pour ça, déclara l'Ermite en riant.

Avec enthousiasme, les enfants s'élancèrent vers le repli rocheux. Steven y pénétra, fit une dizaine de pas, mais s'arrêta brusquement.

— Bin quoi, Caroline ? Tu viens ?

Immobile dans l'ouverture de la grotte Caroline examinait avec insistance la voûte rocheuse de la caverne. Sans se retourner, elle s'informa poliment :

— Nous pouvons la visiter sans danger ?

— Tu n'as rien à craindre. J'y habite depuis des années. C'est du solide.

Rassurée, la jeune fille rejoignit Steven qui venait tout juste de découvrir la couchette de leur ami ; une paillasse sur laquelle on avait simplement déposé une couverture roulée en boudin. Perplexe, le garçon examina l'environnement et fit la moue.

— Qu'est-ce qu'il y a, Steven ? s'enquit l'hôte des lieux.

— Euh... C'est tout ce que vous avez ? dit Steven un peu gêné. Y'a rien d'autre ?

— Tu crois qu'il manque quelque chose ?

— Bin… J'pensais pas trouver une télé couleur, mais y'a même pas une petite radio… Ah ! Vous l'avez cachée. C'est ça ?

— Je n'ai rien dissimulé… de personnel.

Malgré elle, Caroline réprima difficilement un sentiment de désolation.

— Tu sembles déçue.

— Non, pas du tout, s'empressa de répondre la jeune fille.

Puis elle ajouta :

— Ma question peut paraître ridicule, mais comment réussissez-vous à vivre heureux dans un endroit si démuni ?

— Ouais ! Ça doit pas être facile, ajouta le garçon. C'est plus vide que le chalet.

Caroline ne put retenir un sourire ingénu.

— Surtout quand je compare cet endroit à ma belle chambre décorée de jolies dentelles et de meubles luxueux servant à ranger tous mes beaux vêtements, précisa-t-elle sur un ton pince-sans-rire.

— Et dans une telle opulence, tu étais vraiment plus heureuse ? s'enquit l'Ermite.

Caroline prit le temps de réfléchir à sa vie de château, se revoyant entre son oncle et sa tante. Elle en perdit son sourire.

— Non, c'est vrai. Je n'étais pas très heureuse.

Poursuivant sa réflexion, elle se remémora avec plaisir les images festives du repas de la veille.

— Je crois même que je préfère ma nouvelle vie au chalet, avoua-t-elle joyeusement.

L'Ermite, toujours souriant et heureux de cette confession, prit le temps de préciser sa vision de la vie.

— Il est normal que les gens aient besoin d'un minimum de biens pour assurer le confort de leur famille et de leurs enfants. Mais je déplore sincèrement que certaines personnes accumulent une quantité excessive d'articles de tous genres.

— Ce n'est pas bien d'acheter beaucoup de choses ? demanda la jeune fille.

L'Ermite rectifia les faits :

— Ce n'est pas l'action d'acheter qui est déplorable. C'est de croire que le bonheur est relié au nombre d'objets possédés. Certaines personnes dépensent toujours plus dans l'espoir d'être plus heureux. Et c'est habituellement une erreur. Le bonheur commence dans le cœur. Pour être aimé par les autres, il faut en premier les aimer. Et pour les aimer, il faut commencer par s'aimer soi-même avec ce que l'on a et ce que l'on n'a pas. Avec les biens matériels, on ne se donne qu'une illusion qui ne dure jamais longtemps.

— Ouais... Et en plus, on risque de se faire voler, intervint Steven sur un ton mi-sérieux.

— Énoncé par un spécialiste, on ne peut pas le contester, approuva Caroline.

Steven lui lança une grimace sans méchanceté, ce qui fit sourire la jeune fille et l'Ermite. Ce dernier ajouta :

— Le plus grave, c'est qu'en consommant de façon excessive, on ne fait que jouer le jeu des trogs.

— Le jeu des trogs ? répéta Caroline.

— Première fois que j'entends parler de ça, avoua Steven. C'est quoi, un trog ? Une nouvelle sorte de carte de crédit ?

— Oh ! Les trogs sont bien plus dangereux que les cartes de crédit. Je ne suis pas surpris de votre ignorance, car peu de gens connaissent l'existence de ces êtres maléfiques.

— Ah oui ! firent les deux enfants.

— Ces créatures sont différents des hommes et habitent sous la terre.

— Au centre de la terre ? suggéra Steven.

— Non, pas si loin, car au centre, il y a autre chose, mais ça, je vous en reparlerai une autre fois. Bon, où en étais-je ?

— Les trogs vivent sous la terre... rappela la jeune fille.

— Ah oui. Les trogs que certains chercheurs d'ovnis appellent encore des « petits gris » vivent sur notre planète depuis des millénaires, mais ils ne sont pas d'ici. Ils sont venus d'un autre système solaire situé près du cœur de la galaxie. Ils ont bâti leurs cités sous la surface de notre planète.

— Pourquoi ? Ils sont timides ? Y z'aiment pas nos têtes ?

— Notre soleil est beaucoup trop lumineux pour eux. Ils ne peuvent séjourner à la surface que quelques jours à la fois. Ce qui ne les empêche pas de contrôler les activités de notre monde et peut-être aussi, la gestion de certaines cartes de crédit.

Les enfants, ébahis par les révélations de l'Ermite, se mirent à le bombarder de questions.

— Ils contrôlent notre monde, répéta l'adolescente.

— Est-ce qu'ils ont de grands yeux pour voir dans le noir ? demanda Steven.

— Et il y en a beaucoup sur... ou sous la terre ? s'enquit Caroline.

— Ils ont des antennes sur la tête ? insista-t-il.

— Ils dominent tous les Terriens de la planète ? ajouta la jeune fille.

D'un signe de la main, l'homme apaisa les enfants et proposa un temps d'arrêt.

— Avec des fusils laser ? dit le garçon en étouffant sa question.

L'Ermite prit le temps de s'asseoir sur une haute pierre plate, les enfants l'imitèrent. Le calme revenu, il poursuivit ses explications.

— Au tout début de l'humanité, les hommes étaient bons et sages. Ils vivaient en harmonie avec la nature et possédaient des pouvoirs fantastiques.

— Comme la vision à distance, suggéra Steven.

— ... Ou le pouvoir de déplacer des objets, renchérit Caroline.

— Mieux que ça, mes amis. Ils pouvaient communiquer avec les animaux ou percer une montagne d'un simple regard. Leur puissance provenait de l'énergie irradiée par le cristal universel.

Les enfants affichaient à présent de grands yeux ronds et restaient attentifs à chaque mot prononcé par l'Ermite.

— On retrouvait ces merveilleux cristaux dans différents endroits de la planète : sur le vaste continent de l'Atlantide, un monde maintenant disparu sous les eaux ; également dans l'ancienne Égypte, au début du règne des premiers pharaons ; et dans bien d'autres coins du globe.

L'allusion à l'ancienne Égypte éveilla l'intérêt de Caroline et ramena dans son esprit des images de son dernier rêve éveillé. Steven, ne voulant pas être en reste, s'informa :

— Il y en avait aussi un en Amérique du Sud ?

— En effet, mon garçon. Les populations de ce territoire profitaient également des bienfaits d'un cristal, mais celui-ci disparut dans des circonstances tragiques bien différentes.

À son tour, des tableaux représentant des paysages bucoliques se mariant à d'imposantes constructions de pierres émergèrent des souvenirs de Steven. Perdu dans ses rêves, il associa ses dernières images aux commentaires de l'Ermite.

— C'est à ce moment que les trogs ont fait leur apparition, pour le plus grand malheur des humains.

Les deux jeunes revenus à la réalité, écoutaient avec attention les paroles du conteur.

— Durant des siècles, ces envahisseurs se sont acharnés à rechercher et à détruire toutes les sources énergétiques universelles ainsi que ceux qui en connaissaient les secrets. Progressivement, les habitants de la Terre ont oublié les fabuleux pouvoirs qui leur avaient été accordés.

— Mais c'est terrible ! gémit Caroline.

L'Ermite acquiesça d'un signe de tête et poursuivit :

— Plusieurs millénaires se sont écoulés et les hommes ont dû réapprendre à utiliser leur force physique pour construire leur demeure, se nourrir et se vêtir. Les plus forts ont dominé les plus faibles. Mais les trogs ne se sont pas arrêtés là.

L'homme se leva et d'un signe de la main, les invita à le suivre.

— Venez avec moi. J'ai quelque chose à vous montrer.

Ils ne se firent pas prier et bondirent sur les traces de l'Ermite.

***

Dans le monde creux, derrière les portes closes de la caverne, le Globulus évaluait la nouvelle proposition de Sygrill.

— Votre idée semble intéressante, mais je ne suis pas vraiment convaincu de son efficacité.

L'agent revint à la charge et récapitula ses arguments.

— Ce plan est infaillible, car si j'ai bien compris vos explications, pour détecter la position de ce Guidor et le détruire, il faut qu'il manifeste sa présence en utilisant ses pouvoirs psychiques.

— Exact, répondit le cerveau sous globe.

— Et nous savons pertinemment que le trio habitant le chalet, cette femme et les deux enfants sont importants à ses yeux.

— Toujours exact.

— Alors, plaçons ces humains dans une situation critique. Guidor ne pourra pas se permettre de rester inactif. En allant à leur secours, il devra trahir sa présence... et nous aurons alors sa peau.

— Laissez-moi un peu de temps pour y réfléchir.

Contrairement à ses habitudes, le Globulus s'octroya une longue pause d'une centaine de nanosecondes.

***

Depuis plusieurs dizaines de mètres déjà, la lumière extérieure n'atteignait plus le long conduit s'étirant de plus en plus profondément au cœur de la montagne. Une torche dans la main droite, l'Ermite ouvrait la marche. À la lueur de la flamme dansante, on devinait, sur les visages des enfants, le plaisir de découvrir un monde étrange combiné à une certaine appréhension provenant de l'inconnu et du mystère.

Soudain, la galerie sembla plonger dans le vide. Devant le groupe s'ouvrait une immense cathédrale aux colonnes de calcaire sculptées au fil des siècles. Pivotant sur sa gauche, l'Ermite leur fit découvrir un tout nouveau décor. Tout près d'eux se dessina une douce inclinaison sinueuse menant au plancher de la grotte.

— Ce passage est un peu glissant, mais pas vraiment dangereux si on fait attention où l'on met les pieds.

À l'aide de sa torche, il en alluma une deuxième accrochée à la paroi de la grotte.

— Lors de notre retour, en remontant la pente, celle-ci nous servira de point de repère. Maintenant, allons-y doucement, les enfants.

La descente se fit sans trop de dommage, sauf pour les chaussures des trois explorateurs. On ne pouvait pas vraiment parler de boue. Ils avaient plutôt l'impression de marcher sur de la craie humide. À chaque pas, leurs souliers glissaient légèrement sur cette crème blanchâtre et vaseuse. Selon les dires de l'Ermite, elle provenait des écoulements des stalactites suspendus au plafond de la grotte. Lorsqu'ils atteignirent le fond de la caverne, ils profitèrent d'un moment de repos pour gratter sommairement le dessous de leurs souliers sur des éclats de roche.

— Si on rentre… commença Steven qui fut saisi par l'ampleur de l'écho. Le tout fut suivit d'un « Wow ! » qui se démultiplia sous la voûte.

— Bienvenue à vous trois, lança Caroline.

Une salutation qui fit le tour de la grotte avant de revenir vers le trio. Et sur un ton espiègle, elle ajouta un « Merci » bien accueilli par tous.

— Qu'avais-tu commencé à dire tantôt ? s'informa l'Ermite.

— Oh… Je me disais que si on revient au chalet avec des souliers aussi crottés, Nadia va sûrement piquer une crise de nerf, annonça Steven.

L'homme simula un air terrifié, mais retrouva rapidement son sourire.

— Il est inutile de tout nettoyer, mon garçon. Au retour, nous remonterons par le même chemin.

La suite du trajet offrait un abord plus agréable. Le trio emprunta un sentier longeant un grand miroir liquide.

— Vous ne nous aviez pas dit que vous possédiez une piscine intérieure, taquina gentiment Caroline.

— Si tu aimes les bains glacés, ne te gêne pas pour nous. Cette eau provient d'une cascade. Vous l'entendez ? Nous allons la découvrir dans quelques minutes.

Steven s'approcha de l'eau, y trempa la main et ne fit qu'un seul commentaire en grimaçant :

— « Brrrrr » !

Taquin, il secoua sa main dans la direction de son amie.

— Hé ! Mais c'est de la glace ! s'écria-t-elle. Arrête ça, Steven.

Tout en s'essuyant le visage du revers de la main, Caroline s'approcha de la berge.

— Tomber dans ce lac, on peut sûrement y mourir gelé ! fit-elle observer.

Amusé, l'Ermite acquiesça et précisa :

— Cette eau est à la même température, été comme hiver.

Prudemment, la jeune fille s'éloigna de la rive.

Au tournant d'un pic calcaire, l'écho sonore de la cascade se fit plus présent. À la lueur de la torche, les enfants découvrirent la cataracte qui s'éclatait en jets d'eau sur une immense pierre plate débordant au-dessus du sentier. Formant une marquise, cette plate-forme rocheuse permit au groupe de traverser l'obstacle en passant sous la cascade, derrière le rideau liquide.

Ils avaient fait moins d'une dizaine de mètres lorsque, sur la droite, un nouveau boyau s'ouvrit devant eux. L'Ermite fit signe aux enfants de le suivre. Il quitta alors le centre du passage, marcha vers la paroi et s'arrêta près d'une fissure dissimulée derrière un renflement rocheux. Il était sur le point d'y plonger la main lorsqu'un sourd murmure, semblable à une vague de fond, monta des profondeurs de la grotte. Le bruit se fit de plus en plus distinct et s'amplifia rapidement. On aurait cru entendre les milliers d'applaudissements d'une foule en délire. L'homme dit calmement :

— Venez près de moi et n'ayez pas peur.

Les deux enfants eurent à peine le temps d'obéir qu'un nuage sombre jaillit près du groupe dans un vacarme assourdissant.

— Qu'est-ce que c'est ? souffla Caroline, un peu nerveuse.

— Tu ne devines pas ? dit malicieuscment leur guide.

— Des chauves-souris ? suggéra-t-elle timidement.

— En effet.

— Pouah ! Et vous vivez avec ces monstres ? s'étonna Steven.

L'Ermite attendit la fin leur traversée et rectifia :

— Les chauves-souris ne sont pas des monstres, mais des amies précieuses. Cette nuit, elles sortiront par centaines et elles mangeront des milliers d'insectes. Demain, il y aura moins de moustiques et moins de chenilles détruisant la végétation.

— Moins de moustiques ? Alors, les chauves-souris sont vraiment plus que des amies, déclara Caroline, pleine de considération pour les petites bêtes.

— Partout où nous allons, nous avons des amis... si nous savons les reconnaître, précisa l'Ermite.

Sur ces sages paroles, il plongea la main dans la fissure et en retira une modeste boîte de métal enveloppée dans un vieux chiffon. Il fit quelques pas dans le passage, choisit une pierre ronde et coinça sa torche entre deux grosses roches.

Il prit le temps de s'asseoir et invita les enfants à en faire autant. Curieux de connaître les secrets de la mystérieuse petite boîte, ceux-ci se précipitèrent à ses côtés.

L'Ermite ne sembla toutefois pas pressé d'en dévoiler le contenu. Il déposa la boîte sur ses genoux et en silence, rassembla ses souvenirs. Steven, toujours aussi direct, demanda :

— Qu'est-ce qu'il y a dedans ?

— Je vous demande de patienter un peu. J'ai encore des révélations à vous faire concernant les trogs.

Cette annonce fut suffisante pour calmer l'excitation des enfants, tout aussi intrigués par son récit que par sa boîte mystérieuse. À la lueur de la torche, l'homme commença :

— Les trogs ont utilisé plusieurs subterfuges afin de contrôler l'économie de notre monde. Grâce à leur technologie avancée, ils ont vendu aux industriels de la planète des appareils très sophistiqués et proposé ce qui semblait être des inventions révolutionnaires pour leur époque.

— Et les humains ont accepté de négocier avec les trogs ? s'informa Caroline.

— Moi, j'aurais refusé net, déclara Steven.

— Mais ils n'ont pas su les reconnaître. Les trogs ont eu la présence d'esprit de rester incognitos et d'agir dans l'ombre. Ils se contentèrent de recruter des collaborateurs sans scrupules et avides de fortune. Ces hommes firent écran et dirigèrent impunément des entreprises appartenant aux trogs. Ils servirent également d'intermédiaires auprès des autres humains.

— Et cela a fonctionné ?

— Très bien même ! Déjà au temps de Napoléon, les trogs faisaient des affaires d'or. Ils vendaient mille canons à un pays querelleur. Les états voisins se sentant menacés dépensaient des fortunes afin d'acheter des canons encore plus performants et en plus grande quantité.

— Des canons offerts par les trogs, je suppose, risqua Caroline.

— En effet. Et la roue se mit à tourner. Le premier pays se percevant alors dans une position de faiblesse achetait des armes encore plus meurtrières.

— Mais cela n'avait pas de fin, observa Caroline.

L'Ermite hocha la tête.

— Eh ! Attendez ! s'écria-t-elle soudainement en se levant d'un seul trait.

La jeune fille ferma les yeux et consacra quelques secondes à mettre de l'ordre dans sa tête. Elle finit par dire :

— Vous prétendez que ceux qui ont attaqué le palais de mon… père le pharaon, il y a de cela huit mille ans, existent toujours aujourd'hui ?

— Si tu veux parler de leurs descendants, oui, en effet. Présents plus que jamais et ils font toujours des affaires lucratives.

— Ça veut dire qu'ils sont très riches, conclut Steven.

— Riches et très puissants, mon garçon. Les industries ont donné beaucoup d'argent afin de se procurer ces nouvelles armes et une technologie d'avant-garde couvrant tous les domaines. Les trogs ont amassé des fortunes.

— Et ils en ont fait quoi ? s'enquit Steven.

— Tout cet argent accumulé, ils l'ont placé dans des banques créées et contrôlées également par eux.

— Ils possèdent également des banques ! s'exclama Caroline.

— Et parmi les plus importantes. Mais ce n'était pas encore assez. Afin d'inciter les hommes à dépenser encore plus et à emprunter dans leurs banques, les trogs ont avivé la convoitise des hommes et les ont même encouragés à se faire la guerre. De façon très discrète, ils continuaient de prêter de l'argent aux deux camps ennemis et leur permettaient ainsi d'acheter encore plus d'armes. Des armes fabriquées…

— … dans des usines appartenant également aux trogs, je suppose, fit Caroline.

Avec tristesse, l'Ermite acquiesça d'un signe de tête.

— Mais ça veut dire que les trogs sont gagnants sur tous les plans, constata le jeune garçon.

L'Ermite confirma.

— Plus les gouvernements s'endettent et plus les trogs font en sorte que ceux-ci empruntent davantage, plus… toujours plus.

Caroline, indignée par une telle situation, ne put se retenir :

— C'est révoltant ! Même les gouvernements font le jeu des trogs.

L'homme fit la moue et apporta une nuance.

— Tu sais, Caroline, nous faisons tous le jeu des trogs. Les gens, en général, exigent toujours plus des gouvernements et n'acceptent pas de faire des sacrifices, de se priver un tant soit peu. Les dirigeants n'ont donc pas le choix. Ils pensent aux élections et font ce que la population réclame.

Caroline réfléchit quelques secondes et s'objecta :

— Mais si tout le monde cesse de consommer et d'acheter des biens, les usines du pays vont fermer et il y aura des mises à pied par milliers.

— Ton raisonnement est juste, mais il faut savoir faire la part des choses. Je ne suggère pas à tout le monde de vivre dans une caverne sans profiter d'un minimum de confort. Dans tout, il faut un équilibre.

Observant les visages perplexes des enfants, l'Ermite leur donna un exemple :

— Si nous nous privons d'acheter un troisième téléviseur couleur, l'usine de téléviseurs perdra peut-être un emploi, mais les sommes économisées permettront peut-être d'acheter un lit d'hôpital pour une personne souffrante. En conséquence, l'entreprise fabricant des lits d'hôpitaux devra embaucher un employé supplémentaire afin de répondre à la demande croissante. À court ou moyen terme, il va se créer un équilibre. C'est une simple question de choix et de priorités dans nos habitudes de vie.

***

— Alors, que pensez-vous de mon plan ? s'informa Sygrill.

Au creux de l'immense caverne, le Globulus prit une décision.

— Je crois que vous avez raison. En touchant les enfants et la femme, Guidor devra se révéler.

L'agent afficha un sourire triomphal, mais qui ne dura qu'un court instant. Un grondement sourd envahit soudain la salle. Ceinturant la coupole de verre, quatre longs tubes lumineux bardés de tiges métalliques sortirent du sol.

— Que se passe-t-il ? s'enquit Sygrill un peu inquiet de tout ce remue-ménage.

— J'ai mis en marche les pompes telluriques.

— En quoi peuvent-elles servir nos desseins ? insista l'agent, toujours aux aguets.

— À canaliser des énergies colossales provenant des profondeurs de la planète.

Sygrill fit quelques pas en direction d'un premier tube qui, déjà, atteignait six mètres de haut. Impressionné et un peu hésitant, il demanda :

— N'est-ce pas dangereux ?

— Si, très dangereux, confia le Globulus. Je n'ai pas utilisé l'ensemble de ces pompes depuis près d'un siècle.

— Et la dernière fois, que s'est-il produit ?

Sur un ton dénué d'émotion, le puissant cerveau déclara :

— La moitié de la ville de San Francisco fut détruite par un violent incendie.

L'agent devint songeur.

— Je ne suis plus certain d'avoir eu une si bonne idée.

— Il fallait y penser plus tôt, annonça le Globulus. Maintenant, il est trop tard pour reculer.

Sygrill était de moins en moins rassuré. Une première pompe emmagasinait déjà une énergie colossale. Les accumulateurs crépitaient dans un vacarme assourdissant tandis que d'autres tubes se déployaient lentement au faîte de la caverne.

***

À des milliers de kilomètres de cette conspiration machiavélique, les enfants multipliaient les questions auprès de leur nouvel ami.

— Comment pouvez-vous en savoir autant sur les trogs ou « petits gris » ? s'informa Caroline.

L'Ermite prit le temps d'une grande inspiration et déclara :

— Il y a plus de 40 ans de cela, j'ai rencontré et combattu un « petit gris ».

— Vous l'avez combattu !

— Un vrai ? précisa Steven, tout excité.

— Oui, un vrai trog, avoua l'homme.

Montrant le coffret déposé sur ses genoux, il ajouta :

— Voici ce que j'en ai conservé.

Les enfants n'avaient d'yeux que pour la boîte et épiaient chacun des gestes de l'Ermite. De ses deux mains, il souleva le coffret de métal. Délicatement, il défit la corde usée retenant le chiffon protecteur. C'est alors que se fit sentir une secousse suivie d'une légère vibration à peine audible.

L'Ermite resta à l'affût quelques secondes, mais ne se formalisa pas de l'événement. Il venait tout juste de retirer la boîte du chiffon lorsqu'un grondement sourd monta des profondeurs de la caverne. La terre se mit à trembler et quelques pierres de la voûte se détachèrent. Cette fois, l'Ermite fronça les sourcils et prit l'incident au sérieux. Il rassembla ses effets et se leva précipitamment.

— Venez, ne restons pas ici.

Comme en réponse à son invitation, un nouveau choc ébranla le conduit.

— Steven, prends la torche et ouvre-nous le passage.

En moins d'une minute, le trio se retrouva près du lac souterrain. Le décor sonore avait terriblement changé. La vaste surface liquide, tantôt si silencieuse, retournait maintenant l'écho des clapotis créés par la chute de cailloux dans le grand lac intérieur. Le groupe n'était plus qu'à quelques mètres du rideau de la cascade lorsqu'une nouvelle secousse ébranla la montagne tout entière. De nouvelles pierres quittèrent la paroi rocheuse.

Lentement, Steven se glissa sous la cascade, avança de quelques pas mais dut s'arrêter, consterné. La dernière secousse avait ouvert une énorme brèche de l'autre côté de la chute et coupait le sentier sur une largeur de plus d'un mètre.

— Y'a un trou… Super gros ! Y'a une autre sortie ? risqua-t-il.

— Je crains que cela ne soit la seule issue, répondit l'Ermite.

— Alors, qu'est-ce qu'on fait ? s'écria le garçon.

Caroline examinait le gouffre à son tour.

— Steven, éclaire le bord de la fissure, dit-elle posément. J'ai de bonnes jambes et je peux réussir ce saut.

— Mais Caroline… Y'a pas assez de place pour prendre un élan.

— Steven, ce n'est pas le temps de discuter. Il faut sortir d'ici. Éclaire la crevasse, s'il te plaît. J'ai besoin de voir où je vais atterrir.

Dépassé par les événements, Steven s'exécuta. Du bout du pied, Caroline examina la frange de la crevasse : le bord était friable et se brisait au moindre choc. De reculons, elle calcula le nombre de pas nécessaires et profita de tout l'espace disponible. Puis elle prit son élan.

Sans trop de difficulté, elle atteignit l'autre bord de la crevasse. Satisfaite, elle rassura Steven.

— Vas-y, Steven, je vais te recevoir…

— Et si tu m'échappes ?

Une nouvelle secousse provoqua une pluie de gravier. Steven n'eut plus le choix.

— J'arrive… cria-t-il en s'élançant.

Malgré son effort, ses courtes jambes ne purent franchir une telle distance. Seul le pied droit toucha la surface rocheuse, sa jambe gauche, se balançant dangereusement au-dessus du vide.

Bien que la situation pût paraître dramatique, l'Ermite resta impassible. Se con-tentant de récupérer la torche abandonnée par le garçon, il observa la scène en silence.

Le visage défait, Steven se voyait déjà plonger dans les eaux glacées du lac. À la dernière seconde, Caroline lui attrapa le poignet et réussit à stabiliser sa position. Le garçon plia le genou et se rapprocha ainsi de la jeune fille. Le corps toujours suspendu au-dessus de la faille, Steven offrit son deuxième bras à Caroline, qu'elle saisit rapidement. Elle eut beau tirer de toutes ses forces, le poids du garçon s'avéra un handicap important. Lentement, les pieds de Caroline commencèrent à glisser sur la surface vaseuse du sentier et Steven se sentit de plus en plus attiré vers le gouffre.

— Caroline, intervint l'Ermite, dirige ton pied vers la paroi, le sol est plus rugueux.

La jeune fille s'exécuta et la glissade s'interrompit. Silencieux, l'Ermite observa les efforts déployés par les deux jeunes. Très doucement, Caroline rapprocha le corps de Steven du bord de la crevasse. Elle réussit à le soulever assez haut pour que le garçon puisse y appuyer son genou gauche. Prudemment, Caroline continua à le tirer jusqu'à ce que celui-ci se retrouve ventre à terre sur le sentier. Le visage et les vêtements maculés de boue, Steven releva la tête et gratifia son amie d'un large sourire. Elle le lui rendit sans hésitation.

Mais les secousses de plus en plus fréquentes et les abondantes chutes de gravier les ramenèrent rapidement à la réalité. Caroline, un peu inquiète, souffla à l'oreille du garçon :

— L'Ermite est un vieux monsieur, comment va-t-il réussir un tel saut ?

— Prenez un bon élan, m'sieur et tout va bien se passer, cria Steven en signe d'encouragement.

Le vieux monsieur en question ne sembla pas entendre la recommandation. Il s'approcha posément de la crevasse et mit un pied devant. Les enfants lancèrent un cri de consternation, certains que l'homme plongerait dans le gouffre. À leur grande étonnement, comme dans un film au ralenti, l'Ermite tenant toujours la torche et sa boîte sous le bras, glissa au-dessus de l'abîme, son pied atteignant sans difficulté le côté sécuritaire du sentier. Avec un clin d'œil amusé, il se pencha en direction des jeunes et murmura :

— Alors ? Pas si vieux que ça, le monsieur !

Steven, à peine revenu de sa surprise, demanda :

— Comment vous avez fait ça ?

— De la même façon que tu as retenu Caroline lors de sa chute en montagne.

— Alors vous aussi, vous pouvez déplacer des objets ?

— Oui, je peux le faire... et un peu plus, ajouta-t-il sur un ton taquin en lui décochant un clin d'œil. Quand nous serons sortis d'ici, je pourrai peut-être t'enseigner quelques trucs.

Une nouvelle secousse ne permit pas à l'Ermite d'élaborer plus avant sur le sujet. Derrière eux, un immense pan de roche se détacha de la paroi et s'écrasa sur la marquise surplombant la cascade. Sous la force de l'impact, marquise et pan de roche furent précipités dans le plan d'eau, engendrant un immense remous.

Sans attendre, le groupe se remit en marche, mais un nouvel incident allait ralentir sa progression. En terminant sa course dans le lac, le pan de roche avait provoqué une puissante vague. Cette dernière, après avoir atteint la rive opposée du bassin détacha de nouveaux blocs de roche. Alimentée par cet arrivage de débris, la vague revint encore plus menaçante vers sa rive d'origine.

L'Ermite avait prévu une telle éventualité et surveillait nerveusement l'onde agitée. Toutefois, l'unique torche ne dispensant qu'un faible éclairage, ce fut donc plus à l'ouïe qu'à la vue qu'il identifia le danger. La première lame de fond s'apprêtait à lécher le rivage quand il cria :

— Attention, les enfants ! Accrochez-vous solidement à la paroi.

Les deux jeunes eurent à peine le temps de comprendre l'instruction et de se dénicher des points d'ancrage. Tant bien que mal, ils se protégèrent le visage de leurs bras et fermèrent les yeux.

Près d'eux, les préoccupations de l'Ermite s'annonçaient bien différentes. Faisant impunément face au lac, l'homme concentra ses énergies sur le ressac grandissant. Dans un fracas assourdissant, la muraille liquide grimpa vers eux, mais se brisa soudainement à moins d'un mètre du trio. À la lueur de la torche, l'homme examina satisfait, le fruit de son effort. Tel un filet aux mailles serrées, l'écran d'énergie encore ruisselant, n'avait laissé passer qu'une très faible quantité d'eau.

Le torrent disparu, les enfants, gelés jusqu'aux os, restèrent pétrifiés sur place. L'homme s'approcha d'eux et tenta de les réchauffer en les frictionnant vigoureusement. Afin de les motiver à poursuivre leur progression, il leur suggéra :

— Sortons vite d'ici. Dehors, l'air sec et le soleil réchaufferont rapidement nos corps ainsi que nos vêtements.

Malgré la présence rassurante de leur guide, la suite du périple fut plus laborieuse. Lors du ressac, la torche s'était finalement éteinte. Ce fut donc dans la noirceur la plus totale que le trio dut retrouver son chemin.

— Je connais bien les lieux, dit l'Ermite. Steven, prends ma main et Caroline, accroche-toi à la sienne.

La remontée sur la pente crayeuse exigea un nouvel effort soutenu. À mi-chemin, l'Ermite leva un bras.

— Regardez, les enfants, lança-t-il sur une note encourageante. L'autre torche là-haut nous indique la dernière étape.

Toujours grelottants, les enfants réagirent faiblement et reprirent sans beaucoup d'enthousiasme l'escalade du sentier menant à la lumière.

Équipé de nouveau d'un éclairage de fortune, ils avaient maintenant quitté les profondeurs de la grotte et marchaient dans le dernier passage horizontal menant vers la sortie. L'Ermite, ouvrant toujours la marche, en profita pour souligner une nouveauté.

— Sentez-vous l'air chaud qui pénètre dans ce corridor ? C'est signe que le soleil n'est plus très loin.

Comme pour ponctuer cette affirmation, l'ensemble de la montagne trembla dangereusement et libéra un nuage de fin gravier et de poussière provenant de la voûte. Sans dire un mot, l'Ermite accéléra le pas. Les enfants s'ajustèrent au rythme de l'homme. Steven sur ses traces, Caroline ferma la marche.

De par sa position, celle-ci ne bénéficiait guère de la lumière dispensée par la torche. Elle ne put donc entrevoir l'obstacle avançant vers elle. Une petite pierre roula sous son soulier et lui fit perdre l'équilibre. Dans une plainte étouffée, elle trébucha et s'étendit de tout son long sur le sol accidenté.

— Steven ! s'entendit-elle prononcer.

Entraînés par leur élan, le duo avait déjà pris une certaine longueur d'avance sur la jeune fille. S'arrêtant net, ils revinrent rapidement sur leurs pas. L'homme offrit la torche au garçon et aida Caroline à se relever.

Prêt à repartir, l'Ermite fit à peine trois pas, mais fut incapable d'aller plus loin. Envahi par un terrible vertige, il tomba à genoux. Prostré, celui-ci se prit la tête à deux mains en gémissant.

Plus loin, un grondement sourd roula dans la caverne, ébranlant les parois ainsi que la voûte de la grotte. À l'endroit même où l'Ermite et Steven avaient fait demi-tour quelques secondes plus tôt, le plafond lâcha prise. Une avalanche de pierres s'abattit dans le conduit.

***

Très loin, dans les profondeurs du continent creux, un rire démoniaque ébranla à son tour le domaine du Globulus.

— Et maintenant, Guidor, manifeste-toi, que je puisse t'anéantir une bonne fois pour toutes !

CHAPITRE XI

Les Maîtres de lumière

Nadia venait tout juste de ramasser les derniers morceaux d'une assiette tombée par terre lorsqu'une nouvelle secousse, très puissante cette fois-ci, ébranla le chalet tout entier. Elle déposa les restants de porcelaine sur le comptoir et s'y agrippa solidement. De tous les coins du chalet provenait le cliquetis des articles dansant sur les tablettes et les commodes. À quelques reprises, elle entendit la chute d'objets ayant quitté leur support.

Seul Guidor, debout dans le salon, était immobile. Flottant à quelques centimètres du plancher, ses pieds ne touchaient pas le sol. Il resta donc étranger au phénomène. Le calme revenu, Nadia reprit difficilement son souffle :

— C'est la quatrième secousse en moins de vingt minutes. Est-ce normal dans cette région ?

Ne désirant pas l'inquiéter inutilement, Guidor se réfugia dans un mutisme prudent. Nadia, énervée, leva le ton et insista :

— Guidor, c'est normal ?

Après une courte hésitation, celui-ci avoua :

— Il n'y a pas eu de tremblement de terre important dans cette région depuis plus de deux mille ans.

Nadia se passa la main plusieurs fois dans les cheveux, un geste de nervosité trahissant son inquiétude.

— Qu'est-ce que ça veut dire ? J'ai un mauvais pressentiment. Je suis très inquiète pour les enfants.

— Il est inutile de te faire du mauvais sang. Avec l'Ermite, les enfants sont en sécurité.

Constatant le peu d'effet de son intervention, il ajouta :

— Pour te rassurer, je vais communiquer avec lui.

Guidor ferma les yeux et tenta un échange télépathique. Après quelques secondes de silence, il perdit son sourire et fronça les sourcils, ce qui n'apaisa pas Nadia.

— Guidor, est-ce que...

D'un geste de la main, il lui suggéra de se taire. Il se concentra de nouveau et tenta un second essai, encore une fois sans succès.

— C'est étrange, je ne perçois qu'un épais brouillard.

— Alors, que va-t-on faire ? s'informa la jeune femme de plus en plus angoissée.

— Je vais me rendre sur place en me guidant sur la position de ce brouillard.

Nadia avait déjà ramassé un lainage sur le dossier d'une chaise.

— Je te suggère de rester ici et de les attendre.

— Mais je veux t'accompagner.

— Il est préférable que quelqu'un assure une permanence au chalet pour les accueillir, s'ils arrivent par un autre chemin.

Nadia acquiesça à ce raisonnement. Guidor lui fit un clin d'œil d'encouragement, se dématérialisa et disparut dans une nuée. Nadia reprit les jumelles, s'installa de nouveau devant la porte et scruta la montagne.

***

Caroline se releva péniblement, jeta un coup d'œil autour d'elle, mais ne vit rien. Sa longue chevelure humide et poussiéreuse créait un rideau opaque couvrant son visage. Avec dédain, elle écarta les mèches de cheveux encrassées. Par miracle, la torche était toujours allumée et gisait à quelques mètres de Steven. À travers le fin nuage de débris retombant lentement sur le sol, elle devina le corps inanimé du jeune garçon couché sur le dos.

— Steven, est-ce que ça va ?

En guise de réponse, elle ne reçut qu'un long gémissement. Les yeux et la gorge irrités, elle toussa violemment en marchant lentement vers l'ombre étendue sur le plancher de la grotte.

— Steven, est-ce que tu peux bouger ?

Dans une contorsion qui en disait long sur son état, le garçon fit un geste négatif de la tête. Maintenant accroupie près de Steven, Caroline examina le corps de son ami et fit une découverte déplaisante : une grosse pierre lui coinçait la jambe droite contre la paroi et sur le sol, une tache rouge maculait le sable. Elle se pencha vers le visage de Steven.

— Je dois déplacer un gros rocher. Serre bien les dents et prépare-toi à retirer ta jambe.

D'un mouvement de la tête, Steven signifia qu'il avait bien compris les instructions. La roche était énorme. Sans même essayer, Caroline réalisa qu'elle ne pourrait pas la soulever. Au mieux, elle pouvait tenter de la faire basculer. Calculant chacun de ses gestes, elle contourna Steven et vint s'asseoir près de lui. Plaçant ses mollets de chaque côté de la pierre, elle appuya ses pieds sur la paroi de la grotte.

— Attention, Steven, j'y vais.

La prenant à deux mains, Caroline la fit rouler lentement vers elle. Steven sentit la pression diminuer et au signal de la jeune fille, il tenta de plier son genou. Dans un gémissement, il cessa tout effort.

— Vite, je vais lâcher, souffla-t-elle à bout de force.

Ne parvenant pas à le bouger, Steven se releva sur les coudes. Utilisant ses avant-bras comme leviers, il tira lentement son corps vers l'arrière. Au bout d'une dizaine de tractions, son membre fut enfin dégagé. Il était temps. Épuisée, Caroline relâcha sa prise. Massant ses doigts ankylosés, elle se pencha de nouveau vers le garçon.

— Ça va toujours ?

— Ma jambe me fait mal, gémit-il.

Caroline ouvrit plus largement le pantalon déjà partiellement déchiré. Après quelques secondes d'hésitation, elle leva délicatement un morceau du vêtement gorgé de sang en se mordant les lèvres. Ce qu'elle vit était loin de lui plaire. Instinctivement elle détourna la tête, mais Steven la ramena à la réalité.

— Alors, ça ressemble à quoi ?

La jeune fille n'eut pas le choix et dut regarder la blessure à nouveau. Une pointe de panique dans la voix, elle annonça :

— Ce n'est pas très joli et ça saigne beaucoup. Il faut faire un garrot. Passe-moi ta ceinture.

— Mais j'en ai pas, répondit le garçon en accrochant de son pouce la bande élastique de son pantalon.

Caroline s'inclina encore une fois sur la plaie. Sa chevelure encroûtée lui retomba sur le visage. Exaspérée, elle les tassa sans ménagement.

— Saleté de cheveux, laissa-t-elle échapper.

Sans trop réfléchir, elle déchira une lisière de tissu du pantalon. De ses mains sales tachées de sang, elle ramassa sa coiffure, en fit une queue de cheval et l'attacha à l'aide du bout d'étoffe. Le visage enfin dégagé, elle s'attaqua à la jambe de Steven.

Doucement, du bout des doigts, elle retira les lambeaux de toile déjà noircis et découvrit une large plaie ouverte noyée dans une importante quantité de sang.

— Il faut refermer la plaie…, mais comment ?

— Avec tes mains, peut-être, murmura Steven à bout de force.

— Mes mains ?

Caroline les regarda avec dédain. Elles étaient poussiéreuses et maculées de sang. Que pouvait-elle en faire ? Par réflexe, elle les frotta vigoureusement sur son pantalon. Sans prendre la peine de les examiner, elle les appliqua sur la contusion et de ses doigts tenta de resserrer les chairs. Elle ferma les yeux. Intérieurement, elle se mit à penser :

— Je dois trouver un moyen d'arrêter l'hémorragie. Le sang doit cesser de couler. Il ne doit plus s'épancher de la blessure. Cette plaie doit se refermer immédiatement.

Ayant toujours les yeux fermés, Caroline ne remarqua pas la légère lueur azurée qui enveloppait ses mains et se répandait sur la jambe du garçon. Inconsciemment, Caroline avait augmenté sa pression sur le membre. C'est alors qu'une panique envahit le garçon.

— Caroline, je ne sens plus la douleur. Est-ce que je vais perdre ma jambe ?

Horrifiée par une telle idée, Caroline retira vivement ses mains. À sa grande surprise, elle constata que le sang ne s'écoulait plus. Du revers de la main, elle essuya soigneusement la jambe. Son étonnement grandit encore plus lorsqu'elle remarqua que la blessure s'était refermée, ne laissant apparaître qu'un léger filet rosé en guise de cicatrice.

— Tu ne la perdras pas, Steven. Je peux te l'assurer, mais ne me demande surtout pas d'explications.

Le garçon se releva sur les coudes. Le prenant sous les aisselles, Caroline l'aida à s'asseoir. Les traits déjà crispés et se préparant à hurler, Steven se risqua à bouger sa jambe. La crainte fit place à la surprise lorsqu'il se rendit compte qu'il n'éprouvait plus aucune douleur. Incrédule, il se hasarda à plier le genou et examina la plaie cicatrisée.

— Qu'est-ce que t'as fait ? Y'a plus rien ! déclara-t-il stupéfait.

— Je t'ai bien prévenu de ne pas demander d'explications, répéta la jeune fille sur un ton frisant l'hystérie.

Steven n'insista pas et haussa les épaules.

— On posera la question à l'Ermite…

C'est alors qu'un nouveau drame se joua dans sa tête.

— L'Ermite ! Où est l'Ermite ?

— Mon Dieu, nous l'avions complètement oublié !

Avec l'aide de Caroline, le garçon fut rapidement sur pied. La poussière étant retombée, ils avaient à présent une vision plus nette de la situation. Steven fut le premier à localiser la forme humaine étendue sur le sol et recouverte d'une fine couche de gravier. Quittant l'épaule de Caroline, il clopina tant bien que mal jusqu'au chevet de l'Ermite et constata, avec soulagement, qu'aucune blessure extérieure n'était apparente. Quelque peu rassuré, le garçon lui souleva doucement la tête. Lentement, l'homme reprit conscience. Celui-ci ouvrit les yeux et dit d'une voix rauque :

— Steven, Caroline… Ça va, les enfants ?

— Oui, ça va, se contenta de répondre le garçon.

— Nous sommes tous les deux sains et saufs, s'empressa de préciser Caroline. Et vous ?

— Ho… soupira-t-il en se tenant le front. Nous allons voir ça à l'instant.

Avec précaution, il entama le geste de se relever. Une main énergique s'offrit, l'Ermite l'accepta avec gratitude et fut debout rapidement. Accaparés par les derniers événements tragiques, les enfants n'avaient pas remarqué l'apparition du nouveau venu dans un nuage azuré. C'est donc avec soulagement qu'ils accueillirent la présence de leur grand ami de lumière.

— Guidor ! Que je suis heureuse de te voir ici ! s'écria Caroline. Nous allons pouvoir enfin quitter cet endroit ?

— Pas pour le moment, je le crains. Le passage est obstrué par une tonne de roches.

— Ben alors, comment t'es arrivé ici ?

Prenant soudainement conscience de ses multiples pouvoirs, il n'attendit pas une réponse.

— Ha, bien sûr…

Dessinant deux grands arcs de cercle à l'aide de ses bras, il mima une explosion accompagnée d'un « pff » sonore.

D'un sourire complice, Guidor confirma l'explication imagée du garçon. Retrouvant son sérieux, il s'adressa à l'homme :

— Pas trop de casse, l'Ermite ?

— Je suis surtout blessé dans mon orgueil, confessa-t-il.

Voyant le visage interrogateur des enfants, il ajouta :

— Ma perte de conscience est due à une redoutable décharge d'énergie négative.

Haussant les épaules, il avoua :

— Je me suis laissé surprendre comme un amateur. Je n'ai pas eu le temps de créer une protection et de transformer cette puissance destructrice en une force positive.

— Une telle énergie négative ne peut provenir que d'une seule origine.

— Les trogs, suggéra l'Ermite.

Guidor acquiesça de la tête.

— Ils vous ont repérés, c'est évident.

***

— Et voilà du travail de professionnel ! clama le Globulus, enchanté des résultats.

L'impact très localisé de la secousse sismique avait fait son œuvre. Sur différents écrans s'affichaient des données illustrant le fruit de son activité.

— Excellent ! Un maximum de résultats avec un minimum de dégâts. Je n'ai vraiment pas perdu la main.

Un des écrans changea d'illustration. Le symbole trogolien apparut sur le panneau luminescent.

— Impossible de célébrer mon succès en paix. Que me veut-on encore ? maugréa-il.

L'emblème disparut et fit place au visage de l'agent Sygrill sous sa physionomie terrienne.

— Mes respects, Globulus.

— Salutations, Sygrill.

Prenant un air méfiant, celui-ci demanda :

— Auriez-vous déjà mis notre plan à exécution ?

Sur un ton mi-amusé, mi-ironique, le cerveau s'informa :

— Ah ! Ah ! Ah ! Aurais-je déplacé quelques bibelots sur votre bureau ?

— Pas à ce point, Globulus, mais ici, à deux cents kilomètres de l'épicentre, nous avons tout de même senti une légère vibration.

— La cible était bien localisée, mais il est difficile d'être discret avec un tremblement de terre.

— Pour la discrétion, je dois vous annoncer que c'est raté, répliqua l'agent sur un ton railleur. La radio, télé et médias sociaux ne parlent que de cet événement rarissime. Nous avons même eu droit à des séquences diffusées en direct de la région touchée.

L'agent pressa une touche, son image fit place à un reportage télévisé. Une route sectionnée, un pont écroulé, des maisons éventrées se succédèrent sur l'écran. Le Globulus prit le temps de les regarder avant d'émettre un commentaire.

— Ces images sont édifiantes, agent Sygrill, mais nous n'y retrouvons pas nos trois Terriens, l'unique objectif de cette opération, dois-je vous le rappeler ?

— Inutile, mon seigneur. Toutefois, pour connaître la situation réelle de la femme et des deux enfants, il vous faudrait maîtriser le don de vision que possède la fillette, cette petite Caroline, précisa l'agent.

Avec assurance, le Globulus déclara :

— Je n'ai pas ce don, mais je suis tout de même très confiant. Grâce au réseau tellurique, je peux capter des émotions. Les sentiments de peur et de découragement que je détecte présentement en disent long sur les conséquences du tremblement de terre. Nous avons terrorisé ces trois humains. Il ne nous reste plus qu'à attendre la réaction de Guidor.

***

L'Ermite et les deux enfants restèrent à l'écart, laissant Guidor examiner de près le bouchon de pierres. Caroline, anxieuse, ne put résister plus longtemps.

— Guidor, est-ce que nous pourrons bientôt sortir d'ici ? Tu peux les déplacer, n'est-ce pas ?

Sans enthousiasme, l'être de lumière répondit :

— Oui, je peux le faire.

Steven, sentant une difficulté, demanda :

— Alors, c'est quoi le hic ?

L'Ermite prit l'initiative en montrant de la main le pan rocheux situé au-dessus du groupe.

— Le hic, c'est le plafond de la caverne. En bougeant ces pierres, tout le reste de la grotte risque de s'effondrer.

Perplexe, Guidor revint vers ses amis.

— L'Ermite a raison. Je peux m'occuper de cet éboulis, mais je n'ai pas l'énergie suffisante pour déplacer l'amoncellement bloquant le passage et du même coup assurer la solidité de la voûte. Pour une telle opération, j'ai besoin d'une aide supplémentaire.

Les enfants se tournèrent simultanément vers l'Ermite. Celui-ci baissa les yeux, réduisant à néant tous leurs espoirs.

— Je suis désolé. J'aurais bien voulu assister Guidor dans cette tâche importante, mais le choc que j'ai subi a réduit considérablement ma capacité de concentration ainsi que ma puissance psychique.

Steven, ne voyant pas de solution, se mit à gémir.

— Alors, qu'est-ce qu'on va faire ?

La formulation énigmatique de Guidor s'adressait plus à l'Ermite qu'au jeune garçon.

— Il existe une solution. Contacter les maîtres de Shangrila et demander une assistance exceptionnelle.

Les enfants remarquèrent alors la réaction impressionnée de l'Ermite. L'homme avait ouvert la bouche et levé les sourcils avant d'opiner de la tête. Guidor s'éloigna du groupe, ferma les yeux et se concentra. Les enfants en profitèrent pour interroger leur ami à mi-voix.

— Les maîtres de Shangrila, c'est quoi ? s'informa Steven.

— Pas c'est quoi, mais bien : ce sont qui ? précisa l'Ermite.

— Alors, ce sont qui ces quoi ? reprit le garçon légèrement impatient.

L'Ermite ne se formalisa pas de son humeur prompte. Sur un ton toujours aussi calme, il expliqua :

— Il existe sur la planète, dans un endroit gardé secret, une assemblée très spéciale. On les appelle les Maîtres de lumière.

— Et ces maîtres, que font-ils sur la planète ? demanda Caroline.

— Ils supervisent l'harmonie générale de ce monde. Ce sont des êtres très discrets qui agissent toujours en fonction du bien-être de l'humanité.

***

Sur la galerie, Nadia scrutait inlassablement la montagne à l'aide de ses lunettes d'approche. Ne distinguant rien de particulier à l'horizon, elle laissa tomber les jumelles suspendues à son cou. Une légère secousse fit de nouveau frémir le chalet. Fermant les yeux, elle plaça ses doigts sur ses tempes et se concentra. D'un signe de tête, elle marqua son impuissance.

— Rien ! Tout est brouillé et ce n'est pas normal.

Par acquit de conscience, elle balaya de ses longues-vues le sentier serpentant le long de l'escarpement.

— Tant qu'à me ronger les sangs, aussi bien en avoir le cœur net.

D'un pas décidé, elle s'engagea sur la piste menant à la grotte.

***

Les minutes semblèrent durer des heures. C'est du moins l'impression qu'eurent les deux enfants en attendant une quelconque manifestation.

— Qu'est-ce qu'ils attendent pour bouger ? s'impatienta Steven.

L'Ermite tapota amicalement l'épaule du garçon.

— Un peu de patience, jeune homme. Shangrila n'est pas le 911.

Bien qu'à l'affût de tout phénomène nouveau, les enfants n'auraient su dire quand se produisit le changement. Avec une douceur imperceptible, la température de la grotte s'était élevée de quelques degrés lorsqu'un pan de roc devint soudainement fluide. Plus surpris qu'effrayés, les deux enfants reculèrent d'un pas.

Lentement, la pierre se déforma et une première présence se révéla, laissant apparaître le contour d'un visage. Des traits masculins d'un mètre de hauteur se définirent en un visage imprégné de paix et de bonté.

— Salut à toi, Guidor ainsi qu'à tes amis.

— Salut à toi, maître Moria, répondit le guide en s'inclinant respectueusement. Merci d'avoir répondu à mon appel.

Une deuxième figure quelque peu joufflue, mais tout aussi emplie de quiétude, s'imprima à son tour dans la paroi et prit la parole.

— Nous sommes toujours heureux de communier avec toi, bien que ce genre de partage soit assez exceptionnel.

Une troisième présence, cette fois-ci féminine, se joignit aux deux autres. Steven, toujours aussi spontané, s'exclama :

— Eh ! Il y en a encore beaucoup comme cha... et n'en dit pas davantage.

L'Ermite avait appliqué spontanément sa main sur la bouche du garçon, lui signifiant du coup, l'importance du décorum face à des personnages aussi prestigieux.

Devant l'assemblée, la forme féminine prit la parole à son tour.

— Cet échange est en effet inaccoutumé, mais les événements marquants sont tout à fait extraordinaires. Nous connaissons très bien le *Sansara*, la roue de vie de ces Terriens. Nous sommes conscients de la mission cruciale qui attend ces êtres en cheminement.

Maître Moria poursuivit :

— Puisque l'empire du monde creux est à l'origine de cette situation, il nous semble juste de collaborer à la libération de tes amis. Parle, nous t'écoutons.

— Vous connaissez déjà ma demande, je ne désire rien de plus, répondit Guidor.

— Notre énergie est à ta disposition. La voûte de cette grotte ne bougera pas. De plus, pour votre sécurité, nous avons enveloppé cette montagne, la vallée et ses habitants d'un manteau protecteur qui vous met pour l'heure, à l'abri de toutes mauvaises surprises.

Se tournant vers l'Ermite, Steven murmura :

— Ça veut dire que Nadia est dans le lot ?

Le visage joufflu, imprégné dans le roc, s'anima de nouveau.

— Sois sans crainte, mon garçon. Votre amie ne risque rien, dit-il en affichant un large sourire apaisant. Je veillerai personnellement à son bien-être.

— Paix sur toi et tes amis, conclut le visage féminin.

Sur ces paroles réconfortantes, les trois Maîtres de lumière s'évanouirent et la paroi rocailleuse reprit sa forme d'origine. Guidor se concentra de nouveau sur sa tâche. Une première grosse roche roula sur le côté. Malgré les paroles rassurantes des visiteurs de pierre, Caroline et Steven observèrent le travail de Guidor tout en surveillant du coin de l'œil, le plafond de la grotte.

***

— Et que va-t-il se produire maintenant ? demanda Sygrill, toujours en communication avec le Globulus.

— Un événement majeur que j'attends depuis plusieurs siècles, déclara pompeusement le cerveau sous verre.

Sur ce, il disparut de l'écran. L'agent vit se dessiner à la place, un graphique où ondulait faiblement une petite ligne d'un vert tendre. Dans la caverne, on retrouvait cette même illustration sur un écran géant.

— Ce trait insignifiant représente les états d'âme et les vibrations psychiques moyennes des Terriens. Lorsque Guidor se manifestera... Ah ! Tenez, le voilà enfin ! s'écria le Globulus.

Le signal devint beaucoup plus important. Au trente-deuxième étage de l'immeuble à bureaux du centre-ville, l'agent de surface ne put cacher son étonnement.

— Comparé aux humains, cet être possède une puissance considérable, observa Sygrill.

— Mais elle ne pourra rivaliser aux forces combinées que je vais mettre en œuvre, répliqua le Globulus. Surveillez bien votre écran. Dans quelques minutes, cette ligne va s'éteindre à tout jamais !

Les pompes telluriques, toujours en action, avaient emmagasiné des réserves d'énergie colossales. Un torrent que le Globulus se préparait à canaliser vers Guidor, tel un barrage cédant aux pressions et se déversant en un seul instant sur un pêcheur solitaire.

Avant même qu'il ait pu mettre son projet à exécution, un fait nouveau se produisit. Les capteurs s'affolèrent et l'écran principal se brouilla d'un inextricable réseau de lignes encore plus déconcertantes.

Sur son écran, l'agent fut témoin de cette manifestation soudaine.

— Globulus, toutes ces stries enchevêtrées, est-ce normal ?

— Je ressens toujours la présence de Guidor, mais il m'est impossible de l'atteindre. De nouvelles entités viennent d'apparaître. Elles sont cent fois plus puissantes que Guidor. C'est incompréhensible. D'où provient cet immense champ de forces ?

Le rugissement des pompes telluriques monta d'une octave.

Toujours assis à son bureau, Sygrill s'accrocha aux bras de son fauteuil. Sur sa table de travail, de menus objets se mirent à danser frénétiquement.

— Globulus, une puissante secousse vient de secouer la ville. En êtes-vous responsable ? Que se passe-t-il ?

À l'écran, ce fut le silence.

— Globulus, vous m'entendez ? insista l'agent.

— Bien sûr que je vous entends. Les pompes fonctionnent de nouveau à plein régime et cette fois-ci, Guidor sera écrasé.

La colère grondait chez le Globulus. Le courageux agent fut effrayé par la réaction du cerveau sous verre. Était-il possible de manifester un tel courroux ?

— Je vous en prie, soyez prudent, mon seigneur. Je suis perché au sommet d'une tour commerciale. Souvenez-vous des dégâts de Mexico, San Francisco et Los Angeles... Globulus, êtes-vous là ?... Globulus !

Aucune réponse ne fut rendue. À des kilomètres sous terre, les pompes telluriques puisaient l'énergie dans un sifflement déchirant.

***

Immobile devant la muraille de pierres, les poings sur les hanches, Guidor était silencieux et semblait absent au reste du groupe. De temps à autre, l'écho d'un bruit de gravats se faisait entendre et incitait les enfants à jeter un regard inquiet à la voûte. Caroline se cala encore plus profondément dans les bras de l'Ermite.

— Qu'est-ce qu'il attend ? Pourquoi ne se passe-t-il rien ?

— Au contraire, Caroline, Guidor travaille énormément, mais il est difficile de s'en rendre compte et d'apprécier sa tâche à sa juste valeur. En ce moment, il dégage le passage en s'occupant de l'autre extrémité du bouchon. Toutes ces pierres doivent sortir de la grotte.

En réponse aux explications de l'homme, un bruit sourd résonna autour d'eux. Affichant un sourire encourageant, l'Ermite ajouta :

— Et voilà. De nouvelles pierres viennent tout juste de quitter le conduit.

À sa sortie, telle une énorme bouche de canon, un nuage de roches jaillit du flanc de la montagne.

***

Nadia s'arrêta et reprit son souffle. Par le petit sentier grimpant vers la crête, elle avait maintenant une vue imprenable sur toute la vallée s'étendant à ses pieds. Plus bas, beaucoup plus bas, on devinait une minuscule tache sombre dévoilant la position du chalet.

— Je comprends à présent pourquoi l'Ermite ne nous visite pas tous les jours.

Revenant à sa préoccupation première, elle ferma les yeux, visualisa l'entrée de la grotte, lança un coup d'œil vers le sommet de la montagne et reprit sa marche. Toute à ses inquiétudes, elle ne remarqua pas, en passant près d'une vieille épinette dégarnie, la déformation subtile de l'écorce de l'arbre. Durant quelques mètres, un visage joufflu plein de douceur l'accompagna du regard.

***

Steven renifla bruyamment.

— Vous sentez ce que je sens ?

Se dégageant de la protection de l'Ermite, Caroline prit deux grandes inspirations.

— Ça sent les conifères !

— Si les parfums de la nature nous atteignent, c'est signe qu'il y a enfin une brèche dans l'éboulis, commenta l'homme.

Les enfants tout excités coururent vers le guide de lumière.

— Bravo, Guidor ! Tu as réussi ! s'exclama l'adolescente.

Steven huma l'odeur envahissant la grotte et avoua :

— J'n'aurais jamais pensé qu'un sapin pouvait sentir presque aussi bon qu'un poulet grillé.

— Attention, les enfants, prévint le guide en souriant. Je vous conseille de reculer car cette fois-ci, je vais faire un grand nettoyage.

Le duo rejoignit sagement l'Ermite. Guidor se concentra de nouveau. Toutes les pierres obstruant encore le passage se mirent à vibrer sur place.

***

L'accès à la grotte n'était plus qu'à une centaine de mètres au-dessus d'elle. Nadia, fixant l'ouverture, cria :

— Guidor ?

Progressant dans le sentier, elle appela, les mains en porte-voix :

— Steven…, Caroline ?

En réponse à son appel, la faille rocheuse cracha des tonnes de pierres dans sa direction. Terrifiée par cette vision d'horreur et se sachant incapable de se protéger, elle émit un cri de désespoir. Croyant sa dernière heure arrivée, les yeux fermés, ses bras couvrant son visage, elle attendit la collision fatale.

Un choc meurtrier qui ne vint pas. Étonnée, la jeune femme ouvrit les yeux et ne perçut au début qu'un léger crépitement. Observant plus attentivement son environnement, elle découvrit des milliers d'étincelles exploser tout autour d'elle, formant une bulle lumineuse l'enveloppant à une distance de deux mètres. Chaque caillou, chaque bloc de roche atteignant la cloche protectrice alimentait la pluie d'étincelles. Levant les yeux sans toutefois fixer un endroit précis, elle s'adressa humblement au monde invisible.

— Je ne sais pas à qui je dois cette généreuse intervention, mais je vous dis merci.

Derrière la jeune femme, un peu au-dessus de son épaule, le tronc d'un bouleau se déforma. On aurait pu croire que l'arbre lui souriait.

***

Le visage féminin tapissait à nouveau la paroi rocheuse. Guidor inclina la tête et lui dit :

— En mon nom et en celui de mes amis, remerciez l'assemblée des maîtres de Shangrila.

L'être de lumière lui sourit et répondit d'une voix douce :

— Cela est déjà fait, mais ne tardez pas à quitter ce lieu. En ce moment même, de puissantes ondes destructrices montent vers vous et cette fois-ci, nous n'aurons pas le droit d'intervenir et de vous protéger. Fuyez cet endroit immédiatement.

— Steven, Caroline, venez l'Ermite. Nous n'avons pas une seconde à perdre, annonça Guidor en les invitant d'un geste de la main, à prendre les devants.

L'homme de la montagne, accompagné de Caroline, ouvrit la marche suivie de Guidor. Tournant la tête à gauche et à droite, Caroline chercha la présence du garçon. Ne le voyant pas, elle s'arrêta et fouilla du regard le fond de la grotte. Elle devina une silhouette accroupie qui ne semblait pas se décider à fuir l'endroit.

— Steven, cria-t-elle. Pour l'amour du ciel, qu'est-ce que tu fabriques ?

— Pas de panique, j'arrive ! lança-t-il en se relevant.

Tous couraient de nouveau lorsque Steven réussit à rejoindre le groupe. Quand il fut à la hauteur de Caroline, celle-ci l'apostropha vertement :

— Tu vas me rendre folle !

***

— Il est fou. Il est fou. Ce monstre va tous nous détruire !

Telle était la conclusion de Sygrill qui tentait de récupérer d'une main, le porte-plume dansant sur son bureau. Sur un mur, un tableau se décrocha et tomba par terre. Plus loin, près de la porte, un miroir éclata en mille morceaux. L'agent déposa sa tasse à café qui se mit aussitôt à sautiller sur place. Nerveusement, il pianota quelques touches sur son communicateur.

— Globulus, m'entendez-vous ? C'est important. Je dois vous parler de toute urgence !

Le visage synthétique apparut sur l'écran.

— Alors faites vite car dans quelques secondes, je serai très occupé.

Le ton de la voix du puissant cerveau ne rassura pas l'agent.

— Globulus, je crois que nous dépassons les limites permises.

— Sachez que lorsqu'il s'agit de la destruction de Guidor, je suis le seul à fixer les limites. Jamais je n'ai accumulé une telle puissance et dans quelques instants, il subira ma vengeance. Guidor connaîtra sa fin.

***

La secousse fut terrible. Le tremblement de terre secoua la montagne tout entière. Une nouvelle pluie de roches s'abattit sur le groupe qui courut désespérément vers la sortie. Les mains sur la tête et se protégeant tant bien que mal des chutes de pierre de plus en plus fréquentes, chacun progressa vers la lumière en évitant les nombreux obstacles jonchant maintenant le sol.

Caroline et l'Ermite furent les premiers à respirer une grande bouffée d'air frais. Steven eut moins de chance. La voûte, de plus en plus friable, libéra plusieurs gros rochers. Le garçon évita les deux premiers, mais en tentant de sauter le suivant, il évalua mal son élan. Le bout de son pied accrocha une arête du bloc de pierre. Le garçon perdit l'équilibre et dans une roulade, se retrouva par terre. Il n'eut toutefois pas le temps de se relever. Guidor, témoin de la scène, se concentra et le souleva à distance. Durant plusieurs secondes affolantes, Steven eut l'impression de surfer sur une vague invisible qui le projeta sans ménagement dans un buisson de jeunes conifères.

— Ça va, Steven ? s'enquit une voix familière.

— Nadia, qu'est-ce que tu fais ici ? articula péniblement le garçon en crachant quelques brindilles de sapin.

Elle répondit nerveusement :

— Je suis venue assister à ton vol plané.

Ils n'eurent pas le temps d'échanger davantage. Dans un grondement assourdissant, la grotte vomit un nuage de poussière d'où sortit Guidor, un peu inquiet.

— Tout le monde est présent et en bon état ? s'informa-t-il.

Un sourire sur tous les visages le rassura. Les regards se tournèrent ensuite vers l'entrée de la grotte. Une nouvelle secousse acheva son œuvre, détruisant les derniers vestiges de la caverne.

— Je crois bien, l'Ermite, que vous avez définitivement perdu votre abri, fit observer Guidor.

— Cela n'a plus d'importance, cher ami. Cette violente agression des trogs démontre l'urgence de la situation. À compter de maintenant, je ne quitterai plus les enfants. Je t'aiderai à parfaire leur formation.

— Super ! s'écria Steven. L'Ermite va habiter avec nous.

Se tournant vers Caroline afin de partager son plaisir, il fut étonné de la trouver assise sur une pierre, les mains sur les joues, le visage morose.

— Ben quoi ? T'es pas contente d'apprendre ça ?

Évitant de lui répondre, elle se tourna vers l'Ermite.

— Avez-vous toujours votre coffret ?

L'homme examina ses mains. Elles étaient vides. La jeune fille s'adressa cette fois à Steven sur un ton maussade :

— Alors, ça répond à ta question ?

Prenant un air espiègle, Steven déboutonna sa chemise et en retira une petite boîte.

— Et ça, ça répond à ta question ?

— Steven, tu es formidable ! s'exclama Caroline.

Sautant au cou du garçon, elle lui embrassa les deux joues. À la vue d'une telle démonstration d'affection, Nadia ne put se retenir :

— Eh bien ! Je n'aurais jamais cru voir ça un jour.

Steven s'essuyant le visage du revers de la main, ajouta en grimaçant :

— Moi non plus.

Durant quelques secondes, Caroline se sentit confuse. Puis, observant ses amis souriants, son malaise fondit dans un grand rire communicatif.

CHAPITRE XII

Une question d'attention

Empruntant la piste sinueuse, le groupe redescendit tranquillement vers le chalet. Nadia et Steven ouvraient la marche, suivis de Caroline et de l'Ermite. Un peu en retrait, Guidor restait à l'affût de tout nouveau phénomène insolite. Chacun revenait progressivement de ses émotions sauf Steven qui se sentit obligé de raconter en détails les péripéties de leur aventure.

— ... Puis on est passé sous une chute qui plongeait dans un lac avec une eau toute noire et glacée. Y'avait sûrement un monstre énorme caché au fond.

— Un monstre ? Quel monstre ? Tu as vu un monstre ? vérifia Caroline avec une pointe d'ironie.

Steven accepta difficilement une intrusion dans son récit. C'est avec une impatience mal contenue qu'il répondit :

— Madame qui sait tout. Tu connais quoi des monstres ? Dans un trou pareil, y'a toujours des monstres. C'est possible hein, l'Ermite ?

— Tout est possible sur cette terre mon garçon, déclara l'interpellé. Il s'agit simplement d'y croire fermement.

L'homme fit un clin d'œil à Caroline qui lui retourna un sourire complice. Regardant toujours droit devant lui et se fourrant les mains dans les poches, Steven n'en démordit pas.

— Ben moi, j'y crois très fort et je suis certain qu'il y en avait un. Je l'ai presque vu. Pis y devait être gros à part ça !

***

À la vue du chalet, Caroline émit un grand soupir.

— Ce n'est pas un château, mais ça fait tout de même plaisir de retrouver son chez-soi. S'élançant dans une course vers la porte, elle s'écria :

— Vite un bon bain !

Guidor murmura quelques mots à l'Ermite avant d'annoncer à haute voix :

— Vous êtes maintenant en sécurité. Je vais vous quitter. Nous nous reverrons bientôt.

La jeune fille s'arrêta net sur le perron et se retourna.

— Guidor, tu avais promis de nous parler de mon don de guérison.

— Oui, c'est vrai ! renchérit Steven. En soignant ma jambe, elle a fait un vrai miracle !

Le guide de lumière fit quelques pas vers les jeunes avant de répondre :

— Mon explication sera brève, car vous avez encore beaucoup de choses à apprendre avant de pouvoir saisir et comprendre tous les détails de la thérapeutique psychique.

— La théra peut-être chic, c'est comme les miracles ? demanda innocemment le garçon.

— Nous appelons miracle tout ce que nous ne pouvons pas comprendre, tout ce qui dépasse notre entendement, intervint l'Ermite. Il faut savoir que tout peut s'expliquer par les lois du monde visible ou invisible.

— Caroline a fait appel à des lois du monde invisible ? suggéra prudemment Nadia.

— Dans un sens, oui, admit Guidor. En plus de nos organes comme le cœur, le foie, les reins, notre corps possède des centres d'énergie très puissants que l'on nomme les chakras.

Une joue appuyée sur son poing, Steven illustra son niveau de compréhension par un air désabusé ressemblant au sourire du poisson rouge. Guidor comprit le message.

D'un geste de la main, un corps légèrement lumineux se dessina et se mit à flotter à moins d'un mètre de Guidor. Un à un, les sept principaux chakras de couleurs différentes apparurent sur la silhouette diaphane.

— Grâce à un réseau très complexe, ces chakras alimentent chacune des cellules de votre corps.

— Et qu'est-ce que j'ai fait dans tout ça ? s'enquit la jeune fille.

— Tu as puisé dans tes propres chakras les énergies vitales qui ont servi à réveiller des canaux atrophiés chez Steven. Une fois activés, ils ont ordonné la création de nouvelles cellules qui ont contribué à refermer la plaie sur la jambe de ton ami.

Accompagnant ces explications, la forme évanescente devint très brillante durant quelques secondes, puis s'estompa légèrement. Une pluie lumineuse descendit alors dans la jambe droite du corps en suspension.

— Mais pour ça, y faut y penser très fort, suggéra Steven.

Guidor acquiesça d'un signe de tête.

— Le penser intensément et surtout y croire ardemment. Lorsque l'on veut réaliser des miracles, il est essentiel d'avoir une foi inébranlable.

Pour clore la discussion, l'Ermite proposa aux enfants :

— Une bonne façon d'y parvenir correctement, c'est de pratiquer vos exercices de méditation et de concentration. Avec la foi et un cœur pur, tout est possible. Mais avant de penser à vous purifier le cœur, vous pourriez commencer par vous nettoyer le corps en vous dépoussiérant.

Les deux jeunes se regardèrent mutuellement, éclatèrent de rire et n'émirent aucune objection.

***

Sygrill entra au pas de course dans l'imposante caverne.

— Désolé de mon retard, Globulus, mais il y avait une circulation monstre en surface et ces Terriens sont dangereux sur les routes.

— Vous auriez pu prendre votre temps. Tout est terminé et c'est un échec total !

Abasourdi par un tel discours, l'agent s'arrêta net, immobile, sans réaction. C'était la première fois qu'il voyait le puissant cerveau dans un pareil état. À travers la coupole translucide, il pouvait observer la faible activité électrique du Globulus. Quelques points lumineux seulement couraient sur la surface du cerveau. Sygrill tendit l'oreille. Il remarqua alors l'étrange silence régnant en ces lieux. Autour de lui, c'était le calme plat. Tous les écrans étaient éteints. Rien ne bougeait et les dangereuses pompes telluriques avaient totalement disparu.

Comme pour confirmer son état d'esprit, le Globulus lâcha :

— J'ai attendu ce moment durant plus de sept cents ans. Je tenais enfin Guidor, il était là, à ma portée et j'ai échoué lamentablement ! Laissez-moi maintenant. Je vais bientôt entrer dans une nouvelle phase de mon val-thorik. J'ai besoin d'être seul.

Sygrill fut abasourdi par un tel défaitisme. Les états d'âme du Globulus étaient loin dans ses priorités. Par contre, ses projets de grandeur le préoccupaient beaucoup plus que la santé mentale de son maître. Un peu hésitant, il fit quelques pas dans la pièce. N'y tenant plus, il se risqua à poser la question qui lui brûlait les lèvres :

— Notre entente tient toujours, n'est-ce pas ?

— Quelle entente ? Il n'y a plus d'entente, souffla péniblement le cerveau.

Sygrill s'avança jusqu'au socle supportant le globe et insista :

— Mais nos ambitions sur le contrôle de la planète, la recherche du cristal sacré et votre promesse de faire de moi le maître des Terriens, l'avez-vous oubliée ?

— Sombre crétin ! Ne voyez-vous donc pas l'évidence à laquelle nous sommes confrontés ? Tant que Guidor sera présent sur ce monde, toute tentative de prise de pouvoir est vouée à l'échec !

L'agent accusa le coup, mais accepta mal l'idée de voir tous ses rêves s'évanouir.

— Voyons, il y a sûrement une solution.

Le Globulus resta muet, prostré sous sa bulle de verre. Chez Sygrill, au contraire, l'activité cérébrale tournait à plein régime. Il devait proposer une idée, n'importe quoi… à la limite, une solution farfelue. L'important se résumait à conserver la situation bien en main. Arpentant la salle d'un pas rapide, il redressa brusquement la tête et se tourna résolument vers le Globulus. Dans un geste presque théâtral, il déclara :

— Globulus, les Terriens ont un dicton célèbre : « Tant qu'il y a de la vie, il y a de l'espoir ! ».

— Qu'entendez-vous par là ?

— Je dis simplement que nous avons perdu une bataille, mais nous n'avons pas perdu la guerre.

— Vous le croyez vraiment ?

À son ton, l'agent se rendit compte qu'il avait maintenant une certaine emprise sur son maître. Il se permit un discret sourire de satisfaction. Il reconnaissait de très grands pouvoirs au Globulus, mais peut-être n'était-il pas aussi intelligent que lui.

Posément, il reprit sa marche dans la pièce silencieuse. Afin de le réconforter sans perdre l'initiative de la situation, il résuma les éléments de l'expérience vécue en dosant minutieusement les informations.

— Cette première confrontation n'est pas une défaite fatale. Bien au contraire, mon seigneur. Corrigez-moi si je me trompe : nous avons maintenant la confirmation que le trio est très important aux yeux de Guidor.

— Exact.

— Et que ce dernier est disposé à utiliser ses pouvoirs pour les aider.

— Toujours exact.

— Ce qui le rend détectable et en position de vulnérabilité lors d'une attaque-surprise.

— Faux. À aucun moment il n'a présenté de points faibles.

Sygrill s'immobilisa et fixa le globe.

— J'ai bien précisé : lors d'une attaque-surprise.

— Soyez plus clair, somma le Globulus qui montrait déjà certains signes d'intérêt.

Quelques écrans s'illuminèrent à la grande satisfaction de l'agent. Avec assurance, il énonça :

— La prochaine fois, il faudra toucher les enfants d'une façon qui semblera naturelle.

— Comme un simple accident, suggéra le cerveau sous verre.

— En effet et sans faire bouger les montagnes, précisa Sygrill. Guidor ira au secours de ces Terriens sans se douter de notre présence.

Les nouveaux bouillonnements sous le globe et la reprise des activités électriques du cerveau rassurèrent l'agent. Un à un, des appareils de contrôle reprirent vie.

— Vous avez peut-être raison.

En conclusion, Sygrill ajouta :

— Nous avons beaucoup appris de cette expérience, Globulus. Au prochain essai, vous aurez sa peau.

***

Tous les volets fermés, tous les rideaux tirés, dans le salon du chalet, ce fut l'obscurité totale jusqu'au moment où l'Ermite déposa sur la table la fine bougie de cire blanche.

Face à celle-ci, Nadia, Caroline et Steven occupaient trois chaises droites. En silence, ils attendaient les directives de l'Ermite.

— Cette chandelle sur un fond de velours noir vous aidera à vous concentrer.

— Pourquoi Guidor n'est pas là ? s'informa Caroline.

— C'est vrai, ajouta Nadia. Habituellement, c'est Guidor qui nous fait pratiquer nos exercices de visualisation.

— Guidor sera absent quelques heures. Il a dû se retirer dans le silence de la forêt. Il doit réaliser une communication télépathique très importante.

— Pour vouloir un silence si important, c'est sûrement un gros interurbain, suggéra le garçon en s'esclaffant.

— Sois un peu sérieux, lui souffla Nadia.

— Steven ne se trompe pas, souligna l'homme sur un ton amusé. Il n'a même jamais été aussi près de la vérité.

***

Dans une clairière située non loin du chalet, Guidor reposait, couché sur le dos, les bras en croix. Son esprit avait déjà quitté la banlieue de la Terre, traversé l'orbite de la lune pour rejoindre sur un plan vibratoire inconnu des humains, l'esprit de Shaïba, le grand Maître de lumière.

— Tu devras redoubler de prudence. Ces envahisseurs de l'empire maléfique deviennent au fil des jours de plus en plus menaçants.

— J'en suis conscient grand maître. Sans l'assistance et la protection de Shangrila, je crois que ma mission deviendrait impossible.

— Il y a aussi cet être immonde, ce Globulus qui te voue une haine indescriptible.

— Je crains en effet que sept cents ans de solitude n'aient pas réussi à émousser sa rancœur.

— Il n'a jamais oublié la défaite que tu lui as fait subir à l'époque des croisades, constata maître Shaïba.

Guidor acquiesça mentalement, mais n'ajouta aucun commentaire.

— Sois très prudent, Guidor, reprit le Maître de lumière. Bien que des centaines de guides s'activent sur Terre, il est à prévoir que le Globulus concentrera ses forces négatives sur toi et tes protégés. Tu connais l'importance de la mission confiée à ces trois humains, voici donc quelques recommandations supplémentaires…

***

— « … Il ne faudra donc pas perdre de vue cette femme et les deux enfants », recracha l'enregistreur où l'on reconnaissait clairement la voix du Globulus.

— « Ils sont la clé de tout notre projet », ajouta Sygrill par l'entremise de l'appareil.

Dans le grand bureau du palais impérial, Krash-Ka pressa rageusement le bouton d'arrêt et s'exclama :

— Une femme et deux enfants ! Cet enregistrement ne nous apprend rien ! Qu'est-ce que tout cela signifie et quelle est la nature de ce projet ?

Celle qui connaissait tout des intrigues de palais, ne savait que répondre à cette simple question. Avec prudence, dame Haziella se limita un commentaire évasif :

— Il est difficile d'émettre des hypothèses, votre grandeur. L'extrait est très court et tout se dit en sous-entendus.

L'empereur devint songeur.

— Auraient-ils des soupçons sur l'existence d'une écoute clandestine ?

— Je ne crois pas, répondit la grande conseillère. Leur façon de discuter laisse à penser qu'ils ont déjà beaucoup échangé sur le sujet. Ils en connaissent énormément sur cette femme et ces deux enfants.

L'empereur ressentit le besoin de bouger. Il se leva et fit quelques pas nerveusement.

— C'est ridicule ! Une femme et des enfants. Quel est le rapport avec la fuite de capitaux... ou la présence des sphères de lumière, tant qu'à y être ? L'agent Sygrill est idiot de s'intéresser à des enfants...

— Même lorsque le Globulus lui-même se préoccupe de ces jeunes Terriens ?

Krash-Ka se calma et prit le temps de réfléchir.

— Vous avez raison. Tout cela est ridicule ou bien cache autre chose... de très gros.

— Je suis bien de votre avis, votre grandeur.

— Poursuivez l'enquête. Nous verrons bien.

***

— Pourquoi nous avoir amenés ici ? Habituellement, nous pratiquons nos exercices près du chalet, s'enquit Nadia.

— Ici, on n'a pas beaucoup d'espace pour travailler, fit remarquer Steven.

— Aujourd'hui, les exercices développant vos dons peuvent attendre, annonça l'Ermite. Nous avons des sujets plus importants à discuter.

— Plus importants que nos dons ? vérifia Caroline.

D'un simple hochement de la tête, l'homme répondit à la question. De la main, il les invita à s'asseoir sur le tapis de verdure.

— Je dois vous sensibiliser à l'importance de la mission qui vous sera bientôt confiée.

Sur ces mots, il sortit de son sac de toile le coffret récupéré par Steven. Tous les yeux se fixèrent alors sur la petite boîte de métal. Délicatement, l'Ermite en souleva le couvercle et retira un vieux cahier défraîchi. Chez Nadia et Caroline, il y avait de la curiosité, chez Steven, un peu de déception.

L'homme ressentit de la compassion pour le garçon franchement dépité par le contenu de la boîte. Il lui demanda simplement :

— Ce n'est pas exactement ce que tu espérais ?

Embarrassé d'être mis ainsi sur la sellette, Steven s'agita et riposta timidement :

— Bah ! Je m'attendais pas à voir des bijoux quand même.

— Mais tu espérais quelque chose de plus... impressionnant.

— Peut-être, admit le garçon.

— Tu t'attendais à un trésor ? Eh ! Bien, c'est un trésor, répondit l'Ermite en agitant le carnet parcheminé. Un fabuleux trésor pour les générations futures.

— Un trésor dans un si petit cahier ? interrogea Caroline.

S'adressant, cette fois-ci à tout le groupe, le vieil homme se permit une courte récapitulation des faits.

— Vous connaissez maintenant l'existence des Trogoliens et vous savez que depuis des siècles, les trogs dirigent en secret les destinées de la planète.

Trois signes de tête affirmatifs lui répondirent. Celui-ci poursuivit :

— À présent, il vous faut savoir que les trogs ont pris le véritable contrôle financier de notre monde, il y a de cela près de quatre-vingt-dix ans. Pour réussir ce coup magistral, ils ont créé le grand crash boursier de 1929. Ils ont ainsi ruiné des dizaines de banques et mené à la faillite des milliers d'entreprises. Des gens considérés très riches se sont retrouvés du jour au lendemain à mendier dans la rue.

Caroline, connaissant bien la valeur de l'argent, ne put se retenir :

— Mais c'est terrible !

L'Ermite se contenta d'acquiescer de la tête :

— À cette époque, l'économie mondiale étant bouleversée, les Trogoliens réussirent facilement avec la complicité de quelques humains sans scrupules, à tout racheter pour une bouchée de pain. Rapidement, ils prirent ainsi les rênes de tous les secteurs importants de l'économie.

— Et personne n'a réagi ? s'exclama Nadia, un peu surprise.

— Pour la plupart des gens, le crash des années 20 était dû à la fatalité, ou on l'expliquait par une mauvaise gestion des gens d'affaires, mais quelques financiers perspicaces ont eu des soupçons. Ils ont alors commencé une grande enquête à l'échelle mondiale. À leur plus grand étonnement, cette recherche les a menés aux trogs. Malheureusement, ceux-ci étaient déjà devenus puissants, trop puissants pour les affronter ouvertement. Les quelques financiers qui connaissaient maintenant le terrible secret n'osaient se dévoiler et présenter au grand public leur dramatique découverte. Leur vie en dépendait.

— Alors, ils étaient coincés, conclut Steven.

— Coincés mais futés, rétorqua l'Ermite. Dans le plus grand secret, ils ont créé à travers le monde un immense réseau d'agents clandestins. Ceux-ci avaient pour tâche de retracer les entreprises gérées par les trogs afin qu'un jour, toutes ces entreprises puissent retourner entre les mains des humains. C'est ainsi que naquit « La confrérie du grand rétablissement ».

L'homme fit une pause et feuilleta délicatement les pages usées du cahier, donnant ainsi le temps au trio d'assimiler l'information reçue. Refermant le livret, il reprit son récit :

— Ce réseau existe depuis plus de soixante-dix ans et je lui ai consacré trente ans de ma vie. Ce cahier contient la liste et les coordonnées de toutes les entreprises contrôlées par les trogs dans cette partie du pays.

Je vais te le confier, Caroline, car certaines entreprises ayant appartenu à tes parents ont été infiltrées par ces gestionnaires de l'ombre. C'est à toi qu'incombera, un jour, la tâche de les démasquer.

— Ça alors, vous étiez un agent secret ! s'exclama Steven, excité d'avoir devant lui un véritable espion. Vous étiez un genre de James Bond avec des missions dangereuses ?

L'Ermite précisa :

— Une seule mission fut vraiment dangereuse, à une époque où j'étais encore jeune et où on ne craint pas la mort.

— Vous avez risqué votre vie ? s'inquiéta Caroline.

— C'était lui ou moi, avoua l'homme en haussant les épaules. J'avais été démasqué par un Trogolien infiltré dans une entreprise de produits électroniques. Afin de protéger le secret du réseau, j'ai dû… « le liquider » et le faire disparaître discrètement. Aujourd'hui, ce trog n'existe plus, mais j'ai toutefois conservé un petit souvenir de cette aventure.

L'Ermite plongea de nouveau la main dans le coffret et en ressortit une pièce de métal. Tous reconnurent l'emblème des envahisseurs.

— J'ai conservé précieusement cette boucle de ceinturon durant plus de vingt ans. Maintenant, elle est à toi, Steven. Sans ton courage, elle aurait été perdue à jamais dans les profondeurs de la grotte.

La tenant à bout de bras, bien en vue devant son auditoire, il déclara :

— Ces armoiries représentent la servitude de la race humaine. La réussite de la mission qui vous sera bientôt confiée représente la libération de toute l'humanité. Ce symbole doit disparaître de la planète à tout jamais.

***

Tel un ours en cage, l'empereur faisait les cent pas et montrait d'évidents signes d'agacement. D'un geste autoritaire, il pressa le symbole impérial épinglé sur sa tunique.

— Conseillère Haziella, j'attends votre venue depuis plus d'une heure.

Celle-ci retira précipitamment une plaquette mémorielle d'un lecteur. Tout en contournant une série d'écrans témoins, elle répondit :

— Je suis consciente de mon retard, votre grandeur. Je tiens à…

— Dois-je considérer ce délai comme un manque de respect envers votre souverain ?

La conseillère ouvrit les yeux comme si elle venait d'être témoin d'un sacrilège.

— Votre grandeur ! Jamais je ne me permettrais un tel outrage ! De nouvelles informations nous parviennent des décodeurs. Dans quelques minutes, je serai à vos côtés.

L'empereur prit un ton plus posé et calma sa conseillère.

— Vous êtes au centre des communications ?

— En effet, excellence.

— Alors, inutile de vous déplacer. Je vous rejoins. L'inaction me pèse.

— Comme il vous plaira, votre grandeur.

Le monarque coupa la communication et marcha vers un des murs de son bureau. À son approche, un panneau coulissa, donnant accès à un court passage menant directement au deuxième étage de la grande salle des transmissions. De son poste surélevé, Krash-Ka profitait d'une vue générale sur l'ensemble des activités de ses subordonnés.

Remarquant l'arrivée de l'empereur sur la passerelle d'observation, la grande conseillère prit rapidement son scryptobloc ainsi que divers documents. Sans attendre, elle se dirigea vers un petit ascenseur de verre.

Dame Haziella avait des révélations de premier choix à offrir et c'est avec un plaisir non dissimulé qu'elle tendit à son maître une collection de fiches holographiques.

— Qu'est-ce que c'est ? demanda-t-il.

— Vous vous souvenez de cet échange intervenu dans la grotte du Globulus ? Il concernait une femme et deux enfants.

— Bien sûr ! Comment pourrais-je oublier une discussion aussi déterminante ? répondit-il ironiquement.

Sans rien ajouter, la grande conseillère pointa d'une griffe les trois photographies offertes à son souverain. Celui-ci y jeta un coup d'œil rapide.

— Alors, ce sont eux ?

— L'agent Sygrill n'est pas le seul à s'intéresser au sort de ces trois Terriens. Nous avons intercepté quatre photographies sur la ligne satellite d'Interpol. Vous en tenez déjà trois et voici la quatrième.

— Qui est-ce ? s'informa l'empereur.

— Notre agent Sygrill sous son apparence humaine.

L'empereur sourcilla :

— Interpol s'intéresse à un de nos meilleurs agents ? Tout cela devient bien mystérieux et surtout fort dangereux. Notre empire est resté inconnu des Terriens depuis huit mille ans. Nous ne laisserons pas un simple agent de surface trop téméraire menacer la sécurité de l'état. Faites une enquête approfondie sur ce Sygrill et ses activités. Trouvez-moi le lien qui l'unit à cette femme et ces enfants… ainsi qu'au Globulus.

***

— Ça va pas du tout, avoua Steven, découragé.

Baissant les yeux, il se désintéressa de la pierre placée à un mètre devant lui. Assis à même le sol, les jambes croisées, il fouetta le sable du bout des doigts.

Depuis plus d'une heure, il tentait désespérément de mettre en pratique les conseils prodigués par son mentor, mais rien n'y faisait. Le gros galet s'obstinait à rester immobile. Un peu en retrait, L'Ermite, impassible, reprit patiemment ses explications.

— N'oublie pas que tout est dans l'attention. Tu dois concentrer ton esprit sur une seule pensée. Recommence et reprends ton exercice à partir du début.

Une nouvelle tentative se solda par un échec.

— Y'a rien à faire ! J'y arrive pas. Si on essayait avec une plus petite roche ? suggéra Steven.

Le signe de tête de l'homme élimina tous ses espoirs.

— Le poids et le volume de l'objet n'ont pas d'importance.

— Mais si elle était juste un tout petit peu plus petite... insista le garçon.

— Toute la puissance est en toi, mon cher ami. C'est le niveau de concentration qui est important. Tu as de la difficulté avec une grosse roche parce que sa taille ébranle ta foi. Tu dois avoir confiance. Tu dois savoir, au plus profond de toi, que tu en es capable.

Steven ferma les yeux, prit plusieurs grandes inspirations et fit une nouvelle tentative en fixant intensivement la pierre. Cette fois-ci, la roche sembla frémir sur place. Lentement, elle s'éleva d'un centimètre.

— Wow ! s'exclama-t-il.

Et la pierre retomba lourdement sur le sol.

— L'attention, mon garçon, tu dois conserver l'attention, répéta l'Ermite.

***

Un peu à l'écart, près de la rivière, un enseignement tout aussi important se préparait. Guidor donna de nouvelles instructions à Nadia qui acquiesça de la tête et repartit vers le chalet.

À genoux sur un coussin, les fesses appuyées sur ses talons et les mains posées sur ses cuisses, Caroline attendait patiemment les directives de Guidor. Celui-ci vint s'asseoir près d'elle et d'une voix douce, lui dit simplement :

— Tu dois apprendre à bien cibler les images que tu visualises ainsi que les sons que tu entends. Nous allons reprendre l'exercice de ce matin en y ajoutant un objectif bien précis.

La jeune fille ferma les yeux. Le guide de lumière lui suggéra :

— Cherche en premier Steven et l'Ermite.

Caroline fit un signe de tête et se concentra. Après quelques secondes seulement, elle s'exclama :

— Oh !... La roche... Elle flotte !

***

C'est devant un public limité, mais combien enthousiaste que Steven réalisa sa première performance. L'Ermite ne cacha pas son emballement et applaudit avec énergie le succès du garçon.

— C'est formidable, Steven ! Je savais que tu réussirais !

La grosse pierre flottait à plus de deux mètres du sol et Steven s'amusait maintenant à la faire balancer de gauche à droite, le tout sans effort apparent.

— C'est très bien, mon garçon. Nous allons passer à une expérience très intéressante.

— Plus gros que cette pierre ? s'enquit l'intéressé.

Avec fanfaronnade, il déclara :

— Je suis prêt, quand vous voudrez !

— Ce n'est pas aussi simple, jeune homme. Tu dois maintenant apprendre à déplacer un objet que tu ne peux pas voir. Puisque tu sembles apprécier les objets légers, je vais placer un œuf, à un mètre derrière toi.

— Un œuf ? Ça ne sera pas difficile.

— Souviens-toi qu'il faut développer la confiance sans tomber dans la suffisance. Dans un premier temps, tu visualiseras l'objet. Ensuite, tu devras le faire passer par-dessus ta tête et le ramener devant toi, dans cette assiette, sans le briser.

Toujours assis à même le sol et très sûr de lui, Steven ferma les yeux.

***

La navette avait à peine ralenti que déjà Sygrill dégageait le seuil de la porte et sautait sur le débarcadère. Devant l'entrée de la caverne du cerveau sous verre, la vérification d'usage ne fut qu'une formalité. Rapidement, les portes cédèrent le passage au visiteur. L'agent n'avait qu'un pied dans la grotte lorsqu'il lança :

— Mes salutations, Globulus, j'ai enfin quelques informations intéressantes.

L'agent n'eut pas le temps d'en dire plus. Une chaise au large dossier placée devant le socle enchâssant la coupole, pivota lentement, dévoilant la présence de l'empereur. Un sixième sens prévint l'agent d'une menace éminente. Un froissement de tissu attira son attention. Du coin de l'œil, il devina la silhouette de la grande conseillère se glissant derrière lui.

Prenant l'attitude de l'agneau qui vient de naître, il se composa un personnage, tout ce qu'il y a de plus fidèle à l'empire.

— Mes respects, votre grandeur. Si j'avais été informé de votre présence, je ne me serais pas permis une entrée aussi cavalière. D'ailleurs, je ne me serais pas autorisé de vous déranger. Je reviendrai plus tard.

Il avait à peine terminé son salut et se préparait déjà à s'esquiver lorsque d'un geste de la main, l'empereur s'objecta.

— Il est inutile de nous quitter, agent Sygrill. Nous attendions justement votre arrivée pour commencer.

— Mon arrivée ? Je ne comprends pas. En quoi puis-je vous être utile en ces lieux ? Qu'attendez-vous de moi ?

— Des explications : claires, nettes et précises.

— Je vous écoute, répondit l'agent sur un ton plus que respectueux tout en se plaçant pratiquement au garde-à-vous.

— Pourquoi ces rencontres à huis clos ? Pourquoi aucun rapport depuis des semaines sur les enquêtes concernant les fuites de capitaux et la présence des envahisseurs ?

Le Globulus ne pouvait accepter de mettre en péril la sécurité et la liberté d'action de son complice. Il intervint aussitôt :

— Votre grandeur, commença celui-ci.

Observant toujours l'agent de surface, l'empereur déclara sèchement :

— Ce n'est pas à vous que je m'adresse, Globulus.

— Sans vouloir vous offenser, mon seigneur, je me dois d'insister, répliqua-t-il respectueusement.

Krash-Ka fit pivoter son fauteuil. Impassible, il attendit la suite.

— L'agent Sygrill n'a rédigé aucun rapport sur ma recommandation.

— Sur votre recommandation ? reprit lentement l'empereur.

Les neurones du Globulus travaillaient à plein régime et c'est sans difficulté qu'il commença à broder une fable.

— Qui dit rapport dit possibilité de fuites. Nous n'avons présentement que des hypothèses sur la disparition des capitaux. J'ai préféré attendre et donner, en temps et lieu, une étude complète, exacte, sans risque d'erreur.

Le souverain leva la main droite. Dame Haziella y glissa trois grandes photographies.

— C'est tout à votre honneur, Globulus. Alors, dites-moi… À quoi rime une curieuse histoire concernant une femme médium et deux enfants ?

— Une femme médium ? répéta le Globulus, quelque peu pris au dépourvu.

C'était au tour de l'agent de trouver une suite à la fable. Il avança d'un pas.

— J'ai une information récente à ce sujet, votre grandeur. Et je venais justement la partager avec le Globulus, afin de connaître son avis.

— Alors,… Partagez-la avec nous tous, invita l'empereur.

Sans se démonter, Sygrill annonça avec prudence :

— Remarquez que cette information n'est pas encore validée.

— Mais encore… grogna l'empereur, impatient.

— Il est possible que la jeune femme et les enfants soient des messagers.

— Des messagers ?

L'agent avait maintenant un doigt dans l'engrenage, il devait continuer à mentir. Mais après tout, n'était-ce pas sa spécialité ?

— Qui les soupçonnerait de transporter des fortunes dans leurs bagages ? L'enquête n'a pas été facile, car il n'y avait aucune conversation téléphonique à intercepter. Et pour cause, la femme est un médium. Elle reçoit ses instructions par la pensée.

— Votre récit me semble étriquée, déclara l'empereur, peu impressionné par ces révélations.

Le Globulus prit la relève.

— Et c'est pourquoi nous ne pouvons la divulguer officiellement. Cela provoquerait une panique chez les banquiers de l'empire.

Krash-Ka leva de nouveau la main, la grande conseillère lui offrit une quatrième fiche holographique.

— Nous avons intercepté ces trois photographies sur la ligne sécurisée d'Interpol, ainsi que cette dernière.

Sygrill s'étira le cou et jeta un œil vers la photo. Sa curiosité se transforma en surprise manifeste.

— Vous pouvez m'expliquer votre présence sur ce cliché ?

Sygrill reconnut son image sur le seuil de la porte d'une imposante demeure de style colonial. Cette fois-ci, il s'agissait d'un quitte ou double.

— Comme vous pouvez le constater, la police surveillait déjà la maison de l'un des trois suspects, ce qui prouve que nous sommes sur la bonne voie.

— Surtout celle de permettre aux autorités de surface de découvrir notre existence, souligna la conseillère.

Se levant brusquement, l'empereur tira une conclusion :

— À aucun prix les humains ne doivent deviner notre présence sur la planète. Vous êtes maintenant un agent grillé dans le secteur 777… et partout ailleurs où il y a des policiers.

— Mais je peux me donner une nouvelle apparence, objecta l'agent. Je peux…

D'un geste prompt de la main, Krash-Ka coupa court à toute discussion.

— Les enjeux sont trop importants, agent Sygrill. Si vous remontez un jour à la surface, il vous faudra une bonne raison. À compter d'aujourd'hui, vous devrez vous limiter à la jungle et aux déserts. Faites-vous oublier.

Se tournant ensuite vers le cerveau sous bulle, il lança l'ultimatum :

— Quant à vous, Globulus, vous avez dix jours terrestres pour m'apporter des réponses définitives.

Sur ces mots, l'empereur et la conseillère quittèrent prestement les lieux. Après la fermeture des portes, dans le passage menant à sa navette, Krash-Ka demanda :

— Que pensez-vous de cette histoire de messagers médiums ?

— Je crois en effet que c'est une histoire, répondit Haziella.

De l'autre côté de la masse d'acier, Sygrill résuma la situation :

— Nous avons pris un gros risque avec cette fabulation de messager médium. Quand ils découvriront la vérité, l'empereur me fera trancher la tête d'un jet au plasma.

— Je suis déjà passé par là et je n'en suis pas mort, ironisa le Globulus.

Sur un ton plus optimiste, il ajouta :

— Du calme, mon ami. Quand ils découvriront la vérité, nous aurons déjà pris le pouvoir et l'empereur n'aura plus de tête et ce depuis longtemps.

Un grand éclat de rire résonna dans la caverne.

***

Guidor était toujours auprès de Caroline lorsque le claquement de la porte à moustiquaire attira son attention. Nadia sauta les deux marches du perron et vint s'asseoir près de ses amis.

— Voilà, c'est fait. J'ai pris un grand verre d'eau froide, dit-elle en s'adressant au guide de lumière.

— Nous allons donc pouvoir commencer, annonça-t-il.

Après avoir trouvé une position confortable, la jeune femme devint très attentive aux propos de son enseignant.

— Tu utilises tes talents de médium depuis déjà plusieurs années. Tu es donc très sensible aux vibrations psychiques.

D'un mouvement de la tête, Nadia confirma ses dires et précisa :

— Et à mon corps défendant, à l'occasion.

Guidor afficha un sourire et poursuivit :

— Ces vibrations peuvent se manifester de plusieurs façons. Il est important que vous appreniez, toutes les deux, à ressentir les différentes formes d'énergie, telles que les vibrations générées par les sentiments d'autrui.

— Quand les enfants se sont perdus sur la falaise, j'ai communiqué avec l'Ermite, mais j'ai travaillé un peu à tâtons sans vraiment maîtriser la technique, avoua Nadia.

— On peut sûrement apporter des améliorations de ce côté. Nous allons donc commencer par la communication à distance.

— Mais pour communiquer, il faut être deux.

— Nous allons faire l'exercice ensemble ? suggéra Caroline.

Devant la moue peu encourageante de Guidor, Nadia risqua :

— Ou peut-être avec toi ?

— Ce serait trop facile, répondit-il. Que dirais-tu de communiquer avec Steven ?

Caroline pouffa de rire et se permit de mettre son grain de sel.

— Avec Steven ! Ce sera tout un défi. Même par la parole, c'est difficile de se faire entendre.

— C'est donc un très bon sujet, déclara Guidor.

— Et pour capter son attention, que puis-je lui dire d'intéressant ? s'enquit Nadia.

Sur un ton espiègle, Caroline se permit une suggestion.

— Pourquoi ne pas lui parler du dîner en imaginant un gros poulet rôti ? Quand on parle de nourriture, Steven est toujours réceptif.

Nadia et Guidor échangèrent un large sourire. La jeune femme jugea l'idée originale et ferma les yeux. Sur un ton taquin, elle murmura :

— Un poulet rôti. Et je vais lui ajouter de la sauce, beaucoup de sauce.

***

À moins d'un mètre derrière Steven, une demi-douzaine de coquilles jonchait déjà le sol. Un bruit mat annonça un nouveau dégât.

— L'attention, jeune homme. Tu dois conserver ton attention, rappela l'Ermite.

Mettant celui-ci au défi, le garçon déclara, exaspéré :

— C'est plus facile à dire qu'à faire.

Impassible, l'homme fixa son élève droit dans les yeux tandis qu'un œuf quittait son support et se déposait délicatement dans son dos. L'Ermite n'avait pas dit un mot, mais Steven comprit le message. Fermant les yeux, il se concentra.

L'œuf s'éleva progressivement à plus d'un mètre, hésita un peu et flotta lentement dans sa direction. La petite boule blanche lui caressa les cheveux de la nuque durant quelques secondes, puis s'éleva d'une quinzaine de centimètres.

Un peu plus loin, Caroline chuchota à l'oreille de Nadia :

— N'oublie pas la sauce.

Au-dessus de Steven, l'œuf s'immobilisa soudain et se balança indécis, comme si tout à coup il ne recevait plus de directives. Steven ouvrit les yeux et s'exclama :

— Un poulet !

Il n'en fallut pas plus. L'œuf quitta sa position et s'écrasa sur sa tête. Sur un ton découragé, le garçon gémit :

— Un poulet rôti. Pas une omelette !

Mi-sérieux, mi-amusé, l'Ermite insista :

— L'attention, Steven. Tu dois conserver l'attention.

Le cordon d'argent

CHAPITRE XIII

L'initiation

Les plus chaudes journées de l'été faisaient maintenant partie des souvenirs. Ça et là, de petites taches jaunes piquaient le couvert végétal de la vallée. Les nuits devenaient plus fraîches et les vols de canards sauvages indiquaient la fin d'une saison déjà révolue, une saison riche en rebondissements et en nouvelles acquisitions de connaissances.

Par les enseignements de Guidor, Nadia, Caroline et Steven avaient éveillé au plus profond d'eux-mêmes des énergies jusqu'alors insoupçonnées. En ces premiers jours d'automne, les préceptes faisaient place à des entraînements intensifs. Tous les trois pratiquaient maintenant leurs talents respectifs avec une assurance sans précédent.

Près de la pompe à eau, assise sur un seau renversé, les mains appuyées sur ses cuisses, Caroline s'exerçait en compagnie de Guidor à des apprentissages de perception à distance de plus en plus sélectifs. De temps à autre, celui-ci donnait quelques recommandations et l'adolescente souriante, les yeux fermés, acquiesçait par de légers signes de tête.

Un peu plus loin, hors du champ de vision de la jeune fille, divers objets dansaient un ballet incongru, apprécié par son unique chorégraphe, le jeune Steven. Le tout semblait se faire sans effort. Un bout de bois, une roche, un pantalon, un chaudron et son couvercle virevoltaient en même temps au grand plaisir du garçon. Seul spectateur assistant à la représentation, l'Ermite, jugeait d'un œil critique chaque nouveau mouvement.

Près de la porte du chalet, Nadia était seule, debout, appuyée à la rampe du petit perron. Isolée du groupe, les yeux semblant fixer le vide, elle s'employait à peaufiner ses nouvelles techniques de visualisation.

À deux mètres du sol, les articles de cuisine étaient maintenant figés dans l'espace. Steven se concentra alors sur le chaudron et son couvercle. Sans la moindre hésitation, ce dernier se plaça sur le chaudron en émettant un léger « bang » sonore. Amusé par l'effet musical, Steven reprit l'expérience à deux reprises en accentuant la violence de l'impact.

Devant ce tintamarre inopportun, l'Ermite fit la grimace, fronça les sourcils et marqua sa désapprobation d'un mouvement du menton dans la direction de Nadia. Steven comprit le message et laissa ses ustensiles glisser vers le sol. Désœuvré, du coin de l'œil, il vit la corde de bois appuyée à un arbre. Cinq bûches semblèrent prendre vie. Tout en poursuivant sa valse des billots, Steven jeta un nouveau regard à la jeune femme et demanda :

— Pourquoi Nadia reste seule ? Si je ne la connaissais pas, je penserais qu'elle nous boude.

— Et tu te tromperais sûrement, rétorqua l'Ermite.

Steven fixa les billes de bois qui se mirent au garde-à-vous sur une seule ligne. Prenant un ton militaire, il ordonna :

— À mon commandement… marche !

Dans un mouvement cadencé, tel un peloton bien entraîné, les cinq bûches s'exécutèrent en silence et rejoignirent leur régiment sur la pile de rondins. Ramenant son attention vers Nadia, Steven fit remarquer :

— C'est bizarre. On dirait qu'elle regarde tout le monde sans vraiment nous voir.

— Nadia s'exerce à explorer l'aura des gens, déclara l'Ermite. Une partie invisible de notre personne.

Excité, Steven s'exclama :

— Elle voit à l'intérieur de nous comme avec des rayons X ?

Un léger sourire sur les lèvres, l'homme précisa :

— Elle ne voit pas à l'intérieur, mais plutôt autour de nous. L'aura est semblable à un nuage de lumière colorée qui enveloppe notre corps. Selon la couleur, on peut identifier des émotions et l'état de santé de la personne.

À cause de la distance, Nadia n'avait pas suivi la conversation des deux hommes, mais elle pouvait les observer et les voyait même très bien. Autour de l'Ermite et du garçon qui avait repris ses exercices, se dessinait une double enveloppe rouge clair. Posément, elle tourna son regard vers Guidor et sa jeune amie. Là encore, elle découvrit deux cocons lumineux, bien que celle de la jeune fille, tirant sur le vert fût difficile à cerner, noyée dans l'intense rayonnement de Guidor et ses reflets dorés très particuliers.

Celui-ci écoutait attentivement les propos de Caroline. Cette dernière, par la pensée, plongeait au cœur de la forêt.

— Il avance par petits bonds. Oh ! Il vient de sauter par-dessus une branche morte... Il cache sa noisette sous une feuille.

Mentalement, Guidor accompagnait Caroline et vérifiait l'exactitude de ses visions.

— Qui est...

— La feuille est longue et toute dentelée.

— Bravo. Ta vision à grande distance est claire et très précise. C'est suffisant pour aujourd'hui.

Prenant un petit air de fillette, Caroline insista :

— Oh ! Guidor, encore une fois ! C'est si amusant !

— Tu n'es pas fatiguée ?

Honnêtement, Caroline sentait l'épuisement la gagner. Mais elle avait tant de plaisir !

— Un dernier essai ? supplia-t-elle.

Cédant à son caprice, Guidor proposa :

— Alors quelque chose de reposant, de très près. Décris-moi les activités de Steven qui est tout juste derrière nous.

Caroline ferma les yeux et porta son attention sur le jeune garçon.

— Steven est assis sur le sol et...

Dans un éclat de rire, elle ajouta :

— ... Il jongle avec des tasses et des assiettes. C'est formidable !

Nadia était également témoin des performances du garçon, mais ne partageait pas leur enthousiasme.

— Si tu brises une seule assiette, ton prochain repas, tu le mangeras dans un sac de papier.

— J'ai pas peur, chantonna-t-il.

— Les tasses bougent vers la gauche, précisa Caroline.

Attentif aux dires de son amie, Steven entra dans le jeu et modifia la course des porcelaines.

— Ah ! Maintenant, elles vont vers la droite.

Le garçon corrigea le mouvement.

— Elles reviennent vers la gauche.

Puis, il improvisa une nouvelle danse.

— Elles font une ronde. C'est vraiment extraordinaire ! s'émerveilla la jeune fille.

Le chorégraphe en herbe jeta un coup d'œil vers Caroline, prit un air taquin et annonça :

— Et je peux faire beaucoup mieux.

Nadia observait toujours le garçon tout en surveillant attentivement ses assiettes. Soudain, elle le pointa du doigt et lança haut et fort :

— Steven, ne fais pas de bêtises. Ton aura a changé de couleur et ce n'est pas très joli. À ta place, j'en serais gêné. N'embête pas les gens.

Steven regarda dans la direction de Caroline. Dans un geste d'impuissance, il haussa les épaules et sur un ton espiègle, il déclara:

— Trop tard.

Soudain, Caroline ne sentit plus le contact rassurant du sol sous ses pieds. Toujours assise sur le seau de métal, elle s'éleva à plus d'un mètre du sol. Ouvrant les yeux, elle fut prise de panique en se voyant flotter au-dessus de ses amis, accompagnée d'un défilé de vaisselle. Un nouvel objet se joignit à la ronde.

— Hé ! Mais c'est ma brosse à cheveux ! s'écria-t-elle.

L'affolement se transforma rapidement en rigolade. Jouant le jeu, elle tenta même à quelques reprises de l'attraper. L'esprit était à la fête et chacun soulignait avec entrain les réussites des autres membres de l'équipe. Guidor laissa passer la vague d'euphorie et mit fin ensuite aux ébats en levant les bras. Délicatement, Steven déposa Caroline sur le sol. Au grand soulagement de Nadia, la vaisselle traversa une fenêtre entrouverte et prit le chemin de la cuisine. Devant Caroline, seul flottait l'article de toilette.

— Tiens, voilà ta brosse, dit Steven. Je sais qu'elle est importante pour toi.

Caroline s'en saisit sans toutefois démontrer un réel plaisir.

— Oui, elle est importante… Merci, finit-elle par dire.

Guidor demanda alors l'attention de tous :

— Mes chers amis, aujourd'hui se termine votre formation.

Un léger murmure se répandit dans l'assistance. Le guide de lumière confirma d'un signe de tête et poursuivit :

— Votre sérieux et votre détermination vous ont amenés à un haut degré de maîtrise de vos talents respectifs. L'Ermite et moi-même sommes très fiers de vous.

Avec un sourire, le vieil homme acquiesça sans retenu. Guidor ajouta :

— J'ai également l'agréable tâche de vous transmettre les sincères félicitations de la part de l'assemblée des maîtres de Shangrila. Durant ces quelques mois, vos valeurs ont changé concernant la nature, les autres et vous-même. Vous avez pris conscience de ce qui est important dans la vie. Dans cette vie-ci et peut-être plus. Les Maîtres de lumière ont suivi vos progrès avec intérêt. Ils ont accueilli votre succès final et votre élévation spirituelle avec bonheur.

Bien qu'étonnés d'un pareil intérêt par des personnages aussi importants, le trio en était plus que fier.

— Tel que décrété par les Maîtres de lumière, annonça Guidor, ce soir, après le coucher du soleil, aura lieu le rituel de la triple initiation aux Grandes Révélations.

***

La conseillère Haziella venait d'étaler différents documents à signer sur le grand bureau lorsque la porte donnant sur les appartements impériaux céda le passage à Krash-Ka. Ce dernier entra précipitamment et lança joyeusement :

— Bonjour, chère dame Haziella.

Peu habituée à ce genre de familiarité de la part de son souverain, la conseillère risqua un commentaire :

— Vous paraissez en très grande forme, aujourd'hui, votre grandeur.

— Et pourquoi ne le serais-je pas ? répliqua l'empereur. Détendu, il contourna son bureau d'un pas léger et prit le temps d'étudier les informations diffusées sur les différents écrans tapissant les murs.

Aux yeux d'Haziella, l'attitude de l'empereur se révélait de plus en plus étrange. Ne sachant trop comment composer, elle préféra ne pas tenir compte de cet élément inhabituel. Elle déclara sur un ton neutre :

— Je viens de déposer sur votre bureau les avis d'exécution qui doivent avoir lieu demain.

— Qu'ont donc fait tous ces pauvres malheureux ?

Haziella fronça les sourcils en se demandant depuis quand l'empereur s'apitoyait sur le sort de ses sujets.

— Rien de très grave, répondit-elle méfiante, mais il y a du relâchement chez certains fonctionnaires et vous aviez décidé, le mois dernier, de faire des exemples.

Maintenant assis à son bureau, les mains jointes, sa première griffe appuyée sur son menton, l'empereur s'octroya à peine quelques secondes de réflexion avant de déclarer :

— Commuez leur peine en emprisonnement à vie. Cela sera suffisant.

Krash-Ka ramassa le scryptobloc, planta trois griffes dans les alvéoles prévues à cet effet et pressa la paume de sa main droite sur le petit écran.

— Votre générosité vous honore, mon seigneur, souligna la conseillère en se préparant à récupérer la tablette que tenait toujours l'empereur.

Celui-ci retint son geste.

— Qui vous parle de générosité ? rétorqua-t-il, irrité par une telle remarque.

Devant le mutisme de dame Haziella, il ajouta :

— Les sentiments et la compassion sont l'apanage des faibles.

Puis, il lança avec rudesse le scryptobloc sur le bureau qui atterrit durement près de la conseillère.

— Alors, je ne comprends pas, avoua celle-ci, de plus en plus prudente dans ses déclarations.

L'empereur se calma. Retrouvant une partie de sa bonne humeur, il expliqua sur un ton songeur :

— Disons que c'est une excellente journée... pour eux et pour moi. Avez-vous étudié les derniers rapports financiers ?

— Je viens de terminer le dossier de la justice et j'allais m'y mettre à l'instant, s'empressa de répondre Haziella.

— Alors, laissez-moi le plaisir de vous en annoncer les grandes lignes. Depuis deux mois, il n'y a pas eu une seule fuite de capitaux. Les indices boursiers sont à la hausse et plusieurs de nos actions ont remonté la pente... modestement, il va s'en dire, mais c'est un début. Il y a de quoi se réjouir, n'est-ce pas ?

La conseillère fronça les sourcils et devint suspicieuse.

— Depuis deux mois, dites-vous ?

— En effet, confirma Krash-Ka qui n'avait pas remarqué la réaction mitigée de dame Haziella.

Se calant confortablement dans son fauteuil, il marmonna :

— L'agent Sygrill avait peut-être raison, après tout.

Il précisa en se tournant vers sa conseillère :

— Cela remonte à l'époque de cette histoire de la femme médium et des deux enfants.

— Et cela correspond également avec le moment où vous lui avez interdit de retourner dans son secteur, précisa Haziella.

— C'est bien possible… Et je crois bien…

La conseillère n'écoutait plus et semblait de plus en plus intriguée par certaines coïncidences. Toutefois, elle ne fit aucun autre commentaire.

Mentalement, l'empereur évalua ses gains. Avec un sourire de satisfaction, il déclara :

— Oui, depuis deux mois, nous avons récupéré une fortune.

***

Sygrill, les yeux rivés sur son scryptobloc, n'en revenait tout simplement pas.

— Depuis deux mois, j'ai perdu une fortune.

Le régime de la navette s'amenuisa sensiblement. La légère décélération sortit l'agent de ses réflexions. Il en profita pour jeter un coup d'œil au décor environnant. La navette traversait une agglomération importante et le central informatique avait fort à faire pour distribuer sans anicroches tous ces véhicules se croisant sur les multiples voies suspendues.

L'agent replongea dans ses calculs, espérant minimiser ses pertes.

— Tant de millions perdus en deux mois d'absence. Il faut que le Globulus trouve une solution. Je dois absolument remonter rapidement à la surface.

La navette quitta le cœur de la cité. Rapidement, elle reprit de la vitesse avant de plonger dans un nouveau tunnel.

***

Devant le vieux miroir déformé, Caroline était perdue dans ses pensées. Machinalement, elle brossait lentement l'extrémité de la queue de cheval qu'elle portait depuis quelques semaines. Dans le reflet de la glace apparut Nadia.

— Ça va, Caroline ?

— Oui, ça va… ou plutôt non… Je ne sais plus.

Nadia s'approcha et remarqua le petit cristal suspendu au cou de la jeune fille par une fine chaînette d'argent.

— C'est nouveau, ce bijou ?

— Un présent de l'Ermite, répondit la jeune fille en effleurant des doigts la pierre translucide légèrement rosé. Ça a un rapport semble-t-il avec mon don de guérison.

Un peu embarrassée, elle ajouta :

— Il m'en a expliqué la fonction, mais je crois que je n'ai pas tout saisi. Ces jours-ci, j'ai un peu la tête ailleurs.

Nadia remarqua alors la paire de ciseaux posée sur la tablette au-dessus de l'évier.

— Est-ce que je peux t'être utile ?

Face au silence de la jeune fille, elle demanda avec douceur :

— Dis-moi le fond de ta pensée.

— Je crois que Guidor a raison. Mes valeurs ont changé.

Nadia caressa l'épaule de Caroline et lui fit un sourire par le reflet du miroir. La jeune fille délaissa sa queue de cheval et regarda sa brosse à cheveux.

— Elle était si importante pour moi… Nadia, j'ai changé et je veux que ça paraisse.

— Je vais t'aider, ma chérie… et je te promets que la transformation sera magnifique.

***

Au centre des communications, dame Haziella retira la plaquette numérique de l'appareil.

— J'en étais certaine ! Tout concorde parfaitement : la fuite des capitaux, ses activités suspectes et son incapacité à trouver les coupables. Le mécréant ! Des dizaines de millions de dollars ont été détournés à son profit. Ce Sygrill, il était le ver dans la pomme.

***

Le soleil terminait de ramasser ses derniers rayons lorsque Guidor brisa le silence enveloppant le chalet. Un léger parfum d'encens flottait dans le salon. Chacun pouvait ressentir les vibrations de paix imprégnant chaque atome de l'espace.

Debout devant une table supportant un bol d'eau, la femme et les deux enfants avaient dans la main droite une bougie éteinte. Nadia, Caroline et Steven sortirent de leur méditation et ouvrirent les yeux aux premiers mots de l'être de lumière.

Guidor, tenant à la main un cierge allumé, rappela la longue évolution de chacun.

— Les événements tragiques vécus en Atlantide par Nadia, en Égypte par Caroline et dans les montagnes du Pérou par Steven avaient mis en sommeil vos fabuleux pouvoirs et la plus grande partie de votre inestimable force intérieure. Durant plusieurs incarnations, vous avez travaillé très lentement à retrouver, chacun de votre côté, une faible partie de votre immense héritage. Il a fallu attendre cette présente incarnation pour, enfin, vous réunir et vous permettre d'éveiller mutuellement vos dons et votre amour de la grande conscience universelle.

L'Ermite s'avança et prit la parole :

— Il y a près de douze mille ans, une bienfaisante énergie cosmique enveloppait ce monde. Cette planète que l'on nomme aujourd'hui la Terre s'appelait, à une lointaine époque : Gaïa. En ces temps bénis, Gaïa était un havre d'amour. L'homme et la femme y vivaient dans la quiétude et l'harmonie, au diapason des vibrations de leur cœur. Mais survinrent des profondeurs de l'espace des êtres maléfiques qui détruisirent cette merveilleuse symbiose. Ils apportèrent avec eux la haine, l'envie, la jalousie. Ils répandirent sur la Terre et dans les cœurs le nuage gris de la désolation.

— En ce début de l'ère du Verseau, poursuivit Guidor, il est temps que des cœurs purs retrouvent la grande énergie universelle et en fassent profiter tous les hommes et toutes les femmes de cette planète.

Guidor tenant toujours son cierge à la main s'approcha du trio et alluma leur bougie. L'Ermite poursuivit :

— Que cette lumière, symbolisant vos pouvoirs retrouvés, vous assiste avec succès dans votre quête de la grande énergie universelle.

Les postulants placèrent alors leur chandelle sur la table, dans trois supports d'argent, de façon à former un triangle.

L'Ermite reprit :

— Que cette triple lumière vous unisse et vous permette de conserver foi et courage tout au long de votre mission, dans votre quête de la dague de cristal.

Après une pause, il s'approcha du récipient d'eau déposé sur le meuble.

— Cette quête ultime se réalisera en n'ayant que des pensées d'amour dans votre cœur, quelles que soient les circonstances ou les situations rencontrées.

Plaçant sa main droite au-dessus du bol, il présenta le caillou retenu entre ses doigts.

— Voici une petite expérience qui vous fera comprendre l'importance de ne véhiculer que des pensées positives. Je laisse tomber ce caillou dans le bol d'eau. Le point de chute forme un centre d'où partent des ondulations concentriques. Ces ondulations grandissent jusqu'à ce qu'elles en atteignent le contour. À l'œil, elles paraissent alors perdre leur force et s'arrêter. En réalité, dès qu'elles ont atteint les limites de l'eau, elles repartent vers l'endroit où le caillou l'a touché et ne se reposent pas avant d'avoir rejoint ce centre.

Guidor poursuivit.

— C'est la représentation exacte de toutes nos pensées et de toutes les paroles que nous prononçons. La pensée et les paroles mettent en mouvement certaines vibrations qui se propagent au loin en cercles toujours grandissants, jusqu'à ce qu'elles embrassent l'univers. Puis elles retournent à celui qui les a émises. Toutes nos pensées et nos paroles, bonnes ou mauvaises, reviennent à nous aussi sûrement que nous les avons formulées.

Prenant un ton un peu moins solennel, Guidor expliqua ensuite la nature de la mission :

— Souvenez-vous du rêve de Steven. La dague de cristal que le jeune serviteur du grand prêtre a caché dans le disque sacré agit comme une clé sur la porte du plus grand centre énergétique encore en sommeil. Du fait que celui-ci soit inactif, les Trogoliens n'ont jamais pu le localiser, mais durant des siècles, ils ont surveillé la dague de cristal sans pouvoir l'atteindre. Seuls des humains ayant connu dans une vie antérieure, l'époque de la grande harmonie ont la capacité de la récupérer.

Prenant un ton des plus sérieux, Guidor poursuivit :

— Avec les événements survenus durant les derniers mois, il est à prévoir que la hantise de posséder la dague sera de nouveau éveillée chez les trogs. Nadia… Caroline… Steven, vous aurez donc une grande responsabilité : récupérer la dague et réactiver cette source d'énergie universelle, tout en les empêchant de détruire ce dernier espoir de l'humanité.

Fort impressionné par la mission qui lui était confiée, le trio resta silencieux. Il s'écoula près d'une minute avant que Steven ose poser une première question :

— Est-ce que tu viens avec nous ?

Devant le mutisme de Guidor, Caroline insista :

— Tu seras avec nous, n'est-ce pas ?

— Je serai présent lorsque la situation l'exigera.

Comme dans un geste prémédité, Steven, Caroline et Nadia se tournèrent vers l'Ermite.

— Cette mission est un long voyage, mes amis. Vu ma condition physique, avec le temps, je deviendrais un fardeau pour votre équipe.

Le trio voulut protester, mais l'Ermite ne changea pas d'avis. Levant la main, il calma les esprits.

— Je ne puis me joindre à vous. Chacun de nous a une mission et la mienne ne me permet pas de vous accompagner... en personne. Par contre, je peux vous assurer que je serai toujours, de cœur et d'esprit, avec vous.

— Et qu'allez-vous faire ici, tout seul ? demanda Steven.

— Dans un premier temps, tromper la surveillance des Trogoliens. Je vais rester à proximité du chalet et diffuser une grande quantité d'énergie. Je pourrai ainsi leur laisser croire que tout le groupe est toujours présent dans la Vallée du silence.

À regret, la mort dans l'âme, les trois initiés acceptèrent cette stratégie sans ajouter de commentaire.

***

Le vaste dôme de la caverne multipliait l'écho des récriminations de l'agent. Tel un ours en cage, Sygrill faisait les cent pas devant la grande coupole protégeant le cerveau du Globulus.

— Il est peut-être pour vous très confortable de vivre sous ce globe de verre, mais moi, je suis fait pour l'action et j'ai besoin de bouger pour vivre.

L'agent s'arrêta brusquement devant l'écran central et fixa le visage synthétique.

— Vous devez me confier une mission, n'importe quoi ! Je dois absolument remonter à la surface.

— Afin de compléter quelques transactions ?

— Des transactions ? De quoi voulez-vous parler ?

Devant le mutisme du Globulus, l'agent réalisa la futilité de jouer au plus fin avec le plus grand cerveau de la planète. Un peu gêné, il avoua par une question :

— Alors, vous êtes au courant ?

— Depuis un certain temps déjà.

— L'empereur a été prévenu ?

— Je n'ai rien à dévoiler à ce pantin de carnaval, mais tôt ou tard, il fera les mêmes déductions que moi.

— À savoir...

— Depuis deux mois, vous êtes prisonnier du continent creux et durant cette même période, l'empire a recommencé à accumuler des bénéfices.

Les épaules de l'agent s'affaissèrent d'un centimètre.

— En d'autres termes, je suis un mort en sursis.

— À moins de prendre rapidement le pouvoir.

— Comment ?

— En retrouvant le cristal sacré.

— Mais nous ne savons pas...

— Durant votre temps d'inaction, pour ma part, j'ai travaillé sachez-le. L'empereur vous avait suggéré de vous perdre dans le désert ? Eh bien, le cristal est justement dans un trou perdu où ne règnent que la pierre et le sable.

***

L'aéroport international était peu achalandé en ce début de saison morte. Guidor et ses trois protégés se retrouvèrent donc rapidement en tête de la file d'attente au comptoir du bureau des douanes. Le fonctionnaire de service examina longuement les passeports présentés par Guidor, jetant de temps à autre un regard sévère à leurs quatre détenteurs. Il finit par dire :

— Veuillez patienter un instant.

Sans attendre de réponse, il quitta son guichet, emportant avec lui les précieux documents.

— Qu'est-ce qui se passe ? Pourquoi est-il si long à revenir ? murmura Caroline, anxieuse.

Du groupe, Steven semblait être le plus indifférent à toutes ces démarches administratives jusqu'au moment où son œil baladeur accrocha un mémo interne piqué sur le muret du guichet voisin. Le sang se glaça dans ses veines. D'un coup de coude, il attira l'attention de Nadia.

— On n'est pas encore dans l'avion, grogna le garçon.

Tous avaient été témoins du geste de Steven et regardaient à présent dans la même direction. Horrifiés, ils reconnurent les trois photographies accompagnant la note. Paniquée, Nadia se retourna vers Guidor.

— Nous ne sortirons jamais d'ici. Que peux-tu faire pour nous ?

— Dis plutôt ce que toi, tu peux faire.

— Moi ? Mais...

— Tu as des dons et de l'imagination. Souviens-toi de ton expérience avec Steven et le poulet rôti.

— Celui avec de la sauce ? précisa-t-elle.

Guidor acquiesça avec un sourire.

Nadia prit de profondes inspirations et retrouva progressivement tous ses moyens. Il était temps car le fonctionnaire revenait déjà, accompagné d'un officier supérieur. On aurait pu croire que Steven possédait des yeux tout au tour de la tête car rapidement, le verdict tomba.

— Ça grouille de flics, ici.

Le plus gradé des deux fonctionnaires tenait maintenant les passeports. Nadia ferma les yeux et se concentra. L'homme examina les sauf-conduits un à un, passant du document à son propriétaire. Les photographies collaient bien aux quatre passagers présents devant lui.

Il y avait cette vieille dame aux cheveux gris montés en chignon, la jeune délinquante avec sa mèche de cheveux orange tombant sur le côté et mâchant sans discrétion, le petit monsieur chauve à la moustache en balai et ce grand hippie qu'il faudrait contrôler et signaler au service des narcotiques lors de son retour au pays. Tous ces gens lui parurent insignifiants et ne méritaient pas de déranger le chef de la sécurité.

À la stupéfaction du commis, le supérieur remit les passeports à la vieille dame et du geste de la main, invita le groupe à libérer la place.

— Je vous souhaite à tous un très bon voyage.

Ils avaient à peine quitté le guichet des douanes que Steven s'exclama à mi-voix :

— Comment t'as fait ça ?

— Steven, calme-toi. Ce n'est pas le moment de se faire remarquer. Sans s'arrêter ni se retourner, Nadia demanda :

— Et si je n'avais pas réussi ?

— Je n'étais pas loin, mais j'avais confiance en toi, répondit le guide de lumière.

Nadia laissa tout de même échapper un grand soupir de soulagement en poussant la porte de la salle d'embarquement.

***

Quatre puissantes griffes acérées crissèrent sur la surface polie du bureau.

— Près de deux milliards de dollars ! hurla l'empereur qui avait de la difficulté à reprendre sa respiration.

— Et cela ne représente que les sommes déposées dans différents comptes numérotés en Suisse, reprit la conseillère. Il y a également les entreprises et les consortiums qu'il dirige sous différents noms ou par personnes interposées. Mais ces transactions financières seront plus difficiles à inventorier. Dans un sens, cet agent est un génie, ne put-elle s'empêcher d'admettre.

Cette fois, les griffes du Krash-Ka entamèrent profondément le revêtement de la table de travail.

— Génie ou pas, sa tête passera au désintégrateur. Amenez-moi ce traître sur-le-champ.

— En désintégrant sa tête, nous détruisons nos chances de récupérer tous ces milliards.

— Alors que proposez-vous ?

Dame Haziella fit une pause avant de suggérer :

— Donnons-lui un peu de corde, il finira bien par se pendre. Nous allons le surveiller de près et il nous mènera, sans le savoir, vers sa fortune.

— Sa fortune ! … Ma fortune, celle de l'Empire ! rectifia le souverain. Sygrill, pour toi, le glas vient de sonner.

***

Une douce tonalité se fit entendre. Le petit rectangle lumineux rappela aux passagers d'attacher leur ceinture de sécurité. Nadia, assise aux côtés de Guidor, s'exécuta et lui demanda :

— Pourquoi nous accompagnes-tu en avion ? Tu pourrais faire ce trajet beaucoup plus rapidement par tes propres moyens.

— Où nous allons, la langue courante est l'espagnol. Je vais donc profiter du voyage pour t'enseigner le dialecte du pays.

— Tu veux m'apprendre l'espagnol en sept heures ! s'étonna la jeune femme.

— Disons que tu en sauras assez pour te débrouiller. J'ai une technique d'enseignement très particulière.

Nadia ne put réprimer un sourire.

— Avec toi, tout est toujours particulier.

Redevenue sérieuse, elle demanda avec une certaine anxiété :

— Guidor, je n'ai pas voulu en parler devant les jeunes, mais crois-tu vraiment que l'Ermite pourra tenir tête à ces êtres maléfiques ?

— Tu n'as pas à t'inquiéter. Il possède des ressources insoupçonnées et fera tout ce qui est nécessaire.

Un sifflement aigu des moteurs annonça le départ imminent. Nadia se cala dans son siège et se perdit dans ses réflexions.

***

L'Ermite entra dans le chalet et déposa trois grosses bûches dans le support de fer forgé attenant au poêle à bois. À peine eut-il déposé le dernier rondin qu'une légère vibration se fit sentir. Quelques bibelots valsèrent sur les tablettes du vaisselier. L'homme se redressa et déclara en pensée :

— « Cette fois, vous ne pourrez pas me surprendre. »

L'Ermite poussa la porte à moustiquaire, descendit les quatre marches du petit escalier et ferma les yeux quelques secondes. Puis, s'éloignant du chalet, il s'arrêta près de la pompe à eau. Sans fixer un endroit en particulier, il lança à haute voix :

— Je suis prêt, seigneur du mal. Toute votre énergie négative, je la transformerai en vibration bienfaitrice, en vibration d'amour. Plus vous frapperez fort, plus je deviendrai invincible.

Comme en réponse à sa déclaration, une deuxième secousse ébranla la vallée. Les arbres frémirent, les insectes se turent.

Soudain, venant de partout et de nulle part à la fois, un grondement sourd roula sur la colline. Telle une mer en furie, le sol se mit à onduler au gré des accidents de terrain. Dans un fracas sinistre, les arbres majestueux entourant le chalet commencèrent à danser dangereusement. Certains se soulevèrent, poussés par une force herculéenne provenant des profondeurs. D'autres, terrassés à la base des racines, s'agenouillèrent avant de s'étaler sur le sol.

L'Ermite venait à peine de retrouver son équilibre lorsqu'une profonde fissure traversa le terrain. Tentant de s'en éloigner, il recula de deux pas, mais ne put aller plus loin. À moins d'un mètre derrière lui, une nouvelle fracture coupa tout espoir de retraite. La deuxième cassure rejoignit la première et l'îlot de terre supportant l'homme devint instable. Il tenta bien de retrouver son aplomb, mais la première faille s'élargit brusquement.

La portion de terre où reposaient les pieds de l'homme s'inclina soudainement vers le gouffre. Cette fois-ci, l'Ermite resta impassible. La masse de terre bascula dans la crevasse, tandis que l'Ermite demeurait immobile, flottant silencieusement au-dessus de la brèche. Le regard serein, l'homme jeta un dernier coup d'œil à son merveilleux refuge, la Vallée du silence. Il ferma ensuite les yeux et se laissa glisser rapidement au plus profond de l'abîme.

***

Le biréacteur roulait déjà sur la piste et avait atteint sa vitesse de décollage lorsqu'une violente vibration secoua l'appareil. Nadia s'accrocha à son siège. De l'autre côté de l'allée centrale, Caroline jeta un regard inquiet dans la direction de Guidor. Steven, assis près du hublot, annonça le premier :

— Hé ! Regardez à l'extérieur !

Déjà l'appareil avait quitté le sol. Dans l'autre rangée, Nadia étira le cou vers son hublot. Elle vit alors les nombreuses craquelures lézardant les abords du terrain qui s'élargissaient à vue d'œil. Horrifiée, elle s'exclama :

— Mon Dieu ! Nous sommes partis juste à temps.

Sur un ton de connaisseur, Steven annonça :

— Ça, c'est un coup des trogs.

— Ce qui signifie qu'ils nous ont repérés, conclut laconiquement Caroline.

— L'Ermite ! Qu'est-il advenu de lui ? s'enquit Nadia.

Les initiés

La jeune fille porta la main à sa poitrine et serra machinalement le petit pendentif que lui avait remis l'homme de la montagne.

***

Dans la Vallée du silence, un observateur non averti aurait difficilement repéré l'emplacement du chalet. Tel un château de cartes, celui-ci s'était effondré et la majorité des débris avait été engloutis dans la nouvelle dépression de terrain. Coupant l'endroit en deux, une profonde cicatrice était le seul témoignage de la violence des événements. On aurait pu croire l'endroit mort, n'eût été de l'éclat brillant qui inondait à présent la crevasse.

À travers la nuée, une sphère éblouissante s'échappa d'un seul trait de la fissure. La boule de lumière azurée tournoya quelques secondes au-dessus des vestiges du chalet et prit soudainement son envol.

Une voix familière couvrit alors l'ensemble de la vallée et l'on reconnut la présence de l'Ermite à ces paroles :

— « Je serai toujours avec vous, de cœur et d'esprit... et ma protection vous accompagnera partout. »

Les initiés

Avant de lire le tome 2 « La dague de cristal », voici un résumé du tome 1 afin de vous remettre dans le contexte du récit.

Résumé du tome précédent (1)

Les initiés

Avec l'arrivée du nouveau millénaire et l'apparition prochaine d'une fenêtre cosmique, Guidor avait été désigné par les Maîtres de Shangrila pour une importante mission... celle de retrouver trois âmes pures qui auraient la lourde tâche de protéger le dernier centre énergétique de la planète.

Dans un premier temps, il prit contact avec Nadia lors d'une séance de clairvoyance et lui demanda de joindre Caroline et Steven. La jeune femme découvrit un garçon d'une douzaine d'années sous les traits d'un autochtone turbulent aux prises avec les services de l'ordre. Avec l'aide de celui-ci, elle se mit à la recherche de Caroline, une riche adolescente séquestrée par des tuteurs désireux de mettre la main sur son fabuleux héritage. Le trio enfin réuni, Guidor leur dévoila le monde occulté des vies antérieures.

Il y a plus de huit mille ans, Nadia, Caroline et Steven reçurent des pouvoirs inestimables qui devaient renaître à chacune de leurs incarnations futures. Toutefois, une attaque provenant d'un empire maléfique vint compromettre leur épanouissement. Par une action foudroyante, les Maîtres de lumière mirent fin à la suprématie de ces envahisseurs. Grâce à la complicité de l'Ermite habitant au creux de la Vallée du silence, Nadia, Caroline et Steven découvrent de nouveau ce qu'ils n'ont jamais vraiment perdu : des pouvoirs essentiels à l'accomplissement d'une mission capitale pour la survie de la planète.

Mais cette quête ne se fit pas sans heurt. Au cœur du continent creux, l'ennemi veillait à ses intérêts et mit tout en œuvre afin de faire échouer cette mission. Et c'était sans compter la présence du Globulus qui ruminait une vengeance personnelle envers Guidor depuis plus de six cents ans.

Si vous avez aimé ce roman,
n'hésitez pas à partager
vos commentaires sur la page Facebook
de l'auteur Michel Fréchette
et à le noter (étoiles) sur la page Amazon